国際関係理論の探究

英国学派のパラダイム

編 H. バターフィールド
　　M. ワイト

訳 佐藤誠
　　安藤次男
　　龍澤邦彦
　　大中真
　　佐藤千鶴子
　　齋藤洋
　　ほか

日本経済評論社

まえがき

　本書は，国際政治の理論的側面に公務上ないし職務上の関心をもつ研究者その他が近年執筆したものの中から，選抜された論文によって構成されている．

　論文が寄託された研究者集団の起源を辿ると，ロックフェラー財団の企画と寛大さに行きつく．1954年，ディーン・ラスク氏〔のちアメリカ合衆国国務長官〕とケネス・W. トンプソン博士が，財団の意向を体現して，国際関係の理論的諸問題に関心を持つアメリカ人のための委員会を招集した．招かれた人々には，政治評論家，大学教員，国務省の元政策立案スタッフなどが含まれていた．彼らはおもにコロンビア大学で会合をもち，その討議の成果は出版物として刊行された[1]．このアメリカのグループの成功に刺激を受けたトンプソン博士によって，同様の委員会をイギリス（イングランド）でも組織すべきだという提案がなされた．その提起に応えた本書の編集者は，1958年，国際政治の理論に関心を同じくする仲間を招集して予備会合を開いた．それがケンブリッジ大学のピーターハウス・カレッジで学寮長の司会によって年に3回週末に開かれる定期会合の始まりとなった．本書の寄稿者のほか，サー・ウィリアム・アームストロング，ドナルド・マクララン，アダム・ワトソン，デズモンド・ウィリアムズがメンバーとなった．一度はケネス・トンプソンが会合に参加することができ，また別の機会にはサー・ピアソン・ディクソンがゲストになった．

　ロックフェラー財団によって，グループには英国（ブリティッシュ）国際政治理論委員会という名称が与えられた．わが国において，「国際政治理論」という名称は広く通用していないし，明確な意味もない．グループの考え方は，この名称で，国際的国家システムの性格・外交についての想定や理念・対外政策の原則・国際関係と戦争の倫理についての探求をカバーさせるというものである．これは新たなアプローチとアカデミックな対処がなお必要とされる分野である[2]．またこの分野は，政治理論の専門家・国際法の専門家・外交史家・国際関係の研究

者・戦略分析従事者が扱う領域と歩みを同じくする．そのいずれとも交錯していながら，そのいずれとも異なる．チャタム・ハウス〔英国王立国際問題研究所〕や〔英国国際〕戦略研究所が取り組んでいる類いの議論を行おうという意図は委員会にはなかったし，他のイギリスの機関においても国際政治の理論的側面が中心的な課題となったことはないというのが，委員会の見解である．

　この明確に定義されていない分野に対する英国委員会メンバーの関心が，アメリカ委員会の仲間と異なることは，われわれにも間もなくわかった．国民性の違いに通じた者であれば，何が対照的なのか気づくであろう．おそらく英国人は，現代よりも歴史，科学よりも規範，方法論よりも哲学，政策よりも原則，に関心をもってきた．だが，ある面では，アメリカ委員会での議論それ自体が，アメリカやオーストラリアで流行りの国際理論やシステム分析の現代学派に比較すると伝統的であった．この点において英国委員会は自らのアプローチに対するアンチテーゼを意識してきた．英国委員会的アプローチと対照的アプローチの違いを吟味した論文のいくつかは，検討されている続編の土台となるかもしれない．それまでの間は本書の特徴をなすいくつかの点に注目しよう．それらはあらかじめ企図されたものでなく，議論が進む中で共通の合意として浮上してきたものである．

　第一には，国際理論の限界や使用法ではなく，対外政策の形成でもなく，外交共同体それ自身・国際社会・国家システムに，座標軸が置かれるということである．委員会は，外交共同体をめぐって，その性格とその顕著な特質・機能の仕方・構成員の義務・試行錯誤をへて確立された政治交渉の原則——について考察をした．本書のもっとも長い章では，国際関係において独自な西欧的伝統があるかどうかが検討される．最後の三つの章では，国際社会内部における紛争と変動の側面が論じられ，未来の軍備なき世界でどんな問題が生じるかに注意が向けられる．

　第二に，委員会の関心は，国際政治についてのすべてを包摂する理論枠組み，一般理論にはなかった．委員会がとった道筋は，むしろ実証的かつ帰納的であった．その視点は総じて歴史的である．委員会はどちらかといえば，国際関係においては革新より継続のほうが大切であり，経世策とはゆっくりと積み上げられる実践的知識の歴史的堆積であり，政治的・外交的・法的・軍事的問題に

ついての広い意味で「古典的」と呼ばれる著述家は近年の社会学や心理学の発達によっても乗り越えられたことはなく, 今日の必要に応じて教訓を再構築するために, 外交的・軍事的諸経験についての文献を探索することは有益な事業である, と考えた.

　第三に, 本書に収められた諸論文は, 道徳の問題にたいして広く関心を有しているといえるであろう. どのような形で研究ないし分析するにせよ, 外交問題と国際関係がそれ自体として閉じられた理論体系の中にあるのではないということを, 委員会は議論で無視することはできなかった. それは著しく偶発的で予測のつかない政治的領域であって, 国民の生存がかかっているかもしれず, 苦慮の決断が必要とされる. 本書の底流をなす目的とは, 諸国家からなる国際社会を歴史的にたえず一体化してきた, またなおも一体化している, 賢慮と道徳的義務の諸原則を明らかにすることである.

　まず確認しなければならないのは, 委員会の議論が体系だっておらず拡散的であったことである. 本書の第一論文は, 会合に提出された最初の論文でもあった. 論文のタイトルは, 議論喚起を目的としていた. その同じ1959年1月の最初の正式会合では, ドナルド・マッキノンが「現代共産主義の魅力とは何か」と題した論文を報告した. こうして口火が切られた後は, 議論そのものの展開によりさまざまな主張が活発になされた. 議論は記録されて後ほど回覧に付された. 議論を通じて次の論文が生み出されていった. ときには同じ会合で同一の論題について二つの独立した論文が報告され, 議論されることもあった. 時にはテーマの取り上げ方に喚起され同じテーマで別の取り上げ方をしたものが提出された——「勢力均衡」に関する二つの論文はこうして書かれた.

　体系的に計画されたものではなかったが, やがて, 読者の広い関心を誘うかもしれない問題の想定や扱いかたが各論文でなされ, それが一定のまとまりをなすことがわかったことから, 編者の一人が刊行を目的に論文の選定を行った. 議題の範囲内で, またさらなる考察が必要と思われる範囲内で, 執筆者には書き直す機会が与えられた. 編者は各論文の長さと性格を尊重しつつも, 内容を最新のものとし, できるかぎり関連する情報を付け加えることを通じて, 幾分かの統一化を図った. 本書の中ではただ一篇「国際関係における実力（フォース）の威嚇」だけは1961年4月に執筆されたためにまったく手が加えられなかった.

「国際理論はなぜ存在しないのか」と題した論文は，すでに *International Relations*, vol. ii, no. 1, April 1960 に掲載されている．いくらかの書き直しと加筆をしたうえで本書への同論文の再掲載を認めてくれた同誌編集者に感謝したい．本書の編者として委員会メンバーすべてを代表し，研究助成によってこの間の会合と議論を可能なものとしてくれたロックフェラー財団にお礼を申し上げたい．

H. バターフィールド
M. ワイト

注
1) *Theoretical Aspects of International Relations*, ed. W.T.R. Fox (University of Notre Dame Press, 1959).
2) 「国際法と並ぶような独自の国際倫理科学をわれわれがいまだ確立し得ないでいることは，きわめて残念なことだ」．D.H.N. Johnson, *The English Tradition in International Law*, an inaugural lecture (Bell, for the London School of Economics, 1962), pp. 26-7.

目次

まえがき ... iii

第1章 国際理論はなぜ存在しないのか .... M.ワイト 1
第2章 国際関係における社会とアナーキー .... H.ブル 25
第3章 グロティウス的な国際社会概念 .... H.ブル 43
第4章 自然法 .... D.M.マッキノン 71
第5章 国際関係における西洋的価値 .... M.ワイト 91
第6章 勢力均衡(バランス・オブ・パワー) .... H.バターフィールド 147
第7章 勢力均衡(バランス・オブ・パワー) .... M.ワイト 169
第8章 集団的安全保障と軍事同盟 .... G.F.ハドソン 201
第9章 新外交と歴史的外交 .... H.バターフィールド 207
第10章 政治の手段としての戦争 .... M.ハワード 221
第11章 国際関係における実力(フォース)の威嚇 ... G.F.ハドソン 233
第12章 軍備が撤廃された世界の諸問題 .... M.ハワード 239

訳者あとがき 251
索引 255

凡例

1. 引用された文章に邦訳がある場合は，原則として邦訳を使用した．ただし，旧かなづかいなどで読みにくい場合は一部改変し，その旨を注で断った．引用文の強調部分などがワイトと邦訳で異なる場合は，原則として邦訳に従った．
2. 補足説明が必要な場合は，訳者注を〔　〕で括って本文中に入れるか，説明が長い場合は訳注番号をふったうえで章末に訳注を載せた．
3. ［　］は，著者による補足説明である．
4. イタリックが強調の意味で使われている場合は，ゴシック体に変えた．
5. 訳語だけでなく原語も紹介したほうがよいと思われる場合は，訳語の後に（　）で原語を紹介するか，訳語に原語の読みをルビとしてふった．
6. 固有名詞は原音に近い表記を心がけたが，慣用的な読みがある場合はそれに従った．引用した邦訳の表記が本文と異なる場合，引用文は邦訳に従った．
7. 原著の脚注は，章ごとに通し番号をつけて章末にまとめた．邦訳を引用した場合は〔　〕であわせて紹介した．
8. 索引は，1〜12章の各章と「まえがき」の本文のみを対象とした．固有名詞や専門用語を中心に作成し，「政治」「国家」など本書全体に関わる語は対象から除いた．

第1章

国際理論はなぜ存在しないのか

マーティン・ワイト

　「政治理論」は，一般的には，説明する必要のない言葉である．それは国家に関する考察を示すために使われており，それが，プラトン以来の伝統的な意味である．これにたいして「国際理論」という言葉は説明を要する．この言葉を初めて耳にすると，国際関係研究の方法論を表すもの，もしくは国際的な諸現象について統一的な説明を提供するある種の概念体系――「国際関係の理論」――を意味するもの，と理解されがちである．本章では，そのどちらの意味づけも意図していない．「国際理論」が意味するのは，諸国家間の関係に関する考察の伝統，すなわち「政治理論」という名称にふさわしい国家に関する考察と対をなすと考えられる伝統である．したがって，一見したかぎりでは，この意味での国際理論は存在しない．

　もちろん，少しばかり説明が必要だ．国際関係についての理論的な著作はあまたある．中にはマキャベリとかカントという著名人の名前を冠したものもある．20世紀にはこの種の著作が満ち溢れていた[1]．しかし，そのいずれも政治学の古典の地位を得たとは言いがたい．国際関係論の教師が，国際関係論を，一般に政治学もしくは統治論として知られる科目とは区別されるものの，それに対応する双子の科目である，と考えるとしたら，これは頭を悩ませる問題である．たしかに政治学には，特有の緊張感があり，血なまぐさい論争があるが，それは政治理論あるいはときに政治理念史と呼ばれるものによって，ある意味で一つにまとめられている．統治論の研究者がどんなに間違った方向へ導かれようとも，彼らには，プラトンからラスキに至る，国家に関する考察の伝統と国家に関する一群の著作という手引きが与えられている．しかし国際関係論の研究者が，アリストテレスやホッブズやロックやルソーの傑作といった国際関

係分野の政治学の古典に同じように導いてもらえるとは思えない．国際関係論には古典が存在しないからなのだろうか．

　この疑問は別の形で言いかえることもできよう．国際関係論の教師は，自分の科目がデイビッド・デイビス〔英国の政治家．アバリストウィズ大学に世界初の国際政治学講座が開設されるのを経済的に支えた〕あるいはサー・モンタギュー・バートン〔縫製工場主で慈善家．オクスフォード大学やロンドン大学ロンドン経済政治学院（LSE）に行った寄付によって，それぞれモンタギュー・バートン国際関係論講座が開設された〕の頭で十分に練り上げられてから飛び出してきたような印象をしばしば持つ．しかし，さらに時代を遡ってアンドリュー・カーネギー〔製鉄業者〕が「いわゆる文明諸国民同士の戦争の速やかな廃絶」のために（この目的が達成されたら他の社会的教育的な目標に振り向けられるべく）1,000万ドルを委ねた記念すべき基金〔1910年設立のカーネギー国際平和財団〕まで辿ってみると，事実は霧に閉ざされたようになる．19世紀およびそれ以前，政治学では古典がボダンからミルまで次々と生まれたのにたいして，国家システムと外交に関する第一級の著作は出なかった．それでは，1914年以前にはどんな国際理論があったのか．もしなんらかの国際理論があったとして，それは再発見に値するものなのか．

　この疑問に対するひとつの答えは明白である．政治理論が国家に関する考察の伝統であるとしたら，国際理論は，諸国家からなる社会に関する，または諸国民からなる家族に関する，もしくは国際共同体に関する考察の伝統であると考えてよい．このような類いの考察は，以前には国際法学の中で行われていた．ヨーロッパの公法は18世紀には，「法原理，法理学，政治的考察，国家実行の記録，の合成物」と表現された[2]（実際のところ，国際法学者は思索の幅がきわめて広かったので，実定法主義の影響を受けて法哲学上の問題を無視するようになった後でさえ，国際法学者は実利を重んじる人々の中にいる役に立たない形而上学者だ，という評判を作り出すことに多少なりとも貢献したのである）．トクヴィルは，1852年に〔フランス学士院の〕道徳・政治科学アカデミーで会長講演を行った際に，国際関係の研究を政治・社会科学の一部とみなしたが，これはそうした試みとしては最も早いもののひとつだった．彼は，プラトン，アリストテレス，マキャベリ，モンテスキュー，ルソーの名前を例として

引用しながら，社会の諸権利と個人の諸権利についての研究にかかわって，特定の社会にはどんな法が適切なのか，特定の状況にはどんな形態の政府が適切なのか，について明らかにした．彼はこう続けた．

「それ以外の学者たちも，国民国家におけるこの種の社会に関する研究を行っている．つまり，文明開化がもっとも進んだこの時代，社会構成員間の問題を整え，適正化の努力がなされてもなお遅れた社会が残るにせよ，それらの社会も含めて，国民国家の社会の人民は市民であることに変わりはないと先ずは考えた．そのうえで，彼らは国家間の個別の条約とは別に，国際法なるものを発見し，その内容を明示してみせた．この仕事を成し遂げたのがグロティウスとプーフェンドルフである」[3]．

トクヴィルは，20世紀以前の国際理論なるものを求めるときに最初に関心を向けねばならないのは，古典的な国際法学者であると言っている[4]．
　その他のどこで国際理論が見つかるのかを問うのは意義あることだ．われわれは，4種類の著作を取り上げて解答することができるだろう．(a) ナイスが融和神学者（アイレニスト）と呼んだ人々——エラスムス，シュリ，カンパネラ，クルセ，ペン，アベ・ドゥ・サンピエール，ピエール-アンドレ・ガルガス．メリアン・ストーウェルがホーム・ユニバーシティ・ライブラリ叢書のために『国際思想の発展』という本を書いたとき，神の休戦〔教会が命じた祝祭期間中の休戦〕からケロッグ条約〔1928年の不戦条約〕への進歩という中核的な考え方を彼女に提供したのは，これらの著述家たちである．しかし，彼らの文献が古くさい政治文献と違うとは考えにくい．理念を豊かに持っているとも言い難い．それらの中の最良の文献でさえ，主権国家間の共同行動をどう保証するかという問題に手探りで取り組んだことで，国際連盟の前史においてひとこと言及されるにとどまるのである[5]．
　(b) マキャベリ主義者と呼ぶのがふさわしい人々．国家理性 (raison d'état) に関する一群の著述家の中で，もっとも偉大な解釈者はマイネッケである．彼は，ボテーロの継承者たちについての脚注で，「ここには普通の人々が忘れてしまった文献が埋まっている本物の地下墓地がある」と言っている[6]．彼のこ

の言葉は，他の分野で著名な人びとは別として，フリードリヒ大王のような政治家であれ，ヘーゲルのような哲学者であれ，ランケやトライチュケ，ボテロやボッカリーニ，アンリ・ド・ロアンやガブリエル・ノーデ，クルティルス・ド・サンドラスやルーセのような歴史家であれ，彼の著作に出てくる人々すべてを指していると受け取られがちだが，彼にはそのような意図はない．忘れられた古典あるいは古典と呼ぶにふさわしいものを彼らの中に見出すことができるだろうか．これに答えることが難しい理由のひとつは，学者でないとそれらの本を手に取ることができないからであり，それがたぶん答えになるだろう．

(c) 政治哲学者，哲学者，歴史家の副業（parerga）．この副業の例として，ヒュームの「勢力均衡」に関する評論，ルソーの『永遠平和のために』，ベンサムの『普遍的平和のための計画』，バークの『フランス問題の考察』と「フランス国王弑逆の総裁政府との講和商議についての一下院議員への手紙」，ランケの諸列強に関する評論，J.S.ミルの諸国民の法に関する評論を挙げることができる．これらの著作は正統派の国際法学者のものではないが，国際理論を探求する際に大いに役に立つ情報源である．優れた知識人の中で，国際政治の基本問題を自分の活動の余力でもって考察しようとした者がたくさんいたことと，〔にもかかわらず〕その問題をきちんと自分の中心課題にすえようとした者がほとんどいなかったこととでは，どちらがより興味深いといえるだろうか．政治理論から国際理論へ全面的に転換した唯一の政治哲学者がバークである．国家そのものと同じようには（もしくは国家そのもの以上には）国家間関係に主要な関心を向けたとはいえないのではないか，と論じてもよい唯一の政治哲学者がマキャベリである．彼の場合，国家権力の確立と維持のための対外的条件と国内的条件が截然とは区別されてはいない．マキャベリを批判する者も賛美する者も同じように，彼の名前を国際関係論の偉大な後見人に書き加えたが，それを正当化できるとしたら，唯ひとつの理由が——他の理由ではなく——この二つの条件が区別されていないことである．さらに，ボリングブルック——その『歴史の研究と利用に関する書簡』には国際政治の原初的な哲学が含まれている——あるいはマブリー——『交渉の諸原理』はたくさんの著作の中でもとりわけ永く通用するもの——もしくは『勢力均衡に関する断章』を書いたゲ

ンツのようなさまざまな政治著述家をこの仲間に加えることが必要だろう．

(d) 政治家や外交官の演説，公文書，回顧録，評論．国際理論の源泉として演説と公文書の事例を挙げるのだったら，カニング〔英国外相，首相〕が一世代にわたってイギリス外交に及ぼした威信を引き合いに出したらよい．たとえば，保証原理を含む1823年の〔アメリカ大陸に関する〕古典的な公文書．回顧録を挙げるなら，ビスマルク〔プロイセン王国首相，のちドイツ帝国宰相〕の『回顧録』〔邦訳名は『政局は斯くして動く』〕が最適な事例になる．評論では，Quarterly Review 誌に載った，対外問題に関するソールズベリ卿の初期の論文がある．

したがって，国際理論もしくはその類いが，ばらばらで体系立っておらず，門外漢にはきわめて近づき難いものであることは明らかだ．それだけでなく，総じて人を寄せ付けず，見るからに手に負えない．グロティウスを読む際には，全体として，次のように理解しなければならない．すなわち，唯一の核心と言えるのは，〔『戦争と平和の法』の〕序論(プロレゴメナ)であって，それを読めば，グロティウスがその名声にふさわしいのか，あるいはなぜふさわしいのかが多少なりとも理解できる，と．プーフェンドルフの『自然法と万民法』（De jure naturae et gentium libri octo）に取り組むことを学生に期待することはできないし，ましてや『自然法に基づく人および市民の義務』（De officio hominis et civis juxta legem naturalem libri duo）を読むことは期待できない．勢力均衡に関しては，アベ・ドゥ・サンピエールあるいはヒュームのなかに，知的な糧となるものはほとんどない．ビスマルクの国際理論は歴史の欺瞞の中に人を惑わすように封じ込められているので，その欺瞞の中から注意深く取り出さなければならない．

しかしこれらは表面上の問題である．国際理論の特質は，知性と道義が不足しているだけでなく欠如していることにもあると言える．そういう問題が生じた理由は，国内に見出されなければならない．国内的理由はきわめて明白で，第一に主権国家によって押し付けられた知的偏見，第二に進歩への信仰である．

〔第一に，主権国家によって押し付けられた知的偏見について．〕16世紀以降に国際社会が形成されていったとき，主権者である君主以外のいかなる個人も国際社会の成員たりえなかった．君主が成員たりえた理由は，代表する能力を有していることだけだった．君主以外の個人はみな，主権国家の臣民または市民

でなければならなくなった．国際法の有名な逆説(パラドックス)によれば，この不可避性から逃れることができたのは海賊だけだった．海賊が〔主権国家の敵ではなくて〕人類の敵（hostes humani generis）であったお陰である．エラスムスは，究極の世俗的な忠誠を寄せていたヨーロッパを，思い煩うこともなく以前と同じように歩き回ることができた．二世代か三世代あとのスカリジェールとカゾーボンは，知的世界の市民になる唯一の確かな道は，〔ある主権国家への〕不愉快な忠誠をそれほど不愉快でない〔別の主権国家への〕忠誠と取り替えることだということをすでに学んでいた．アインシュタインやトーマス・マンの時代には大きな違いが生じていて，人類の大多数にとって忠誠の交換は不可能になっていた．ハマーショルド氏〔国連事務総長〕でさえ，退職したら，世界第四位の空軍による庇護のもとでスウェーデン市民として回顧録を書くだろう，ということを想定しなければならない[7]．究極の事例をあげると，ローマ法王でさえ，再び領域国家の主権者となるまでは，国際社会における自分の立場が特異で不安定なものだと思っていたのである．

　主権国家は，ルネサンス以降の西洋政治思想の特徴を生み出してきた政治的な経験と行動を頂点にまで推し進めたものだった．個人は誰でも国家の保護を必要とし国家は国際共同体(コミュニティ)で個人を代表するという原理は，主権国家に対する信頼の法的な表現である．政治研究に向けられた知的活力のほとんどすべてが主権国家への信頼へと吸収されていった．国際政治を（ボールドウィンが〔英国〕首相在職中に考えたように）国内政治の混乱した周辺部分だと看做したり，普通の政治理論の教科書のように関心ある研究者でなければ見落としてしまうような追加の章で国際理論を扱うことが，ごく当たり前のことになっていった．国際政治で肝要なのは勢力均衡の体系であり，それはエリザベス女王〔1世〕の時代からビスマルクの時代まで有効に機能した．しかし，なぜ勢力均衡は卓越した政治著述家にそれを分析し深く考えようという気持ちを起こさせなかったのかと問うならば，答えはきっとこうなる．すなわち，勢力均衡は，近代国家の台頭とともに盛んになったのであって，近代国家の目的を達成する手段と看做されてきたからである，と．状況が変わって国際関係の研究が盛んに行われるようになった現代においても，国際関係は今なおしばしば「外国の問題」あるいは「対外政策の問題」（ナセル〔エジプト大統領〕やフルシチョフ〔ソ連

共産党第一書記・首相〕の対外政策ではなくてわが国〔イギリス〕の対外政策を指す）であるとしばしば考えられているし，そう教えられることもある．だから現代世界に見られる窮状が「近代国家の危機」のような視野の狭い言葉で語られることになる．1945年以降，アメリカ合衆国の国際関係論者の間で大きな影響力をもってきたモーゲンソー教授は，一貫して，「国際政治の理論は国益の概念に焦点を合わせなければならない」と主張してきた[8]．国際政治の実践に関わる問題は，欧州連合とか大西洋共同体とかアラブ同盟とか，より大きくよりよい国家を構築するという視点からしばしば論述されるのだが，それが実現しても国家間の政治の問題はそれまでと同様にそのまま残るだろうということは見逃されている．国家体系すなわち外交共同体そのものを自分の研究課題にした政治思想家はほとんどいなかったのである．

　国際社会が分裂して別々の国家になったのは，中世の一体性（それをどのように特徴づけるにせよ）が崩れたからであって，いずれ世界国家に取って代わられる運命にあるのだから，歴史においては一時的な仮の段階である，と主張するのは，国際理論を政治理論に従属させるためにはうまい議論かもしれない．ズィマーンは，オクスフォード大学での就任講義において，国際統治論に代わって国際関係論が重要な研究課題となった歴史的諸条件について論評した[9]．トインビーは，『歴史の研究』の結論部分の諸巻で，西洋文明は普遍的帝国の代わりに安定した国際的アナーキーを実現することによって自分の指摘したすべての先例に挑戦することになるだろうと示唆しているが，この示唆は彼の分析の論理に沿わないものであり，それがこの諸巻の弱点のひとつであるかにみえる．しかしこれは，国際理論の専門家が通常どのような話の仕方をしてきたかということを言ったにすぎない．彼らは，今ある国家が存続するための条件——政治理論のごく小さな分野——は国家体系の維持であると考えてきた．世界国家を樹立して政治理論の領域を最大化する可能性には魅力を感じなかった．ひとつの大国が国際的な覇権を握ろうと繰り返し試みたことはあるが，そこから卓越した国際（または政治）理論が生み出されたことはない．フェリペ2世〔在位1556-98〕の時代にスペインの外交官が「世界君主国」という言葉を使ったようだが，その着想がまともな学術論文の中で具体化されることはなかった[10]．まして，ルイ14世〔在位1643-1715〕やナポレオンによってそのような

着想が鼓吹されたことはない．

　型どおりの国際理論は，伝統的に世界国家の主張に抵抗してきた．ビトリアは当初，人類の普遍的市民性（*universalis civilitas humani generis*）というダンテの概念を無意識のうちに受け継ぎ，その概念をより強めて人は法的共同体を構成していると断言したが，普遍的帝国についてのダンテ流の推論（コロラリー）は拒絶した[11]．グロティウスとプーフェンドルフも同様で，世界帝国は大きすぎるので効率が悪いと主張した[12]．17世紀の著述家がそう考えたのも無理はない．彼らは，スペインの君主国家は明らかに大陸にまたがる国際的責任を引き受ける能力に欠け，帝国は解体しかかっており，仏英の君主国家は抜本的に改造されなければならないと考えた．小冊子の刊行物では勢力均衡の必要性が決まり文句になっていた18世紀に，それとは違うたぶん正反対の主張——世界国家は行き過ぎと思えるほどに効率がよい——が出現する．ギボンにとってと同様にカントにとっても，人々が多くの国家に分かれていることが自由の保証である．勢力均衡によって自由が保証される国家自体にとってそうであるだけでなく，個人にとっても国家に分かれていることが外国への亡命の可能性を意味するからである[13]．19世紀半ば以降になると，アメリカの経験が超国家に反対する新しい主張を生み出す．つまり，超国家を作っても国際戦争という公認の悪が内戦に変わるだけなのだから，よいことは何もないというのである．サー・レウェリン・ウッドワードは最近，「多くの中間段階を踏まずに一気に世界政府を樹立することが可能だとしても，その政治的結末は，国際戦争の代わりに内戦を生み出すか，そうならないとしても，現在の公的，私的な自由を擁護するための諸措置を空前の圧倒的な強さをもつ中央集権化された執行権力に引き渡すことになってしまう」と言った[14]．それゆえ1914年までは，国際理論の専門家はみな一様に，国際社会の構造は不変であり，世界が主権国家に分かれているのは必要かつ自然なことだとする仮説に立っていた．国際連盟と国際連合は，世界国家を創設し維持する煩わしさなしに世界国家の持つ利点を享受できるかもしれないという信念を表現したものだ，と考えてもよいだろう．20世紀に世界帝国主義の粗野な教義が影響力を及ぼしたとすれば，理由の一片は，国際理論の中に教義が埋まるべき真空があったからではないか．世界国家についての数少ない筋の通った主張の一つは，アメリカが核を独占していた時代に

第1章 国際理論はなぜ存在しないのか　　　9

ミドルトン・マリによって提起されたものである．彼は，アメリカの南北戦争から別の教訓を引き出した．

> 「かの『南北戦争』当時の情勢——それは気のすすまないリンカーンをして，強いて『南部諸州』が『連邦』の内部に踏み留まるように強制を加えようという不動の決意を定めしめたのだが——その情勢と今日の情勢との間には明らかに一つの比例が存在している．リンカーンをして今日あらしめたならば，彼は問題のこの選択を彼の同胞の前に一点の曇りなき明瞭さを以て明らかにし，またその方法さえ見つかるならば，ロシア国民の前にも明瞭にすることに骨身を惜しまないであろう．問題は世界的結合か世界的アナーキーか，世界的結合か世界を挙げての奴隷状態か，ということである．リンカーンは恐らく言うであろう——ロシアの支配者たちが世界結合を拒否することは許されない．またそうすることによって世界をアナーキーと奴隷状態に陥れることは許されない．彼等が同意しようとしないならば，入らしめるために強制力を加えなければならない，と」[15]．

これは，興味深い教訓だ．絶対平和主義的(パシフィスト)信念と国際政治に対するいわゆる現実主義的立場とが結合した事例として興味深いだけでなく，ここで取り上げられた人々にはこの議論自体を聞く機会がほんのわずかでもなかったからである．

　国際理論に対する政治理論の優位性は，他の方法で示すこともできる．諸国家からなる社会が16世紀にはっきりと目に見える存在になって以降，その発展にもっとも強い影響を与えたのは，宗教改革と対抗宗教改革，フランス革命，および20世紀の全体主義革命の三つだった．しかし，これらの大変動はどれも，優れた内実を持つ国際理論を生み出すことはなかった．それぞれが政治理論の一つの章を書いただけだった．端的に言えば，宗教改革と対抗宗教改革は教会と国家に，フランス革命は国家だけに，共産主義とファシズムは国家と社会に関心を持っていた．結局のところ，これらの革命主義者はみな国際政治の中で大きな役割を果たしていると思っていたのだが，自分たちを導いていると信じた国際政治の原理または理論を目に見える形にするためには，幅広い知識と物事を明瞭に識別する目とが必要になる．イエズス会士は例外である．なぜ

なら，社会改造のための世俗的な最高権力という古くからの装置をもっていたから．しかしカルヴァンの国際理論とは何だったのか．彼の説教には，世界国家（civitas maxima）訳注1）の概念が見られる．世界国家の絶対君主は，地上の君主たちを副官として率いる神である．しかしそのことは，神が実際の対外政策で企てた精力的な干渉や転覆活動に比べるとあまり重要ではない．対外政策の諸原理は『僭主に対するウィンディキアエ』（Vindiciae contra Tyrannos）の最後の部分である種の定式化がなされている．カルヴァン主義の国際理論が豊かな内容つまり精緻さを獲得したのは，国家理性（raison d'état）に関して決疑論〔事例に基づいて道徳規範の解釈を考える方法〕に進み始めた，まさにそのときであり，その結果，理論からはカルヴァン主義としての特有性が失われた．ジャコバン的な国際理論を見つけるのはさらに難しい．〔トマス・ペインの唱えた〕「人間の権利」は全世界の征服に変質させられたが，そこでは，フォックス〔英国の政治家〕が下院で引用したジュネ〔フランス革命期のフランス外交官〕の言明からみて，すこしも洗練された，あるいはましな理屈付けもされていないようにみえる．ジュネは「ヴァッテルやグロティウスの諸原理が諸国民の権利という私の考えの妨げになるときには，いつでも彼らを海へ投げ込んでしまうつもりだ」と言ったのである[16]．

　同じことが共産主義についても言えるかもしれない．共産主義は国内社会の理論すなわち政治理論である．レーニン死後のロシアが，当面国際社会における唯一の社会主義国家であることを黙って受け入れて以降，共産主義は想定よりもずっと幅広い多様な政治状況に対処するように求められたために，引きずり廻され傷ついてきた．マルクスとレーニンは，資本主義には三つの主要な矛盾があると考えた．第一は，先進産業国家におけるプロレタリアートと資本家階級との間の闘争．第二は，第一次世界大戦で例証されたような帝国主義国家それ自体の間の闘争．第三は，植民地の大衆と外国人である搾取者との間の闘争．これは彼らがこれら三つの闘争に与えた重要性の序列だった．事態の成り行きが順序を逆転させ，その結果，西洋世界におけるプロレタリアートと資本家階級との闘争がほとんどなくなり，植民地人民と帝国主義的征服者および以前の征服者との闘争が国際政治の主要なテーマになったことについては，とくに言うまでもないだろう．ドイッチャー氏によると，そのような変化が起きて

いることに最初に気づいたのも，カルカッタと北京の道はロンドンとパリに通じる，という言葉を編み出したのも，トロツキーだった[17]．マルクスもレーニンもスターリンも国際理論に体系的な貢献はしなかった．レーニンの『帝国主義論』は国際理論のようなものに近づいているが，国際政治にはほとんど言及していない．マルクス主義の国際理論がないことは，共産主義的対外政策の諸原理を原典で研究したい学部課程の学生に原典を読むように薦めるのが難しくなるというだけではない，もっと重大な問題がある．共産主義的対外政策の諸原理が実際には何なのかがはっきりしなくなるが，それは共産主義者自身にとっては好都合なのだ．こうして，社会主義陣営と資本主義陣営の間の対立の不可避性についてレーニンが実際に何を言ったのか（および，どこで言ったのか），さらに，この教義がマレンコフ〔ソ連首相〕とフルシチョフによってどのように修正されたのかを的確に論じることができるのは，ソビエト学の専門家だけになる．しかしながら，これらの革命的政治理論のすべてが第一に国家に関心をもっていると言ったら，それはたぶん誤解である．革命的政治理論は，真の信者から成る普遍的教会という古くからのあの政治的事象を取り戻そうとする試みだと見たほうが正しいかもしれない．このような革命的政治理論の見地からすると，外交システム，主権国家，および国際法から成る領域はあまり重要なものではなく，一時的で瑣末で消え去る運命にあるのは当然である．カルヴァン主義とジャコバン主義の核心には，トロツキーがソ連の初代外務人民委員〔外務大臣〕に就任するにあたって自分の任務を説明する際に示したような，国際政治への高揚と苛立ちに似たものがあった．「ぼくはいくつかの革命的声明を発表したら，それで店じまいすることになるだろう」[18]．

　第二に，国際政治は，進歩主義的な解釈をあまり受け入れようとしない点で，国内政治とは異なる．少なくとも西欧では，〔国際政治から〕切り離して考えられている国家の歴史は進歩の証拠を見せてくれる——ドイツの場合のように国家の歴史が破局の繰り返しを運命づけられている時でさえも．社会的結合の強まり，人々の間の相互依存の発展，国家権力の伸張，国家権力の作用の柔軟性の増大，富の増大とその分配の改善，大衆の間での文化の普及，礼儀作法の洗練化，そしておそらくは暴力行為の減少——ヴィクトリア女王時代の人々が信頼を寄せたこれらの事象は，どれも起こって当然のことだった．たとえば，サ

一・トマス・モアあるいはアンリ4世が1960年のイギリスやフランスに戻ってきたとしたら，祖国が国内的には自分たちも同意できる目標に向かって，またその目標への道筋に沿って前進してきたことを認めるに違いない．しかし，もっとありそうなのは，彼らが国際情勢をじっと観察したならば，自分たちの時代と同じ状況にあることに悩まされるだろうということだ．すなわち，それぞれ友好国と衛星国をもつ二つの大国の間で分割された国家体系，一方を焚きつけて他方と戦わせることによって自国の立場を強化しようとする小国，偏狭な愛国主義と競う普遍的教義，独立の権利よりも優先される干渉の義務，平和的目的と共通利益という空疎な宣言，無抵抗なまま服従を甘んじて受け入れるのではなく戦って相手を打ち負かそうとする一般的な性向．その舞台はずっと広く，俳優の数はもっと少なく，俳優の持つ武器はより恐ろしいものになっているかもしれないが，そこで演じられるのは昔と同じ通俗劇(メロドラマ)だろう．国際政治は，循環と反復の領域であり，恒常的に政治行動が必要とされる分野である．バークの次の言葉はそのことを意味していると思われる．国家(コモンウェルス)の本質は物理的ではなくて道義的なものであるから，その運命を左右する内部的な要因は，「特定の社会を勃興ないし衰微させあるいは滅亡させる外部的な原因に比較すれば，格段に不規則かつ不明確で追跡が困難である」[19]，と．

　もしこれが本当に国際政治の特徴であるならば，進歩主義の理論とは相容れない．だから，外交上の経験に合致する国際理論は，進歩への信仰が広まっている時代には不人気なのだ．それは，国際政治を綿密に観察すればはっきり分かることで，これまで政治著述家の多くもそのような観察を行ってきた．次の文章は，軍備拡張競争に関する18世紀の記述である．

　　「新しい病気がヨーロッパに蔓延してきた．それはわれわれの君公たちをとらえ，彼らに途方もなく多数の軍隊を保持させた．それは悪化を重ね，必然的に伝染性を帯びる．なぜかといえば，ある国家がその軍隊と称するものを増強するやいなや，他の諸国家も直ちにそれを増強し，こうして得られるものは，共通の破滅以外の何物でもないからである．各君主は，その人民が絶滅される危険に陥ろうとも，彼がもちうるだけの軍隊を整備する．そして，この万人対万人の緊張状態が平和と呼ばれている．（この緊

張状態が主として均衡を維持することは事実である．なぜなら，それは諸列強を疲弊させるからである．）そのようにしてヨーロッパはひどく疲弊しているので，世界のこの部分における最も富裕な三列強の今日の状態下にありながら，個々人は生活の糧を欠くことになるであろう．われわれは全世界の富と貿易とを制しながら貧困である．しかも，やがて多数の兵士を保有するあまり，われわれにはもはや兵士しかなくなるであろう．そうなれば，われわれはタタール人のようになるであろう」[20]．

オーストリア継承戦争の時期に書かれたこの文章を冷戦の時代に読んでみると，その現状認識の点にしろ誇張された点にしろ，時代を超えて通用する優れた面がある．変化する状況の中から真実を見出そうとするときには，軍備のための経済的負担が産業主義によってどれくらい減らされてきたのか，などの問題が問われることになる．しかし，モンテスキューの言葉の中に永遠の真実を認めようとすると，たちまち進歩主義の本能がこぞって反乱を起こす．これまでわれわれは，軍備競争が一巡するとその結末が何を意味するかをしばしば教えられるまでに軍備競争を目撃してきた．われわれが抗議するのは知識と経験に基づいてであって，モンテスキューのように直観だけに頼っているわけではない．知識が増えると，軍備競争の循環を断ち切る力も大きくなる．モンテスキューの言葉は今の時代の苦境を描写したものだと考えたら，人類に対する背信行為になる．なぜなら，そういう考えは，これまでにあったことはこれからも起こるだろうという宿命論的な教義に結びつくからである．

　進歩主義の国際理論では，一般に，証拠よりも信念が優位にある．信念が批判の対象にされたり通用しなくなったときには，死に物狂いになると思いつく理屈とでも言うべきものを信念の核心部分に見つけ出そうとするものだ．この手法はすでにカントによって使われている．彼は，『永遠平和のために』において進歩の教義を国際理論の中へ初めて導入した．彼は永遠平和に関して三つの確定条項を確立したうえで，そのような平和は自然そのものによって保証されると主張する．カントによると，自然は，理性がわれわれに義務として課することをなすべきであると命ずる．「意欲する者は導かれ，意欲しない者は遠ざけられる」(*volentem ducit nolentem trahit*)．自然は，商業精神によって永遠

平和を達成するのであるが，商業精神は，戦争とは両立できないし，遅かれ早かれあらゆる民族を支配することになる[21]．「このような仕方で，自然は人間の傾向そのものにそなわる機構を通じて，永遠平和［の諸条件］を保証する」[22]．ところが少し後のところで永遠平和をめぐって道義と政治とが一致しないことを問題にした際には，彼の論法は頂点に達し，さらにそれを超越したかのようにみえる．

「創造ということ，つまりこのような種類の堕落した存在者が，そもそも地上に存在するように定められたことは，（もし人類は決してこれ以上よくはならないし，なることもできないと仮定するならば）いかなる弁神論によっても正当化できないように見えるであろう．しかし，こうした判定の立場は，われわれにとってはあまりに高すぎるのであって，われわれは（知恵にかんする）われわれの概念を，計り知れない最高の力に対し，理論的見地から適用することはできないのである．──もしわれわれが，純粋な法の諸原理が客観的実在性をもつことを，つまりそうした諸原理が実現されることを想定しないならば，どうしてもこのような絶望的な結論に追いやられるであろう」[23]．

国際政治のある理論を受け入れなかったら絶望に追い込まれることになるというのは，たしかに，国際政治の理論にふさわしい議論ではない．しかし，ヘーゲル（およびカント）の弟子たちにとって，敗北に直面したときにはごく自然に頭に浮かんでくる論理である．ドイツ人がモスクワに接近してきたときの共産党員も，ロシア人がドイツに戻ってきたときのナチス党員も，同じように，もし自分たちが負けたら歴史が無意味になってしまうから敗北は考えられない，と叫んだのである．「一瞬でもヒトラーの勝利を想像することは，理性を完全に後回しにすることを意味する．もしそういう事態になったら，そのときには，真実も道理もなく，人間社会の発展に光なく，あるのはただ混沌，暗闇，そして狂気である．だから生きながらえない方がよいことになってしまう」[24]．「われわれは必ず勝利する．なぜならそれが歴史の道理にかなうから，なぜなら高貴な運命がそれを欲するから，……，なぜならわれわれが勝利しなかった

ら歴史がその意味を失うから．そして，歴史は無意味なものではないから」[25]．

核兵器によって，互いに相手国を恐れるよりももっと大きな恐怖を諸大国が抱くことになり，その結果，戦争を不可能にすることによって国際政治を変質させてきた，という広く普及している信念もたぶん同じ考えに立っている．いずれにせよ明白なのは，それがこれまで100年以上にわたって信じられてきた一連の楽観的な解釈のなかの最新のものだということだ．国際政治の変革者として19世紀には世論に第一位の座が与えられた．20世紀の第一位はたいてい戦争への恐怖だった．水素爆弾が戦争を不可能にしたという主張には，通常，二つの命題が含まれている．第一に，新兵器を使って行われる戦争は文明を破壊するだろうということ．第二に，それゆえに戦争があまりに恐ろしいものなので実際には起こらないだろうということ．ジョードは，1939年に爆撃機についてその命題を使った[26]．ブロックは，1900年に大部隊編成，速射砲，小口径ライフル銃，無煙火薬についてその命題を使った[27]．

それは，検討対象を選んで論じたための幻想かもしれない．しかし，一方で政治理論が概して政治行動と調和しているのに，他方で国際理論は（少なくとも，それを具体化した中でもっとも重要な国際法においては）外交の動向に無頓着にソプラノの歌を高らかに歌っているように見えることがある．政治理論は政治行動と直接に関連している．フッカーが行ったイギリス国教会の調停〔カトリックとプロテスタントの間の中道の道を主張〕とかロックが名誉革命について行ったように，少し前に起きた事態の進展を正当化する場合もあるし，あるいは，ベンサムがイングランドの行政改革のために，もしくはマルクスら社会主義の著述家が労働者階級の運動のために行ったように，次の世代が実行する行動計画を提案する場合もある．ところが国際法は，国際政治の動向とは逆の行動をとるようである．外交が暴力的で無節操であるとき，国際法は自然法の諸領域へと高く舞い上がる．外交がたしかな協力の習慣を身に付けるとき，国際法は実定法主義の泥沼をはいずりまわる．スアレスが，人類は「隣人愛と思いやりによって結合された政治的道徳的統一体を構成する」[28]という信念を明言したのは，西欧が諸宗教戦争と30年戦争との間の休戦状態にあった1612年のことだった．グロティウスの影響で30年戦争の後半の諸段階に人間らしさが付与されたとかつて言われたが，その見方は今ではまったく信じられてい

ない．ローターパクトはこう書いている．「『戦争と平和の法』（*De Jure Belli ac Pacis*）が出版されてから2世紀間の国際関係の全般的な状況に照らすと，グロティウス主義の学説の最も重要な部分が実践の分野でなんらかの直接的な影響力を持ったことがないことは明白である」[29]．ヴォルフとヴァッテルによって自然法の教義がまったく主観的に理解されるようになって，国民意識の自律という教義――人権の理論に対応するもの――に変わるまでは，国際理論が国際的実践に近づくことはなかった．フリードリヒ大王の統治は，理論と実践が交差したところに成立したと考えてもよい．それは自然法主義（ナチュラリズム）から実定法主義（ポジティビズム）へと変わってゆく最後の段階だった．実定法主義法学の最初の価値ある著作であるJ.J.モーザーの『最新ヨーロッパ国際法試論』は1777-80年に出版されたのだが，それは，国際法の著作の中でもっとも明確に現実主義政治（レアルポリティーク）を体系化するものとなった．モーザーは，19世紀に流行った理論傾向を取り入れた．しかしながら，文化的・道徳的共同体としてのヨーロッパという概念が新たな活力を獲得し，〔ヨーロッパ〕協調の外交システムがおそらくこれまでのいかなる時代の国際史にもなかったような高いレベルで，信頼，相互配慮，自制という倫理を保持していた時代に，法を他の規範的領域からもその社会的背景からも切り離して法的自給自足の原理から出発する理論が――すなわち，主権国家の意思を国際法の排他的な源泉とみなし，国際法を諸国家が同意したルール以外の何物でもないと定義する理論が――盛んになったとしたら，奇妙なことである．「いずれの国にも固有の法がある．しかしヨーロッパにもまた固有の法があり，それを生み出したのは社会的秩序である」と，ベルギーに関する1831年のロンドン会議議定書は記している[30]．これはたしかに，合意に基づく原理が提示するよりはるかに深い洞察力に満ちた国際法理論である．国際連盟規約の調印によって（実際，ハーグ会議の調印によってでなかったとして）理論と実践の関係がもう一度逆転され，ムッソリーニとヒトラーの時代には役に立たない合意が繰り返された．こうして実定法主義法学そのものが自然法主義の先人に追随して，作り事めいたものになってしまったのは皮肉なことだった．

　国際理論と外交実践との間の緊張関係は，国際理論自体の核心部分にも見出すことができる．伝統的な国際法学者が国際政治と契約を結ぶ前の自然状態と

を同一視したこと，その中に緊張関係を見ることができるのである．この同一視を最初に行ったのはホッブズのようだが，プーフェンドルフがそれをホッブズから諸国民の法〔国際法〕の中へ持ち込んだ．しかし，ホッブズ自身がすでに論理の一貫性に欠けていたことは明らかである．彼は，すべての人を畏怖させる共通の権力なしに生活する自然状態は，各人の各人に対する戦争状態であると説明した．彼は，そのような状態が存在したことは決してなかったとする主張に先回りをして，主権国家間の関係がそれを例証していると指摘した．しかし彼は次の文章を付け加える．「しかし，かれらはそうすることによって〔つまり「戦争状態」によって〕，かれらの臣民の勤労を維持しているのであるから，個々の人びとの自由にともなう悲惨は，それからは生じてこないのである」[31]．これは経験に照らすと真実である．軍備競争は戦争をもたらすが，同時に完全雇用を保証する．関税障壁は，障碍にもなるし防壁にもなる．つまり，われわれが現代になって初めて，国際的アナーキーは国内的アナーキーと同じようには大きな惨禍をもたらさないのではないのかと問うようになるまで，それは少なくとも経験的には真実だった．しかし，理論的には中途半端なことになる．一貫して国際理論の特性とされてきた自然状態の概念に曖昧さがもたらされる．個人にとって自然状態は，ホッブズ的な言葉で思い描くにしろロック的な言葉で思い描くにしろ，社会契約に行き着く．主権国家にとっては，そうはならない．国際的アナーキーは，自然状態の一つの現れだが，我慢できないものではない．諸国家の共存には，「純粋の自然状態につきまとう不自由が欠けている」とプーフェンドルフは言った[32]．ヴォルフは，国際社会を世界国家（*civitas maxima*）と考えた．そこでは国家が市民なのだが，これは，国際的法秩序の理論を後押しするために構築された手の込んだ作り話である．ヴァッテルはこの曖昧さを詳細に説明している．

「諸国民間の市民社会は，それが私人間で必要であったほどにはまだまだ必要ではない，ということは容易に感得されよう．したがって，自然もまた諸国民間の市民社会を勧めているとはいえないし，まして自然がそれを命じているとはなおさらいえない．私人はこのように自分自身ではほんのわずかのことしかできず，市民社会の援助や法なしに生きていくことはほ

とんど不可能である．しかしかなりの数の人々が同じ政府の下に結合するや否や，彼らはその必要とする大部分のものを供給することができる状態になり，かくして他の諸々の政治社会からの援助は，私人の私人に対する援助の場合ほどには必要ではない」[33]．

主権国家が個人よりもっと道義をわきまえていることを指摘してこの主張に栄誉を与える仕事は，ローランやオッペンハイムなどの19世紀の著述家に残された．

「個人と国民の間には重大な相違がある．前者は，自分なりの悪徳や激情を持っていて，それが絶えず悪事を行うように仕向ける．後者は，架空の存在で，その代表者は一般にその時代の最も知的で最も倫理的な人びとである．だから世論は，自分たちに知性と道義が欠けている場合でも，将来にわたって代表者を抑制しよりいっそう職務の範囲内に閉じ込めようとする」[34]．

広く認知されている政治研究の古典は政治哲学者のものなのに，国際関係研究の分野で認知を受けている古典がトゥキディデスの歴史の著作ただ1冊だけなのは，不可解に思えるかも知れない．しかも，政治理論や国際理論の著作においては，国際政治の特質をなす外交上の諸問題は，歴史の著作ほどには取り入れられないし書き込まれない．ロレンツォ・イル・マニーフィコ〔偉大なるロレンツォ．ルネサンス期フィレンツェの指導者，ロレンツォ・デ・メディチのこと〕，エリザベス女王〔1世〕，リシュリュー〔ルイ13世時代のフランスの宰相〕，ウィリアム3世，パーマストン〔英国首相・外相〕，ビスマルクに見られたように，追求すべき目的という点でも必要とされる道徳的知的な資質という点でも，もっとも高度な統治技術は勢力均衡の調整にある，と主張してもよいだろう．しかし，たとえば，〔アメリカ合衆国の〕建国の父祖たちを理解するためには『ザ・フェデラリスト』を読めばよいというような意味で，この統治技術を理解する手掛かりを与えてくれる国際理論の著作はない．人はむしろ，ランケとかソレルとかの歴史の著作を頼りにする．国際史の著作は，長い時代を対象に

した年代紀であれ（たとえば，シーリーの『イギリスの政策の発展』，マティングリーの『ルネサンス外交』，もしくはハドソンの『世界政治における極東』），あるいは特定の問題を扱った研究であれ（たとえば，サムナーの『ロシアとバルカン諸国』，ウィーラー=ベネットの『ブレスト=リトウスク』，もしくはケネディのキューバ危機への対応に関するソレンセンの叙述でさえ），新しい方法論に立つごく最近の理論的著作よりもずっと的確に対外政策の本質および国家体系の作用について教えてくれる．この違いが生じた原因は，歴史の文献が制度分析とは別の仕事をしているからだけではない．歴史の文献は一方で同じ仕事を，すなわち，首尾一貫した構造をもつ仮説を提示して諸現象に共通の解釈を与える仕事も行っている．もちろん，十分に思慮分別を働かせて控えめに，かつ，国際的な経験の記録にもきちんと目を通しながらその仕事に取り組んでいる．したがって，仮説として次のような等式をあえて提案してもよいかもしれない．

　　　政治(学)：国際政治(学) ＝ 政治理論：歴史解釈

ヘンリー・アダムズは，別の知的な経路を辿って，同様の結論に達した．「歴史にとっては，国際関係は唯一の確実な運動の基準であり，地図にとっての唯一の基礎である．この理由のために，アダムズはつねに国際関係は歴史の海図にとって唯一の確実な根拠であると主張してきたのである」[35]．
　ここまで私は，国際理論と外交実践との間にある種の不調和が存在することの意味，すなわち，国際政治には理論化されにくいやっかいな面があるということの意味を明らかにしようとしてきた．不調和が生じるのは，理論化するには政治理論および法の言語を用いなければならないからである．とはいってもそれは，人が自分の社会生活を管理するにふさわしい言語である．政治理論と法は，人と人との関係がごく正常で結果が予測できる局面における，経験の地図または行動の体系なのだ．それらは，よき人生の理論である．〔それらと違って〕国際理論は生存の理論である．政治理論にとっては（革命あるいは内乱のような）極端な事例であっても，国際理論にとってはごく普通の事例である．戦時における破壊と略奪の権利を限定しようとする国際法学者の伝統的な努力；抑圧された国民を支援するための干渉の権利に関する19世紀の長期にわ

たる外交論争；安全と軍縮のどちらを優先するかをめぐる19世紀の英仏間の議論；宥和をめぐる論争；核抑止についての現在の論議——これらはすべて国際理論の素材であって，国際理論を論じるときに使う言葉の範囲にはいつも収まりきらない．なぜなら，この素材そのものに，生と死，すなわち国家の生存と国家の消滅という究極の経験が必ず含まれているからである．

　本章の冒頭で，人間の運命について深く考える行為に対して的確な表現とは言えないが歴史哲学という名称を与え，それ以外には国際理論は存在しないと述べた．そこで，いよいよその問題に答えたい．すべての国際理論は，ある時点においては弁神論〔諸悪の存在と神の善性とが両立すると考える立場〕に似てくるのだが，上に引用したカントの一文はまさに弁神論にたっていることを例証している．いずれにせよ，国際理論の領域が，グロティウスとその後継者たちが戦争法を確立するために行った崇高な試みという一方の極から，人類の暴力的破壊に関するドゥ・メストルの「超自然的で過酷な法」という他方の極まで，ずっと広がっていることを確かめることが必要である[36]．「地上全土が，絶え間なく，血で覆われ，まさに悪の祭壇と化す．つまり，生きとし生けるもののすべてが，果てしなく，限りなく，止めどなく，世の終わりまで，悪を根絶するまで，死の死を実現するまで，己が身を捧げつくさなければならないのだ」[37]．ドゥ・メストルは，少なくともそれが政治神学だと考えた．地球の国際理論を調べる銀河系外の試験官がいたとすれば，次のように考えただろう．この答えを書いた者は，その答えを表現する言葉がどんなに聞き慣れないものであっても，歴史の記録を捻じ曲げてはいないという点で，他の受験者より良い成績が与えられるべきだ，と．

　　注
1)　最近の著作については，Stanley H. Hoffman, *Contemporary Theory of International Relations* (Englewood Cliffs, N.J., Prentice-Hall, 1960) で意義ある批判的研究が行われている．
2)　Sir Geoffrey Butler and Simon Maccoby, *The Development of International Law* (Longmans, 1928), p. 7.
3)　*Oeuvres*, vol. ix, pp. 120-1. Cf. below, p. 96.
4)　国際法はイギリスでは政治理論よりもずっと早く学問的な認知を受けたということを付け加えることは意味あることかもしれない．オクスフォード大学のチチェリ

一記念国際法外交講座とケンブリッジ大学のヒューウェル記念国際法講座は，それぞれ 1859 年と 1866 年に創設された．一方，オクスフォード大学のグラッドストン記念政治理論制度講座とケンブリッジ大学の政治学講座は，それぞれ 1912 年と 1928 年になってようやく創設された．

5) それらは，今では，F.H. ヒンズリーの『パワーと平和の探求』(*Power and the Pursuit of Peace*, Cambridge University Press, 1963) の第 1 部によって見事に検証されている．
6) Meinecke, *Machiavellism* (English translation, Routledge, 1957), p. 67, n. 1.
7) この文章は 1958 年に書かれた．
8) H.J. Morgenthau, *Dilemmas of Politics* (University of Chicago Press, 1958), p. 54. Cf. *In Defense of the National Interest* (Knopf, 1951). 〔モーゲンソー（鈴木成高，湯川宏訳）『世界政治と国家理性』創文社，1954 年〕
9) A.E. Zimmern, *The Study of International Relations* (Clarendon Press, 1931), pp. 13-4.
10) Bohdan Chudoba, *Spain and the Empire 1519-1643* (University Chicago Press, 1952), p. 190.
11) Dante, *De Monarchia*, book i, ch, 2. Vitoria, *De Potestate Civili*, section xxi, para. 4; and *De Indis recenter inventis Relectio prior*, section III, first title. ビトリアがダンテに言及している箇所はない．
12) Grotius, *De Jure belli ac pacis*, book II, ch. xxii, section 13. 〔グローチウス（一又正雄訳）『戦争と平和の法 第二巻』酒井書店，1972 年，829-30 頁〕Pufendorf, *Elementa jurisprudentiae universalis*, book II. obs. v. 1.
13) Gibbon, *Decline and Fall of the Roman Empire*, ch. iii, last paragraph; Kant *Eternal Peace*, first addendum, 2.
14) *The Listener*, August 5, 1954, p. 207.
15) J.M. Murry, *The Free Society* (Dakers, 1948), p. 63. 〔ジョン・ミドルトン・マリ（深瀬基寛訳）『来るべき自由社会』世界文學社，1949 年，110-11 頁．新字体になおした〕
16) House of Commons, January 21, 1794 (*Speeches during the French Revolutionary War Period*, Everyman's Library, p. 124). Cf. below, p. 95.
17) Isaac Deutscher, *The Prophet Armed* (Oxford University Press, 1954), pp. 457-8. 〔アイザック・ドイッチャー（田中西二郎，橋本福夫，山西英一訳）『武装せる予言者トロツキー：1879-1921』新評論，1992 年，476-7 頁〕
18) *Ibid.*, p. 327. 〔同上訳書，350 頁〕
19) *Letters on a Regicide Peace*, No. 1, third paragraph (*Works*, ed. H. Rogers Holdsworth, 1842, vol. ii, p. 275). 〔エドマンド・F・バーク（中野好之編訳）『バーク政治経済論集―保守主義の精神』法政大学出版局，2000 年，853 頁〕
20) *De l'Esprit des Lois*, book xiii, ch. 17. 〔モンテスキュー（野田良之，稲本洋之助，上原行雄，田中治男，三辺博之，横田地弘訳）『法の精神・上』岩波文庫，2004 年，400 頁〕

21) もっとも優れた英訳は今日でもヘイスティによるものである．W. Hastie, *Kant's Principles of Politics* (Clark, 1891). See pp. 105, 111.
22) *Ibid*., p. 115.〔カント（宇都宮芳明訳）『永遠平和のために』岩波書店，2001 年，71 頁〕
23) *Ibid*., p. 136; *Werke* (Academy edition), vol. viii, p. 380.〔カント（宇都宮芳明訳）『永遠平和のために』岩波書店，2001 年，97-8 頁〕．〔カントの〕「普遍史の理念」の第 9 命題を参照．「というのは，理性をもたない自然界における創造の栄光と知恵を称賛しこれを考察せよと薦めても，最高なる知恵の大舞台の一角——すなわち人類の歴史——は大舞台のすべての目的を含んでいるのに，逆にこれがいつまでも不断の異議を唱えるべきで，この異議を瞥見するとわれわれは仕方なくその大舞台から目を背け，将来ここで理性的意図の達成に出合う望みを失い，これをただ別の世界に期待せざるをえなくなるなら，この賞賛や考察が何の役に立つのかということになるからである」（*Werke*, vol. viii, p. 30.〔福田喜一郎ほか訳『カント全集 14 歴史哲学論集』岩波書店，2000 年，20-21 頁〕Hastie, p. 28).
24) Evgeny Krieger, *From Moscow to the Prussian Frontier* (Hutchinson, 1945), p. 8: of November 1941.
25) ゲッベルス，1943 年 10 月 3 日のベルリンスポーツ宮殿での〔総力戦〕演説（*Völkischer Beobachter*, October 4, 1943）．
26) C.E.M. Joad, *Why War?* (Penguin, 1939), pp. 50, 52.
27) Ivan Bloch, *Modern Weapons and Modern War* (Grant Richards, 1900).
28) *De Legibus*, book II, ch. xix, section 9.（本書の pp. 95-6〔本訳書 99 頁〕を参照).
29) 'The Grotian Tradition in International Law', *British Year Book of International Law*, 1946, p. 16.
30) C.K. Webster, *Foreign Policy of Palmerston* (Bell, 1951), vol. i, pp. 109, 132 を参照．
31) *Leviathan*, ch. xiii.〔ホッブズ（水田洋訳）『リヴァイアサン 1』岩波文庫，2005 年，213 頁を参照〕（本書の p. 45〔本訳書 36 頁〕を参照）
32) *De jure naturae et gentium*, book II, ch. ii, section 4.
33) *Le Droit des Gens*, preface.〔ヴァッテル研究会訳『資料　ヴァッテル「国際法，すなわち諸国民と諸主権者の行動および事務に適用される自然法の諸原則」（六）』，立命館法学，72 号，1967 年，205 頁．おもにフランス語版を使って訳出されているので，本章の英語版の引用とは多少異なる〕
34) Francois Laurent, *Études sur l'histoire de humanité*, vol. i (2nd ed., 1879), p. 42. ここでの引用は次による．Walter Schiffer, *The Legal Community of Mankind* (Columbia University Press, 1954), p. 160.
35) *The Education of Henry Adams* (New York, Modern Library, 1931), p. 422.〔ヘンリー・アダムズ（刈田元司訳）『ヘンリー・アダムズの教育』八潮出版社，1971 年，488 頁〕
36) *Soirées de St. Pétersbourg*, 7me entretien (Paris, Emmanuel Vitte, 1924, vol. ii, p.

14); cf. *Considérations sur la France*, ch. iii.
37) Soirées de St. Pétersbourg, 7me entretien (vol. ii, p. 25).

訳注
1〕 ヴォルフの civitas maxima は, a sort of great republic (Emmerich de Vattel), super-State of law (Hersch Lauterpacht), world state (Walter Schiffer, 柳原正治), world state embracing all states (C. Wilfred Jenks), État universel, Empire universel (Marcel Thomann) と, さまざまな形で英語 (あるいはフランス語) に訳されてきた (Nicholas Onuf, *The Republican Legacy in International Thought*, Cambridge University Press, 1998). 本書では「世界国家」と訳すが, ヴォルフは civitas maxima 概念を, 全人類かならる一つの世界的な国家 (state) というよりは, 諸国家を構成員とする自然法によって統治された世界政治組織体 (polity), 世界政治共同体 (political community) として用いた. その場合, 構成員としての諸国家の上位に一種の主権 (aliquod imperium) が存在し, それが全体としての諸国家に帰属するものと想定された (Wolff, Christian, *Jus Gentium Methodo Scientifica Pertractatum*, William S. Hein & Co., Inc., 1995). このヴォルフによる civitas maxima 概念は, 具体的な世界国家の設立を目指すためではなく, 純粋に哲学的な国際法の基盤を作るために説かれたものである (Chris Brown, Terry Nardin, and Nicholas Rengger eds., *International Relations in Political Thought*, Cambridge University Press, 2002).

第2章

国際関係における社会とアナーキー[1]

ヘドリー・ブル

　各国家において人々はそれぞれ公共の政府の支配下にあるが，主権国家をその相互関係において支配するのは公共の政府ではない．このアナーキーこそ，国際関係の日常にとっての中核的事実であり，それを理論化するうえでの出発点になるとみることができる[2]．国際関係の日常についてのもっとも豊かな考察の多くは，この政府の欠如がもたらす諸結果を明らかにすることに関心を抱いていた．実際，そうした方法により，国内場面における政治・道徳・法と，国際場面におけるそれらを区別するものは何であるかについて，ある種の記述を行うことが可能となる．

　このアナーキーの結果として諸国家はいかなる社会も形成しないし，もしも形成すべきであればそれは諸国家が共通の権威に服従したときのみであろう，というのが，近代において国際関係をめぐり繰り返されてきた議論の一つであった．この教義をおもに支えている知的基盤のひとつは，国内社会における個人の経験を国家の経験に比させる国内類推（domestic analogy）とでも呼ぶべき議論である．それによれば，平和裡に暮らしていくために人々が共通の権威を畏れ敬う必要性こそが，諸国家も同じことをしなければならないという判断の根拠となる．この見方にしたがえば，秩序ある社会生活のための条件というのは，諸国家間においても国内においてと同じである．そこでは国内社会の諸制度を世界的規模で再生産することが求められる．

　本論には二つの目的がある．第一は，国際関係におけるアナーキーは社会と相容れない，あるいは社会の進歩というのはそこで政府が支配的となっていく程度の問題であったし，これからも必然的にそうなる，という考え方を検証すること．第二は，国内類推の限界を決定づけ，それによって国際関係の自律を

確立すること，である．

　私が検討することを提起した考え方は，いまでは世界政府の樹立を提唱する少数の人々の間にしか見られないと思われるかもしれない．それは事実とはまったく異なる．主権国家システムに対する違和感は，国際関係についての西欧思想に深く根ざしたものである．それは，このシステムの排除を公然と唱えた人々の間ばかりでなく，われわれからすればもっとも思いがけない人々，その日常行為によってシステムを支えている主権国家の奉仕者自身の発言の中にも，見出すことができる．そうした発言がしばしば露わにするのは，アナーキーなシステムの不適切さ，制度への信頼の欠如，システム運営を見せかける傾向に対する後ろめたさ，ないしはそのことに対する言い訳，である．国際連盟と国際連合は，欧州協調の伝統に則った外交機関としてではなく，世界政府への第一歩としてみるよう促される．こうした発言の中では，軍事同盟は地域安全保障システムとなる．小ヨーロッパ〔6 カ国で発足した時の欧州経済共同体（EEC）〕や大英連邦といった排他的政治グループは，世界秩序すなわち戦争，警察行動への実験となる．実務に携わる人々の任務遂行中のなかですらなされる発言がときに示唆するものは，現行システムの枠組みによっては長期的な解決方法を見出すことはできないということである．それが，諸国民の社会契約に基づこうが征服によろうが，漸進的であろうが即時的であろうが，国民主権に対する正面攻撃であれ沈黙裡になされるシステムの土台の侵食であれ，国際関係の問題は――かりに，それがいくぶんかでも解決できるものとして――国際関係をいかに終焉させるかという問いに対する最終的な分析の試みとして理解されている．

　アナーキーは諸国民の社会と相容れないという見方は，第一次世界大戦以来とくに顕著になった．国際関係が「再出発」したという教義を流布させ，過去を貶める習慣を植え付けることになったのは，第一次大戦である．19 世紀的な見方からすれば，国際社会が存在することもそれがいっそう強固になることも，国際的アナーキーが続くこととはまったく矛盾しないとみなされていた．1919 年の〔パリ講和会議とヴェルサイユ条約に結実した〕諸思想は，部分的にはこの 19 世紀アナーキスト思想に連なる自由主義，進歩主義の単なる延長であった．すなわち，国際法の強化，新たな調停手続きの創出，主権国家が協力し

第2章　国際関係における社会とアナーキー

あうための恒常的制度の確立，軍備の削減および制限，世論による圧力，諸国家が人民に基づくべきでありその境界は民族の境界と一致すべきであるという熱望，である．だが，いまやコブデン〔英国の政治家・自由貿易論者〕にもグラッドストン〔英国首相〕にもマッツィーニ〔イタリアの革命家〕にも見られなかった考え方もまた声をあげるようになった．すなわち国際アナーキーそのものの拒否であり，それは一方においては国際連盟と国際連合の真価はそれら自身にではなく，それらが究極において目指す世界政府にあるという考え方に，他方においては世界政府をただちに有効な目的として是認し，国際連盟とその後継機関は国家主権を保持させたために「失敗」を運命づけられていたと見下すことに表れた．

だが，20世紀的な国際アナーキー観はなにも目新しいものではない．そうした教義は，近代の国際史において最初から表明され，以来，次々と具現されてきた．ヨーロッパの主権国家システムは，外部へ拡大してそれまで孤立していた諸共同体と衝突した結果，生起したものではもちろんない．それは，それまで単一の共同体であったものが解体したこと，すなわち西欧のキリスト教世界における一方での中央権威の衰退と他方での地方権威の衰退，さらには君主権力による特定領域からの両者の排除，に起源をもつ．近代ヨーロッパ国際社会はその歴史を通じて，教皇と皇帝の理論的絶対権〔インペリウム〕とローマの現実の絶対権〔インペリウム〕の記憶を意識していた．16世紀から17世紀初めにかけて，主権君主と国家の関係がいかなる性格のものであるかについて疑問が出されると，世界規模〔ユニバーサル〕での秩序と正義はただちに普遍〔ユニバーサル〕国家という考えに結びつけられるようになる．それは単に君主の至上権が国家領域内における秩序にとって条件をなすとみられたからだけではなく，西欧キリスト教世界全体をつうじた秩序が教皇権と神聖ローマ帝国の消滅した権威と結びつけられたからである．国際アナーキーの結果として諸国家の社会は存在しないという考え方と，それと連動し背中合わせになった国内類推という考え方は，国際的状況とは何かということについての不変的教義となってきた．

それらの教義は第一に，国際関係をホッブズ的な自然状態，すなわち戦争状態として描く．この見方によれば，主権国家は，主権国家相互の関係における自らの行為を取り巻く状況が規則や法や道徳によって——慎重な考慮のすえに

制約することはありえても——限定されることはない，とみる．ないしはこの教義のマキャベリ版のように，道徳的・法的規則は国家の行動領域に影響を与えないと理解する．そこでは静寂主義の理論におけるがごとく，政治生活と道徳生活は代替物として提起される．あるいはそのヘーゲル版のように，国際関係において道徳的義務は存在するものの，それは相互の関係における国家の自己主張を裏打ちするためのものであって，国家に制限を課すことはできないと考える．この第一教義においては，社会生活の条件は国家においても個人においてと同じであると仮定される．後ほどその考え方を詳しく吟味するホッブズは，人々の社会生活にとって政府は必要条件であり，主権君主の支配力も同じく必要条件だという．だが，国内類推はここまでである．国際アナーキーを終わらせるであろう諸国家の社会契約を結ぶべきである，ないしは結ぶことが可能であるという考え方は，ホッブズやその他のホッブズ学派思想家のものではない．

　第二の教義は，第一教義が体現する国際関係の叙述は受け入れるが，それを国際アナーキーを終焉させるという要求と一体化させる．この教義を補強するために国内類推を適用するとき，そこにさらに社会契約という概念と自然状態という概念が取り込まれる．国際アナーキーに代わる代替案を求めるこの探索においては，ローマ時代に帰れとか西欧キリスト教徒の団結に帰れといった過去を振り向く伝統に見られるように，実際に経験した代替案の記憶が支えとなりうる．別の種類としては，前向きの伝統としてカントを代表例にあげることができるだろう．そこでは，過去においては達成されたことがないものの将来は成し遂げられる可能性という，人間の進歩に対する信念が支えとなる．

　これら二つの教義が形成されつつあるところですら，二つの教義に反対する第三の可能性，主権国家からなる社会という考え方が存在する．それとともに存在するのは，国家間の秩序のための条件は個人間におけるそれとは異なるという考え方の萌芽である．この第三の教義は，それが反対してきた二つの教義とおなじく，部分的には国家間関係の現実の性格とみなされるものについての叙述と，部分的には一連の規範から成っている．この叙述では，主権国家はその相互交流を通じてさまざまな目的のために意識的に団結し，それによって相互関係にかかわる行為が緩和されるとみなされる．国際関係における顕著な事

第2章 国際関係における社会とアナーキー

実を，ホッブズが言うような，国際アナーキーにおける国家間の紛争にあるとみるべきではない．カントが言うような，国際アナーキーは一時的なものであってそれに代わる素材が提供されるとみるべきでもない．政府がない社会における主権国家間の協力という顕著な事実がある，とみるべきなのである．国際関係の性格についてのこの記述に付随する処方箋によって，国際社会の機能が依拠するところの法的および道徳的規則には敬意を払わざるをえなくなる．諸国家はその相互関係において法的・道徳的規則に制約されないというホッブズ的考え方に替わって，また規則は——抗議は受け入れても——コスモポリタン社会のより高次な道徳に由来しており，それは国際社会の転覆を求めるというカント的考え方に替わって，国際社会のメンバーとしての諸国家にはそれに伴う義務と権利が付与される，と説くのである．

とりわけ二つの伝統が，この国際社会についての第三の概念の形成を促した．ひとつは，近代国際法をその継承者とする一連の理論であり，諸国家が法的規則の体系に縛られることを示すことを通じて，諸国家が一つの社会を構成していく，と描き出した．その場合，それらの規則は自然法に由来すると想定されるかもしれないし，実定法に由来するかもしれない．規則の主体は国家と理解されるかもしれないし，国家の支配者かもしれない．規則は普遍的に有効とみなされるかもしれないし，キリスト教世界ないしヨーロッパの国家にのみ有効なのかもしれない．ビトリアやスアレスなどの16世紀の著述家，グロティウスやプーフェンドルフといった17世紀の思想家の体系において，国内類推の考え方はなお根強かった．その代替となる国際社会の独自性という観念は，19世紀の実定法国際法学者によってはじめて十全に展開されるにいたる[3]．もう一つの伝統は，勢力均衡（balance of power）の体系として諸国家の政治関係を分析する伝統である．この分析によれば，近代史を通じて国家は「政治システム」ないし「国家システム」の作用に関与していた．このシステムは，その要求によって国家の行動の自由に影響力を及ぼし，とりわけ勢力均衡を維持するための行動を国家に求めてきた．これらの諸理論が，意識的に追求した政策の産物としての勢力均衡を提示したかぎり，また国家は勢力均衡の維持のために行動せざるをえないものとして提示したかぎり，これらの理論は同時に国際社会という考え方と国際社会の構成員を拘束する規則という考え方を体現した

ものと理解されなければならない．16 世紀および 17 世紀において支配的であった諸国民の法と勢力均衡についての諸理論は，異なるグループの人々によって主張され，それぞれの内容はおおむね対照的であった．しかし，18 世紀になると，ヴァッテルの国際法の著作が勢力均衡に注意を払うようになり，バークのちにはゲンツの著作が勢力均衡の保持を命じる政治格率についてより法的な方法で定義したことで，二つの潮流は一体化していった．19 世紀になると，支配的な教義は歩み寄った．ただし，いずれの理論にしても，その内容の本質的な部分を犠牲にせずに他の理論と和解できたかどうかはなお疑わしい．

　国際アナーキーによって維持しえない，ないし維持しえなかった教義によって問われたのは，この国際社会という第三の概念——過去の叙述としてにしろ，現在や未来の指針としてにしろ——の妥当性である．国際社会という考え方を擁護することや世界国家の望ましさや可能性に異を唱えることは，私の目的ではない．私見によれば，本論が扱う諸課題がどちらか一方の明快な答えを導くのに役立つことはない．歴史の未来の道筋は，それを理論化しようとして生み出す概念によって理解できることよりも，豊かな可能性をもつものだ．とはいえ，近代国際関係の理論と実践の中心をかくも長く占めてきた思想を，葬り去るのではなく，注意深く吟味することには，深い意味があるように思える．ここで提起するのは，まずホッブズ的自然状態として国家を位置付けた教義との関係において，次いで普遍国家建設によって国際社会を生じさせようとした教義との関係において，国際社会の思想を考察することである．

II

　さまざまなホッブズ的自然状態の一つのありようとして国際関係をとらえたのはホッブズ自身である．主権君主の相互関係についてのホッブズの記述は，諸個人の間における政府についての彼の説明およびその正当化の下位部分をなしている．アナーキーな状態に置かれたとき人々がいかに生きるかということについての推測を裏付けるためにホッブズは，内戦の経験，アメリカの特定部族の生活，国際関係の諸事実に言及する．

第2章 国際関係における社会とアナーキー

「しかし,個々の人びとがたがいに戦争状態にあったときが,けっしてなかったにしても,それでも,すべての時代に,王たち,および主権者の権威をもった諸人格は,かれらの独立性のゆえに,たえざる嫉妬のうちにあり,剣闘士の状態と姿勢にあって,たがいに彼らの武器をつきつけ,目をそそいでいる.かれらの王国の国境にあるかれらの要塞や守備兵や銃砲と,かれらの隣国に対するたえざるスパイが,そうであって,これは戦争の姿勢である」[4].

　ホッブズの記述によると,畏敬すべき公共の権力なしで生きていく状況に置かれた人々にはおもに三つの特徴がみられる.そこでは産業,農業,航海,貿易,などの生活改善がなしえない.というのも,人々の能力と工夫の才が,互いに相手からの安全を確保することに吸収し尽くされてしまうからである.法的あるいは道徳的な規則などというものはない.「正邪 Right and Wrong と不正邪 Justice and Injustice の観念は,そこには存在の余地をもたない.……さらにまた,前述の状態の帰結として,そこには所有 Propriety も支配 Dominion もなく,私のものとあなたのものとの区別もなくて,各人が獲得しうるものだけが,しかもかれがそれを保持しうるかぎり,かれのものなのである」[5].最後に,自然状態とは戦争状態である.本性が「じっさいの闘争にあるのではなく,その反対にむかうなんの保証もないときの全体における,闘争へのあきらかな志向」として理解される戦争である.「そういう戦争は,各人の各人に対する戦争である」[6].

　主権国家間の紛争としてみるホッブズ的な国際関係観についていうならば,国際アナーキーという状況のもとではいついかなる場合にも存在する特定の特質を抽出し,特定の時間と場所に存在するその他の特質をすべて追いやった,とみてもよい.人類の潜在的共同体として国際関係をみるもう一つの叙述についても,同様に,恒常的かつ普遍的ないくつかの特質に着目したと論じてもよいであろう.その場合の特質とは,人間が共有する人間としての絆に起因する特質であり,主権国家への人類の分裂は――そうした国家間関係を主として紛争からなるとみるにしろ,協調からなるとみるにしろ――偶発的かつ一過性のなにものかとして見なすべきだというのである.だが,どちらの理論も考慮し

ていない広大な国際的経験領域が残されている．それに適合できるのは，国際アナーキーの中にあって主権国家から成る社会が存在してきたとみる教義だけである．

　国際社会論者は，ホッブズ的な自然状態として述べられた三つの要素を国家間関係へ適用することについては，次のような疑問を投げかけることができた．第一に国際社会論者がしばしば注目したのは，互いの安全確保のためだからといって，産業や生活改良が振興しなくなるほど主権国家がその能力と工夫の才を消耗しつくすことはなかった，ということである．国家がその経済構造を破壊するほど資源を戦争や軍備に投入することは，普通はない．戦争や軍備に資源を配分することは経済発展の観点からすれば最善の配分ではない，と論じることは可能だろうが．だがそれどころか，外部からの攻撃と国内的混乱に対して安全を供与することは，国境内での経済的向上のための条件を国家の軍事力が整えることなのである．さらに，世界政府の欠如と軍事安全保障の責任が主権国家の間で分散していることは，経済的相互依存と矛盾しない．個人と比べて国家が経済的に自足していることは，近代国家内部における諸個人の社会的組織化よりも諸国家による社会的組織化のほうがなぜ緩やかな形のまま許容されるのかを説明すると多くの場合理解されている．同時にこれら国際社会論者は，経済関係をつうじて諸国家が相互に利益を引き出しうることを指摘したうえで，諸利益の違いを通して共通利益の存在することを象徴する点において，貿易があらゆる国際関係のなかでもっとも特徴的な活動であると論じるのである．

　ホッブズ的自然状態の第二の特徴とされる自然状態における正不正の観念の欠如についていえば，それが近代国際関係に当てはまらないことは明らかである．グロティウスがそうしたように，国際社会論者は多くの場合，国家が法と道徳の規則から大きく離れていくことを指摘し，それらの規則を守ることが義務であることを主張してそうした状況に抗議の声をあげることから考察を始めた．だがまた，政治家自身が法的・道徳的規則を認識していること，実定法と道徳が国際生活の一特質としてあり続けたという伝統に注目することもできた．国際的な行動を起こすにあたって——国際法と道徳の性質についての一般の認識とは逆に——これらの原則についての口実が伴うことは，国際関係における

正不正の観念の力強さを，こうした原則に従った行動と同じくらいに，物語っている．それとは対照的に，国際社会における法的・道徳的規則に違反するだけでなく，そのことについて何の法的・道徳的口実もない——グロティウスの言葉を借りれば「説得力がない」ばかりか「正当化できない」——行動は，多くの法理論家から近代国際社会を構成する国家の特徴的な行動とはまったく言えない（かつ国際社会の機能に敵対的である．口実を伴う非合法的行動はそうではない）と理解されてきた．

　ホッブズ的自然状態における第三の要素は，国際関係にもっとも明白に当てはまる．それは戦争という事実であり，諸国家は社会を構成しないという見方の主たる証拠となる．一方において，社会についての見方を描きだすために近代国家を例に取るならば，そこでの顕著な特徴はそのなかにおいて——いくつかの場合の結果としての自衛権を別にして——私的な実力（フォース）の行使が禁じられていることである．だが他方で，主権国家が互いの関係において戦争状態にあること，ホッブズ的な理解では長い間にわたってそうした傾向を示してきたこと，は否定できない．またこの戦争が万人の万人に対する戦争であることは認めざるを得ない．近代国家システムの歴史においてもある時点をとらえれば，特定の国家に対しては戦争をしかけようとしなかった国家があったことは事実である．すなわち，ある一群の国家は対をなして共通の目的のために同盟を組もうとする．他の対国家はそれぞれ重なり合わない異なる目的を追求して相手を無関心のままに扱う．さらに他の対国家はそれぞれの目的が対立するものの，（現在，英語使用圏諸国の間でみられるように）紛争によって起こりうる結果としての戦争は視野に入れないといった共同体としての感覚を分かち合う．だが，国家システムをある特定時点ではなく，（たとえば〔ウェストファリア体制が確立した〕1648年から）その全過程を通じて動態的に見れば，一定期間存在してきたあらゆる国家がいずこかの時点において，いずこの国かを問わず他の国家と戦争で決着をつけようとしたことがある，とわかるであろう．

　この難問にたいして国際社会論者は，戦争の遍在性を否定するのではなく，近代国家モデルの妥当性を問うことで対処しようとしてきた．もしも主権諸国家が，近代国家によって形成される社会とは異なる社会——とりわけ，その操作に一定の私的実力（フォース）が許容されるばかりではなくそれが必要とされる場合——

を構成すると理解されるのであれば，戦争する傾向という事実は，国際社会が存在しないという証拠にはもはやなりえない．諸国民の法理論家と勢力均衡論者は，こうして戦争が国際社会の不在ないし破綻を意味するものではなく国際社会の機能の一部分として起きうることを示そうとした．それとともに国際法の著述家の中には，戦争を個別構成員によって国際社会の法が執行される手段としてみた者や，政治紛争を解決する手段として理解した者もいた．勢力均衡論者は，国際均衡に対する脅威を取り除く究極の手段として戦争を捉えた．これら一連の理論に歩調をあわせていうならば，「万人の万人に対する戦争」にみる国際関係の要素は，国際社会の機能を阻害するどころか，ある意味で国際社会を積極的に支えているとすら論じることができるかもしれない．というのも，特定の違法国家に対して特定の法遵守国家が戦争を挑む意志が有るか無いかに法の執行がかかっているのであれば，かりにすべての国家がいかなる違法国家に対しても武力に訴える意志をもてば，最善の形で法が執行されることが見通せるからである．いかなる時であれ特定の国家が他の特定国家に——その国と同盟を結んでいるから，互いの政策に無関心であるから，さらには特殊な共同体意識に縛られているからなどの理由で——戦争を挑む意志がないことは，国際法の執行を阻害する．同じように勢力均衡は，いかなる国家であれ均衡に脅威を与える国家に対して諸国家が武力に訴える意志を示すとき，この点での反逆者に注意を向けてその国がなしうる特別な要求をすべて無視することによって，もっともよく保持される．

そうなれば，われわれが国際関係を契約以前の個人間における自然状態と比較したいという誘惑にかりに駆られたとしても，ホッブズでなくロックが描き出す自然状態を状況として選ぶべきだと論じることができるだろう．政府のない社会——そこでは構成員が自ら判断し法を執行するため社会は粗雑かつ不安定なものになるが——を考える場合，われわれは国際法の伝統のなかでのさまざまな思想家による国際社会を認知することができる．アナーキーな状態における人間の生活についてのロックの想定は納得できるものではないが，その種の現実の社会についての現代人類学の研究に頼ることは可能である．それによってわれわれは「あからさまな統治形態が欠如した状態で人々の政治構造を形作ることを可能にしているものは何であるのか，考えざるをえない」[7]．これ

第2章　国際関係における社会とアナーキー　　　　　　　　　　35

らの研究は，社会の凝集力を保つ工夫についてのわれわれの見方を広げるとともに，国際分野におけるいくつもの相似点を示唆する．

　探究すべき問題がそこにはいくつもある．そのうちの一つは，国際法学者から一定の注目を集めている「叫喚追跡」(hue and cry)〔追跡の喚声を聞きつけた者は逮捕に協力する義務があるとされた12世紀のイングランド法に由来する〕の原則である．もう一つは儀式の場である．さらにいま一つは——原始社会の親族および国際社会の同盟国の間における——忠誠の原則である．国際社会とある種の原始社会はまた，力こそ正義なりという原則によってそれぞれの内部が機能している点でも類似しているようにみえる．われわれはそうした原則を道徳的原則に背馳するといって退けがちだが，それでは正義にかかわる問題は生じないと言っているだけになる．実際，トゥキディデスによると，これはアテナイ人がメロス人に言ったことでもあった．アテナイ人は，力こそ正義なりという原則に訴えたわけではないが，正義の問題は両者が対等な場合のみに生じるのであって，〔対等な関係ではない〕アテナイとメロス間の場合は違う，と言ったのである．だが，国際関係においては関係者が対等でないことはしばしば起きるのであって，その事実を考慮しつつ解決を導き出す原則を諸国家の社会は案出しなければならなかった．強者の側の意志は認められるべきであるというルールは，暴力的な闘争の結末がそうなるであろうものに，そうした闘争を経ることなく，直接導く道筋を提供する．力こそ正義なりという原則が国際社会の機能に適合すると言ったからといって，その原則が正当化されたわけでも，国際的な暮らしにとって必要な要素としてみなされたわけでもない．言いたいことは，ときにはいかなる種類の秩序も存在しないことを露わにする国家間関係という場面においても，社会秩序の作用を認めることができるということである[8]．

　とはいえ，われわれは何れかの地点で国内類推を完全に捨て去らなければならない．それは，あるものを理解するのに別の何ものかに喩えようとするのは問題の幼稚な捉え方であり，主題そのものへの親近性が欠如していることを示すというばかりではない．国際社会が独特なものであって，その独特な性格が，国内社会における諸個人の生活と共通する特質に由来するとともに，主権国家を取り巻く状況に固有な特質に由来するからでもある．国際社会という考え方

を表明することに伴う一つの論点は，個人間においてはあり得ない程度にまでも国家間においてはアナーキーが許容されるということである．この点については，国際関係をホッブズ的自然状態に依拠して叙述する者ですらある程度は認めているところだ．

　第一に，すでに述べたごとく，産業や生活改善がないということが起こりえたとしても，それは国際アナーキーの結果ではない．ホッブズ的自然状態における個人とは異なり，国家は安全を求めて日々の活動が単なる獣の生活になるほどまでに精力を傾けつくすということがない．ホッブズ自身，主権者は「戦争の姿勢」にあると観察したとき，それに気づいていた．ホッブズは続ける．「しかし，かれらはそうすることによって，かれらの臣民の勤労を維持しているのであるから，個々の人びとの自由にともなう悲惨は，そこからは生じてこないのである」[9]．彼ら相互が自然状態にあるというその同じ主権者が，著しく生活状況の改善をなしうる特定の領土を提供してきたのである．

　第二に，国家は個人と同じようなほどには暴力的攻撃に対して脆弱ではなかった．「二つの国家は，自然状況にある二人の人間と同じ相互関係にある」というホッブズの言明に呼応してスピノザは付け加える．「ただ違うのは，国家は他からの圧迫に対して自己を守りうるが，自然状態における人間はこれができないということだけである．なぜなら，人間は毎日眠らなければならず，しばしば病気や精神の悩みに襲われ，ついには老衰し，なおそのほか，国家なら煩わされずにすむような種々のめんどうなことを負担しているからである」[10]．自然状態にある一人の人間は暴力的攻撃に対して自らを守ることはできないし，攻撃によって突発的に死亡することすら予想される．だが，国家として組織された人間は，彼ら個々人の脆さにかかわりなく存在する防衛手段を講じることができる．また一国家による別の国家に対する武力攻撃が，ある個人による別の個人の殺害と比肩しうるという想定のものに行われたことはなかった．というのも，ある人間の死は，孤立した行為として突発的になされうるし，いったん起きたら元に戻すことはできない．だが戦争が敗北した国民の物理的消滅に帰結することはまれである．近代史においては「戦争の結果が絶対的であることはけっしてなく」，敗北は「治癒しうる一時的な災難」にすぎないであろう，というクラウゼヴィッツの見方を受け入れることが可能であった．のみならず，

第 2 章　国際関係における社会とアナーキー

これまでの戦争は，原理的には交戦国の一方または双方の国民の物理的消滅に至りえたかもしれないとしても，それが即座かつ単発の行為として実施されることを想定することは不可能といえた．クラウゼヴィッツは，戦争が単発の即時的打撃ではなく別個の行為の連続からなるという考え方にたって，これまでは常に事実として，公的暴力を私的暴力から区別させてきたなにものかに注意を向ける．戦争がいまやクラウゼヴィッツ的な言葉の理解において「結末が絶対」かつ「単発の即時的打撃をもたらす形となる」ことはないのか，したがって暴力が常に個人に対してもったのと同じ展望のもとにいまや国家と対峙することはありえないのか，という問いをたてることは，近年の軍事技術の文脈において初めて妥当なものとなったのである[11]．

　この二番目の相違点，つまり個人に比べて国家が他国家からの暴力的な攻撃に脆弱ではないという点を補強するのが，それに付随するきわめて重要な三番目の条件である．すなわち，国家がこの点で脆弱であったのならば，ひとしくまた脆弱ではなかったということである．ホッブズは「**自然**は人びとを，心身の諸能力において平等につくったのであり……［したがって］もっとも弱いものでも……もっとも強いものをころすだけの，つよさをもつのである」[12] という命題をもとに，自然状態についての記述を行った．このすべての人間が他人すべてに対して脆弱性では等しい点が，ホッブズの見方によれば，アナーキーな状況を耐えがたいものにしている．だが，近代国際社会においては，大国と小国の区別がたえず存在してきた．大国は小国の攻撃に対しては安全を確保し，恐れなければならなかったのは他の大国および敵対的な諸国による同盟のみであった．ホッブズ的自然状態が国際社会に存在するかぎり，その特徴となる不安全が国際社会の構成主体すべてに平等に分散していないかどうかを評価するためには，19世紀に英国（Great Britain）が享受した安全保障についてのみ考察すればよい．興味深いのはゲンツの著述における「ヨーロッパ連邦（コモンウェルス）」であり，そこでは「ここに描かれたような同盟の当事国の中にあるもともとの不平等は，予期しえない出来事ではなく，偶発的な不運ではましてない．そうではなく，ある程度まではシステム全体の先行条件であり土台をなすと見なされるべきなのだ」と書かれている[13]．そして次の注が続く．「地球の表面が等しい部分に分割されていたとすれば，そうした同盟が組織されることはけっしてな

かったであろう．そしておそらくは各自が全体に対して争う永遠の戦争のことのみを耳にすることになったであろう」．もしも大国が攻撃に対して相対的に安全であって中央の権威による保護を必要としないならば，その同じ理由から大国自身も他の国々を攻撃する立場に，また他の国々がこれらの大国に影響を及ぼすためにかけようとしてくる圧力に抗する立場に，おかれることになる．諸国間の力の均等な配分が国際社会の発展にとって好ましくないとすれば，力の大きな相違も国際社会の運営を妨げうるし，さらには国際社会と調和しえないのもまた事実である．勢力均衡論者の中心的な論点の一つは，かりに国際社会が維持すべきものであるならば，いかなる国であれその他の国々を支配する立場にたつことはできない，ということであった．他の著述家はさらに一歩進めてゲンツ自身とともに，勢力均衡原則は集団安全保障原則と切り離すことは困難になったとする教義のなかで次のように主張する．「かりにこのシステムが単に存在するのではなく，絶えざる危険と暴力的衝突なしに維持されるべきものであるのならば，システムを侵す国は，他の国々の集団的力によってばかりでなく，ある特定国によって，でなければ圧倒的多数の構成国によって，抑制される状況に置かれなければならない」[14]．16年後，アンシロンは，イタリアにおける均衡原則の初期の展開において同じ原則が働いているのを発見する．「数多くの国家が，その相互に抗する力においては著しく不平等でありながらも近似していることは，この賢慮の格言を即座に理解し，それに従い，それを適用することを必要とした．それによって権利は守られ，舞台をこの小さな場から広大な場へと移動させていったのである」[15]．

　第四の対照点としてしばしば指摘されてきたのは，個人とは比較にならないほど国家が経済生活の自給を享受していることである．したがって，国際社会論者が強調してきたテーマの一つは貿易を通じた諸国家の相互依存であったが，同時に国家がいずれも個人とは対照的に相対的な経済自立を果たしていることが，政府を頂く社会よりも緩やかな社会を諸国家は許容することができるという議論を支えてきた．

　したがって，国家は自然状態としての戦争状態にあるというホッブズ的見解とは逆に，諸国家は政府のない社会を形作っていると論じることができるであろう．その社会はロックが想定した諸個人からなるアナーキーな社会にも，ま

た人類学者によって研究された原始的アナーキー社会にも，なぞらえることができるかもしれない．ただし，そうした類推は可能だとしても，最終的にはそれを放棄しなければならない．というのも，政府のない社会を国々が形作ることには，国家を取り巻く状況の独自な特質もまた反映されているからである．国際社会の仕組みはそれ自体において，特有な制度として理解されなければならない．国際法，外交，勢力均衡システムがその制度に含まれる．その他にもそれに匹敵する制度があるかもしれない．例えば，国際社会全体の問題を管理し，中央から指揮する役割を大国間で分かち合うための大国の協調——ウェストファリアからポツダムに至るまで一連の会議を通じて見られ，そのもっとも完璧な体現を欧州協調にみることができる——も，断続的にしか機能してこなかったとはいえ，またそうした制度の一つであると論じることができる．

III

主権国家がホッブズ的自然状態にあるという思想は，国際政治とはいかなるものかについての独自の叙述にかかわってばかりではなく，世界国家の設立要求に関連づけてもみられる．カントの『永遠平和のために』などの教義ではホッブズ的な国内類推が国際関係に適用されているが，その場合それは自然状態という思想ばかりでなく，社会契約の思想も取り入れたものとして理解される．

カント的な国際関係観にはジレンマが含まれている．かりに諸国家が本当にホッブズ的な自然状態にあるものであれば，諸国家がそこから抜け出すための契約（contract）を結ぶことは不可能になる．というのは，もしも剣によらない誓約（covenant）が単に言葉だけのものであるならば，その他の問題についての協定に当てはまるのと同じく，世界政府の設立をめざす誓約にもそれが当てはまらなければならないからである．カント的立場にとって困難なのは，国際関係の現実についてのその叙述と，その改善のための処方が互いに矛盾しあっていることである．国際アナーキーが続く文脈の中での行動は無益であるとされながら，同時に根本的解決策である国際社会契約が提示されるのはその国際アナーキーのなかにおいてなのだ．

国際関係がホッブズ自然状態には似ていないことを認めたとき，また剣を伴

わない誓約とは言葉以上のものであって主権国家の協調のなかにその素材を見出すことができうることを認めたときに，世界国家の唱道者ははじめて，その計画が望ましいばかりでなく可能であることを示すことができる．だが，それを認めることは，国際アナーキーを終わらせるという立場を弱める．というのは，そうなると世界政府の設立は世界秩序にとっての必須要件とは認められなくなるからである．かりにホッブズ的な叙述による国際的自然状態が捨て去られてロックのそれに置き換えられたとすると，根本的な転換のための議論とは，統治の契約としてロックが提示したもの，すなわちアナーキーな社会が政府を頂けば社会の効率はよくなる，ということにすぎないことになる．

　だが，こうした立場にはなお侮りがたいものがあるかもしれない．ロックによる国際社会の叙述それ自体が認める何ものかにそれが本質的に依拠しうるからである．すなわち，国際社会において実力(フォース)の私的な使用が許容され，一定の状況においては求められることすらあるということである．国際法学者や勢力均衡論者の描く国際社会では，戦争が恒常的かつおそらくは必要な位置すら占めている．したがって，アナーキーから政府への進展という議論は，カントが論じるように，永遠平和の可能性と望ましさという点から論じられうる．

　それは，戦争は主権国家同士の関係によるのだから，主権国家が破棄されれば世界国家は戦争を破棄するであろう，という安易な見方にたつ．戦争とは，ひとつには大規模な人間集団同士のあらゆる種類の組織的暴力を意味するが，この場合には先の議論は誤っている．もう一つ狭義には主権国家同士の争いとしてこの言葉は理解されるが，この場合には先の議論は真実だが誤解を招く．後者の意味における戦争は，暴力の可能性の範囲の一分野しか含んでいない．こうした公的戦争という特殊な意味における戦争の廃絶が，さまざまな形の私的戦争の復活を引き起こすことになれば，それは必ずしも前進とはいえないであろう．

　だが，かりに世界国家が——主権国家システムがそうであるように——暴力を超越する手段ではなく暴力の管理という問題に対して特定の解答を提供するものとして理解されるべきであるならば，それはまずい答えであるとは言えない．世界規模のいかなる政治組織にも内在する暴力への傾向は，正統な強力(フォース)の使用を委託された単一の権威を通じてのほうがそうした権威が多数ある場合よ

りも——まさに国民国家の小規模な地理的文脈でそうであるように——適切に管理されると論じることができるであろう．こうした議論は十分に受けいれられるであろうが，まず世界政府に対して国際社会を支持するこれまでの議論を対峙させて見なければならない．

それらの議論はしばしば，秩序や安全保障よりも国際関係における自由への選好のうえに成り立っていた．すなわち，中央権力の支配からの諸国家，諸国民の自由であり，その遍在的権力によって外国人の亡命権を否定するにちがいない専制的政府の手の届く範囲からの諸個人の自由である．これに対しては，秩序や安全保障は国際社会にとって第一の必要事であり，そのために必要ならば自由は犠牲にすべきであると答えることができよう．だが，同じ秩序を理由に国際アナーキーが選好されることはありうる．

政府は，強力（フォース）の使用を法的に独占することにともない，秩序維持の手段を提供する．だが政府はまた，その支配をめぐって対立する諸グループが相争う不和の源でもある．いったん政府の権力を手にしたら，私人あるいは私的グループが強力に依拠することを否定するために政府権力が行使されうるとすれば，そこにある統治機構が政治紛争における獲得目標となることも事実であり，そうでなかった場合よりも紛争における危険性のレベルはより高くなる．典型的な近代国民国家においては，紛争が諸政府間の競争ではなく単一政府の支配をめぐって相争う諸勢力が競争する形をとるほうが，秩序はもっともよく保たれる．だが，また逆の場合が真実である政治共同体も珍しくない．その場合，主権政府相互の共存によって生じる秩序への危険は，敵対する諸共同体を単一政体の枠組みの中に保とうとすることによる危険より小さい．1947年のインドの〔パキスタンとの〕分割は，この**道理**を示している．世界共同体における秩序の問題もまた，こうした点からみることができる．複数の主権国家による古典的な危険性は侮りがたいとはいえ，その危険性は，単一の政府の枠組みの中で異質な諸共同体を維持しようと試みることに内在する危険性と勘案しなければならない．現時点においては，前者の危険性とともに生きるほうが後者に直面しようとするよりも適切である，と世界秩序を理解することはごく理に適っている．

注
1) 本論での主要な考え方の多くを——執筆の過程で元の形をとどめなくなったかもしれないが——マーティン・ワイトに，またその他の考え方の多くをC.A.W. マニングに依っている．
2) アナーキー「規則の欠如，無秩序，混乱」(『オクスフォード英語辞典』)．これらの意味のなかでも，本論においてこの用語はもっぱら第一の意味で使われている．本論にとって関心ある問いは，国際的な文脈において第二，第三の意味も該当するかということである．
3) 私は以下の本書第3章「グロティウス的な国際社会概念」で，グロティウスと20世紀の新グロティウス主義者の理論における国内類推を探究した．
4) Hobbes, *Leviathan*, ch. xiii (Everyman ed., p. 65).〔ホッブズ（水田洋訳）『リヴァイアサン』第1巻，岩波文庫，1992年，213頁〕
5) *Ibid*., p. 66.〔同上訳書，213-4頁〕
6) *Ibid*., p. 64.〔同上訳書，210-1頁〕
7) M. Fortes and E.E. Evans-Prichard, *African Political Systems* (Oxford University Press, 1940), p. 6.
8) 原始および国際社会における力こそ正義なり原則の機能については，Ernest Gellner, 'How to Live in Anarchy', *The Listener*, April 3, 1958, pp. 579-83 を参照．
9) Hobbes, *op. cit.*, p. 65.〔前掲訳書，213頁〕
10) Spinoza, *Tractatus Politicus*, ch. iii, para.11 (*The Political Works*, ed. A.G. Wernham (Clarendon Press, 1958), p. 295.〔スピノザ（畠中尚志訳）『国家論』岩波文庫，1976年，45頁〕
11) これらの問いに対してこれまで与えられてきた答えを，近年の軍事技術がどれほど変えざるをえなくしているかという点についての考察は，私は本論からは意図的に除外した．
12) Hobbes, *op. cit.*, p. 63.〔前掲訳書，207頁〕
13) Friedrich von Gentz, *Fragments upon the Balance of Power in Europe* (London, Peltier, 1806), p. 63.
14) *Ibid*., p. 62.
15) J.P.F. Ancillion, *Tableau des Revolutions du Systeme Politique de l'Europe, depuis la Fin du Quinzieme Siècle* (Paris, Anselin et Pochard, 1823), vol. i, pp. 262-3.

第3章

グロティウス的な国際社会概念

ヘドリー・ブル

I

　第一次世界大戦以降の国際関係の理論と実践の根底には，国際社会という，ある概念がたしかに存在しており，国際連盟規約，不戦条約，国際連合憲章，ニュルンベルク国際軍事裁判憲章のなかにその跡を辿ることができる．この国際社会という概念は，それ自身のなかに，秩序ある正当な国際的行為を定めた適切な定式を備えていると広く考えられているため，この概念と1919年以降現実に起きた出来事との間の不均衡は，概念そのものに内在する欠陥というよりも，国家あるいは政治家が概念に従って行動することに失敗したことに帰することができる．本論の目的は，多くの異論や微妙な差異を見失う危険を犯しつつも，この教義の本質を述べ，その処方箋の妥当性を考えることである．

　私が念頭に置く国際社会の概念は，グロティウス的概念と呼びうるものである．そのように名付けた理由は，グロティウスの著作が，この20世紀の教義において果たした役割――もちろん，その役割は決して無視できるものではないが――のためではない．その理由とは，この概念のアイデンティティを探ると，それが二つのものの間に位置しているからにほかならない．すなわち，グロティウス自身と20世紀の新グロティウス学派との類似点とともに相違点を，われわれはときに考えざるをえないのである．だが，類似点のほうが際立っているため，われわれが『戦争と平和の法』（*De Jure Belli ac Pacis*）を同一の見解についての古典的説明を含むものとして扱っても，過ちを犯したことにはならない．本論が参照する二つの重要な研究は，グロティウスを今世紀に甦らせるとともに，グロティウスから離れていた17世紀から20世紀初頭にかけての

国際法思想の潮流を逆転させた．それらの研究の中で最初のものは，コルネリウス・ヴァン・ヴォレンホーヴェン〔法学者・ライデン大学教授〕が1918年夏に著し，グロティウス主義の蘇生を期待したものであり，第一次世界大戦がこの著作のお膳立てをしたようにみえる[1]．第二のものは，故サー・ハーシュ・ローターパクト〔国際法学者・ケンブリッジ大学教授・国際司法裁判所判事〕が1946年に出版した著書だが，そのころになると，実定国際法の中にグロティウス主義の教義が浸透するさまが書き留められることになった[2]．この二人の研究者は，グロティウスと20世紀に現れた新グロティウス主義者とが共有した立場を，両者の間の時期に存在した代表的思想家と対比させることに関心をもつ．ヴォレンホーヴェンは，ヴァッテル〔スイス生まれの法学者〕に依ることでグロティウスとは正反対の立場を例証し，ローターパクトは，その点にかかわって19世紀実定国際法学者の著作を引き合いに出している．ヴォレンホーヴェンとローターパクトが二人とも，広い意味でのグロティウス的立場を受け入れていたことは，注記すべきだろう．二人のとった広い意味でのグロティウス主義と，ヴァッテルや19世紀実定法学者が寄与したとされる別の国際社会概念との対立を探りつつも，このグロティウスへの回帰が，二人がそう理解したように，本当に発展に寄与しているのかどうか検討することが，われわれの目指す目的ということになろう．

　グロティウスの仮説の中心は，法の執行に関して国際社会を構成する諸国家が連帯している，あるいは連帯しうるというところにある．この仮説は，グロティウスによって明示的に採用されたわけでも擁護されたわけでもないが，彼が提起した国際的行動にかかわる諸規則は，その実現のための前提条件であると論じることができよう．他方でグロティウス主義に反対する立場の国際社会概念においては，全く正反対の仮説が出される．諸国家はこの種の連帯をせず，ある最低限の目的のためにのみ合意しうるものの，それを法として執行する連帯は欠いている．この考え方は，国際社会を構成する各国間で実際にもしくは潜在的に合意が形成される領域があるとする見方という点において多元主義的と呼べる一方，グロティウス主義は連帯主義的だということができる．そして，国家間関係を規定する諸規則は，この違いを反映しているのである．

　グロティウス的もしくは連帯主義的概念を多元主義と区別する問題は，グロ

第 3 章　グロティウス的な国際社会概念　　　　　　　　　　　　　　45

ティウス自身の学説と，新グロティウス学派の代表者たるラッサ・オッペンハイム〔国際法学者・ケンブリッジ大学教授〕の学説とを対比することによって，より正確に説明できる．彼の『国際法』第 1 版は，1905 年と 1906 年に出版された[3]．連帯主義と多元主義の間でおこる不一致には三つの側面があるが，これはわれわれの扱う問題と特に関連している．第一の側面は，国際社会の中で戦争の占める位置に関係する．第二は，国際社会の構成国が拘束されている法源についてである．そして第三は，諸国家が構成する社会における個々人の身分についてである．

II

おそらく国際関係理論の最も基本的な問題については，グロティウスもオッペンハイムも（そして実のところ，二人が例をなす二つの思想学派も）一致している．二人とも，国際社会と，その構成国を他国との関係において拘束する法の存在を主張した．また二人は，**現実政治**(レアルポリティーク)の伝統に反対したが，それはこの考えが国際社会の存在を否定し，国家が相互の関係において義務に拘束されない国際的自然状態に基づいているとするためである．さらにこの二人は現実政治の教義にも敵意を抱いていたが，それはこの教義の訴える規範が国際社会の維持ではなくて，普遍的な単一の帝国や世界市民主義的社会(コスモポリタン・ソサエティ)によって国際社会を覆したり取って代わることを，国際政治に命じるものだからである[4]．

グロティウスやオッペンハイムがそうであったように，国際社会の理念を支持するすべての者にとって，戦争という事実は困難な問題を提示している．国内社会においては，正当防衛として認められた権利を別として，私的な実力(フォース)の行使は禁止されている．正統的な暴力(バイオレンス)の行使は，当該共同体が独占している．もしも私的な実力(フォース)の行使が，その内において力を独占している国家と国家の関係においても同じ意味を持つとするならば，戦争という事実は，国際社会なるものは存在しないと暗示しているのだと受け取らなければならないことになる．もしも国際社会を支持する諸理論が，戦争を単に無視するのではなくきちんと考慮に入れるのであれば，諸国家からなる社会は確かに存在することを示そうとする者は，それゆえ次のように論証しなければならない．すなわち国際関係

における私的な実力(フォース)の行使は，国家の領域内に帰属するものとはまったく別のことを意味する，という論証である．そこでは，国際社会が個々人によって形成される社会とは別の種類の社会であること，その機能の点において私的実力(フォース)の行使とも両立しうる社会であること，を示さなければならない．ある種の戦争は国際社会において役割を果たすというのが，グロティウスとオッペンハイムに共通する出発点である．この議論は国際社会の不在を示すどころか，その作用を証明する．それゆえ関心をもたれるのは，ある種の戦争は国際社会の法に反するが，別種の戦争は法によって容認されうることを示すことなのである．

　戦争の正統性という問題については，三つの立場が可能である．第一の見解は絶対平和主義(パシフィズム)であって，戦争または戦争行為に正統性はないという立場である．第二の見解は，場合によっては軍国主義(ミリタリスト)と呼ばれるもので，いかなる戦争または戦争行為も正統であるとする．そして〔最後に〕，ある種の戦争または戦争行為とそれ以外のものとを区別すべきある，すなわち正統である戦争もあれば正統でない戦争もある，という見解がある．グロティウスとオッペンハイムの二人が依って立つのは，この第三の立場である．絶対平和主義と軍国主義の立場は，国際社会の理念にとっては等しく有害である．なぜなら前者の立場は，国際秩序を覆そうとする試みに対して，秩序を維持するために必要な暴力(バイオレンス)までも拒否するものであり，他方で後者は，国際秩序を破壊するに違いない類いの暴力(バイオレンス)をも容認するからである．さらに両者の立場とも，戦争は法の外に位置するものだと主張し，国際的経験という広大な領域に対する国際法の今日的意味を否認するからである．グロティウスは，国際社会の概念を受け入れるすべての者に共通の教義を表明している．彼はこう書いている．「それ故に，人々が，何ものも許されないとか，すべてのものが許されるとかいう両極端に対する救済が見出されねばならない」[5]．

　しかし，グロティウスとオッペンハイムの意見の一致はここで終わる．正戦を不正戦から区別しようとする試みには，二つの方法がある．正当な原因のために戦うものを正戦と主張するとき，または正当もしくは合法的なやり方で行われるものを正戦と主張するときである．オッペンハイムが，戦争において何が合法的行為に当たるかを決定すべきものとしてのみ法を捉えるのにたいして，グロティウスは，法は戦争の正当原因と不当原因とを区別するものであるとも

第3章 グロティウス的な国際社会概念

考えて，前者のためだけに戦争は行われるべきだと強調した．

オッペンハイムによれば，戦争の正当原因を不当原因から区別することは倫理学の一部ではあるけれども，国際法とは関係ない．彼の見解では，戦争とは主権国家の大権である．そして法とはただ単に，戦争が起こった時に戦争という事実を考慮し，戦争の進行を規制するに過ぎない．1919年以前には，慣習と条約から誕生した国際法は，オッペンハイムの見解と完全に一致していた．そこでは，戦争の開始と終結に際して当然なされるべき形式の遵守，戦争状態が存することによって国家と個人とにもたらされる法的帰結，戦時暴力の適切な限度，交戦国と非交戦国との関係などに関する諸規則が発達してきた．しかし，戦争を企てる国家の権利を侵害しようとはしなかった．

これとは対照的にグロティウスは，戦争という手段に訴えるだけの適切な原因があると決定することは法の領域内に属すると主張した．正戦の根本的な基準とは，権利を強制するために戦われるかどうかであった．「戦争を行う正しき原因は，危害を受けることを除いては他に何も存じ得ない」[6]．この教義を詳述するにあたって，グロティウスは戦争の正当原因を三つに絞り込んだ．防衛，財産の回復，処罰を加えることである．戦争の正当原因と不当原因を区別し，戦争が合法となる原因を前者に限ってきたグロティウスの教義は，第一次大戦以降，実定国際法の中に書き記されてきた．国際連盟規約，パリ不戦条約，国際連合憲章はすべて，戦争に訴えるため国家は無条件の大権を持つとする古びた教義を拒絶した．現代のあらゆる戦争は，それが特定の国家の独自の決定によるのか，国連安全保障理事会のように諸国民の社会全体を代表するとされるような機関の権威によるのかを問わず，その戦争が法を保持する手段である場合のみ正統でありうる．

戦争の正当原因と不当原因との間に横たわる区別を描き出すことにより，二つの効果がもたらされるといえる．これによりある種の戦争は排斥される．だが同時に，別の類いの戦争は聖別されてその尊厳を高めてしまう．グロティウスの意図が，何よりも自らの教義によって戦争の機会を奪う効果をもたらすことにあったことは明らかである．何が許されるのかと定義づけることについていかに彼が制限主義的であったかについては，言及する価値がある．「法を実現するためにあらざれば戦争を企てるべきでないこと」という彼の提案は，権

利の不変的体系を維持する機能として，また権利の侵害に応じる機能としてのみ，戦争を容認するというものであって，権利の体系を改める戦争は認めていない[7]．彼は，戦争の不当原因を列挙することに一章を割いている[8]．自衛権を詳述する中で彼は，われわれは隣国の力についてだけでなく，隣国の意図についても確信しなければならないと主張して，予防戦争の要求を拒否した．より豊かな土地に対する欲望は，戦争の正当原因とはならない．また，年頃の女性がたくさんいる土地で結婚を拒絶されたとか，「他のものを，その意思に反して，その福祉のためとの口実を以て，支配せんとする意思」も[9]，「他人によって占有されている物の発見」も[10]，みな正当原因ではない．主権国家からなる社会の正統性を受け入れたことで，彼は，普遍的な帝国に皇帝や教会といった肩書きを付けて，戦争の正当原因を提供することを否認した．キリスト教の受容を拒否した者や，その解釈に誤りを犯した者に対して戦争は正当になされえない．服従している人々の自由を求める願望すら，戦争の正当原因をもたらしはしないのである．

そのうえグロティウスは，正当原因が確かに存在する場合でさえ，戦争に訴えることを認めることには躊躇を示している．彼は「疑わしい戦争原因」の考察に一章を割き，正当原因に加えて，正義を実行する人の心の中に確信が存在しなければならない，疑わしい場合，我々は戦争を慎まねばならない，と明記している[11]．「軽率に戦争を企てないための警告」という別の章では，戦争はすべての正当原因のために企てられるべきものではなく，特に「余儀なき場合でなければ，戦争を行うべきでない」と主張する[12]．こうした制限は全て，グロティウスがこの主題について書こうと思い立って序言(プロレゴメナ)の中で記述した目的と一致している．彼はキリスト教世界を通じて，「野蛮族といえども恥ずべきような，戦争に対する抑制の欠如」を認め，「予はまた，人々が些細の理由のために，或は何等原因のないのに戦争に走ることを，……認めるものである」[13]．

同時にグロティウスは，自分が線引きした区別が，第二の効果をも持っていることを懸念する．すなわち聖別された戦争は，国際社会に反して，もしくは国際社会を無視して行われるのではなく，むしろ国際社会のためと称して実行されるというものである．グロティウスの学説において戦争は，その正統性を，

第3章　グロティウス的な国際社会概念

国際社会全体に対してなされる奉仕に求めている。王にしても人民にしても、受けた損害を回復するために戦争に訴えるときは、自らを一般目的のための手段と見なす資格がある。彼らの戦争目的には、自分たちが被った損害に対する賠償のみならず、罰を科すことが含まれている。グロティウスは、犯罪者に対して民事裁判権を持つ者だけが刑罰を科すことが可能である、とするビトリアや他の法学者の見解を退ける。グロティウスの主張によれば、上位者が罰を科すことを自然法は命じている。しかし罪を犯した国家はそれによって他国より下位に置かれることになり、他の国々も同じ罪を犯していない限り、他国から罰せられることになる。のみならず、罪を犯している王や人民から賠償を獲得するために、そして刑罰を科するために正戦に従事することは、犯罪の被害者たる国家に限定されない。「問題となっている利害関係者にとって正しい原因は、他人に援助を与えるものにとっても、また正しい」[14]というのは、グロティウスの中心的命題のひとつである。それゆえ、「それ自体のみで、援助を与えるに充分なるもの」である「人の間の相互的結合関係」[15]によって授与される、正戦に参加する一般的権利が存在する。グロティウスは、自分の不正に復讐するよりも他人の不正に復讐することの方がはるかに名誉なことであるとまで言うのである。

このように、グロティウスとオッペンハイムの両者はともに、戦争は国際法と国際社会の範囲内で行われうると主張したけれども、戦争をどこに位置付けているかという点で彼らの意見は異なる。オッペンハイムにとって戦争とは政治的行為であり、戦争目的に対する法の立場はさほど重要ではない。他方、グロティウスにとって戦争とは、違法行為であるか法の執行行為である。グロティウスにとって国際社会にとっての利益とは、戦争に関する規則が遵守されることのみならず、法を支持する側が勝利することでなくてはならない。注意すべきは、どちらの思想家も、それぞれ異なる見解を述べる一方、逆の立場に対する自覚を表明してもいる点である。だからオッペンハイムも、国家が戦争をする際の理由の一つは権利の執行であることを認めているのである。実際、自分が唱える規則が法たる地位を有しているという彼の主張は、当の規則が「自救行為と、不正を犯した国に同調する他の国家による援助」[16]によって強制される、という命題の上に成り立っている。しかしながらオッペンハイムは、国

家は純粋に「政治的理由」からも戦争を起こすのであって，まさにそのことゆえに法が考慮される必要があるのだと主張する．〔他方で〕グロティウスは，戦争ではどちらの側も正しいということはあり得ないが，どちらの側も正しくないということはあり得るため，国際社会が結果に対していわば無関心になるという状況がおこりえると認めることで，自分とは正反対の立場にいくらか譲歩しているように見える．にもかかわらず，二人の研究態度には根本的に対照的な点が残るのであって，それぞれの思考体系に幅広く重要な影響をもたらしている．

III

そうした中で第一に問題となるのは，戦争の最中において交戦国の権利と義務がそれぞれの相手に対してどうなるのかである．戦争は正当原因のためだけに為されるべきだとするグロティウス主義の教義の性向からすれば，慣習法と条約法の支配は弱くなり，正当な方法で戦争が遂行されることが要求されることになる．オッペンハイムにとっては，法は戦争の正当原因と不当原因との区別をしないと考えられるので，当然の結論として，戦争規則は紛争状態にある両当事国に等しく適用されることになる．だが，グロティウスにとっては，法のために戦っている当事国に，法に反して戦っている側と同じ抑制が課せられるべきか否かが問われることになる．

戦争は正当原因のためだけに戦われるべきだとする考え方と，正当な方法で実行されるべきだとする考え方の両方に，論理的矛盾はない．だが，社会生活にそれらが適用されると，これら二つの教義の間には明らかに緊張が生まれる．もしも国際社会が戦争のことを，一方の側が法を是認しようとし他方はそれを掘り崩そうとする争いであると見なすならば，前者の邪魔となる障害がない方が望ましい．これに対して，いかなる理由で勃発したにせよ，戦争が規則に従って遂行されることを保証するのが重要な問題であるならば，戦時国際法 (laws of war) を固く守る義務は相互的でなければならない．というのも，相互主義の理解にたってのみ，法を遵守する見込みも出てくるからである．

グロティウスは，戦時国際法という考え方を拒否してはいない．それどころ

第3章 グロティウス的な国際社会概念

か『戦争と平和の法』は，開戦法規（jus ad bellum）を定義づけるのと同じくらい，交戦法規（jus in bello）を弁護することに多く力を割いている．第3巻のほぼ全部はもっぱら交戦法規に当てられている．むしろ彼が試みたのは，二つの概念を和解させようとする努力である．戦争では何が許されるのかを自分自身に問う中で，グロティウスは自然法の観点から問題を考え始めたが，それは彼が，自然法こそが国際法の主な法源であると見なしたからであり，また主としてそれによって戦争の正当原因に関する自分の理論が解決されたからであった．この見地からするとグロティウスは，戦争における正当行為を，戦われるべき大義の正しさに由来すると考えていたようである．というのも「道徳的事柄においては，目的に導くものは，目的自体より，その内在的価値を受ける」[17]からである．その上，自衛権，所有権の回復もしくは処罰を認めれば，そのような権利の強制に必要な実力（フォース）の行使はすべて許されることになる．このような見地からは，必要性の範囲内であるとして残される権利は別として，不正な当事者が享受する権利などなく，正当な当事者を拘束する義務もない．

しかしグロティウスは，諸国民の意思または多国民の意思に由来する法，すなわち諸国民の法（ロー・オブ・ネイションズ）の立場から考察を進める．この見解からすると，特定の主権国家のために宣戦布告を受けて開始されるいかなる戦争も，合法的である．そして戦争を行う原因が何であれ，そこでの行為は「合法とされる効果」をもちうる．グロティウスが詳述した17世紀初頭の戦時国際法は，オッペンハイムの時代になってからの国際法と比べると，きわめて許容度が高い．たとえばグロティウスによれば，国際法は兵士に対して，女性子どもを含め，敵の領内にいる者すべてを殺傷することを認めている．神に捧げられたものでさえ，敵の所有物であれば破壊し略奪することが許される．捕虜や人質を殺すことも，戦争での捕虜を奴隷にすることも，許される（ただし毒の使用は厳しく禁止されている）．グロティウスはしかし，法の現状に対する自分の異議をはっきりと述べている．たとえ「正しき規範からも出で」[18]たとしても，罰せられずに済むという意味で許されることを法は規定したに過ぎない．そのうえで彼は，法が認める行為をより時代に合ったものとすべく，一連の弁解を付け加えるのである．

戦争が行われる大義を軽視する戦時国際法の体系が国際社会でいかに機能す

るかについて，グロティウスが深い理解を示したことも，また注目に値する．国際法が宣戦布告を強要することはなぜなのか，彼は考えたすえに次のように結論する．「戦争が私人の行うものでなく，両人民またはその首領の各々の意思によって行われることが確かめられるためである」[19]．なぜ諸国民は，双方の交戦国に人を殺す権利を許すような規則を是認しなくてはならないのかを彼は問い，次のような理由を与えている．「二人民間の戦争の権利(ユス)について決定(プロヌンチオ)を行うことは，そのために他人の戦争に引入れられる虞ある他の人民にとっては危険なことである……さらに，正しき戦争においてすら，自己防衛，自己のものの回復，或は刑罰の正しき限界がいかなるものであるかは，外部的表示(インディキウム)からは充分これを知ることはほとんど不可能で，従って，かかる事柄については，他人の判断に訴えるよりは，むしろ交戦者の良心(レリギオ)に委ねる方が一層よいように思われる」[20]．

だがグロティウスは，それぞれの国が追求する大義に関しては交戦国間で区別しない，戦争行為のための法という着想を認めていたけれども，自然法に由来する正反対の教義に沿って陳述したことで，その力を弱めてしまった．もしもわれわれが『戦争と平和の法』を，哲学や政治理論への貢献というよりも，法体系の詳しい解説として扱うならば，ローターパクトが言うような大きな欠点を持つことになる．つまり，〔この著作は〕様々な法（ローマ法，自然法，諸国民(ロー・オブ・ネイションズ)の法，神の法，教会法，道徳法）が国際関係について何を述べているかをわれわれに教えてくれる一方で，その法が何であるのかを明確に語り，これらの諸法を一つの体系へと練り上げていくことを行っていないのである[21]．戦争では何が許されるかという議論の中でグロティウスは，この問題に関して自然法と国際法には何が含まれるか述べたあと，愛とキリスト教的同胞愛の見地から両法を批判している．しかし彼は，〔自然法と国際法の〕どちらが紛争の場合の法となるのかについては，何の手掛かりも示していない．それゆえ，戦争の際に何が許されるのかについての自然法と国際法との間の衝突が，グロティウスの説明によっていかに調和されるのか結論を下すことは困難である．だが，法の問題はひとまず脇に置いて，彼が考えたことはどうなされるべきか，国際社会が求めていると彼が考えた規則はどのようなものなのか，若干の感想をまとめることはできる．

第3章 グロティウス的な国際社会概念

不正な大義のために戦っている者は,国際社会の**外**に自らを置き,いかなる権利をも享受できないことになるが,これは明らかにグロティウスの見解ではない.彼の言葉遣いの中にはいくらか見られるものの,そのような考えは国際社会の普遍性,諸民族の大共同体(*magna communitas gentium*)への全人類の参加という,グロティウスの根本をなす主張とは異質である.こうした考えは正戦の理論ではなく聖戦の教義に由来するが,この教義はまったく相容れないシステム間での闘争という概念であり,国際社会が趣旨として目指す方向とは逆である.国際社会の規則に従うよう強制すべくある国に対して戦争を起こすことは,たとえ規則の違反国をもっとも厳しい方法で処罰することではあっても,なおも当該国をシステムの一部として扱うということなのである.

のみならず,グロティウスは,正当原因で身を固めた当事者は敵に対して穏健にふるまうべきだと力説する.復讐と処罰には限度というものがある.死罪に値する敵であっても,処罰はしばしば公正に軽減されうる.女性,子供,農民,商人,囚人,さらに有罪人でさえ数が非常に多い場合には,可能であれば,「愛の規則が法の規則より一層広範囲に及ぶ」[22](カリタス レグラ ユス)ものとして赦免されるべきである.常に真正の信条が敵との間で遵守されねばならない.不正な王や人民のみならず,暴君や海賊,不誠実な者が相手でも,そうである.

ところがグロティウスは,正当な当事者に自然法がもたらす特権的立場は国際法によって踏みにじられる,とはどこにも述べていない.さらに彼は,より高い道徳法からの議論を援用してこの特権を行使するにあたって穏便にふるまうことを主張する一方,同じ論法を使って,不正な戦争に従事する王や人民の行為は,たとえ戦時国際法に則っていても道徳上不正であることを示すのである.また正当原因を持つ者は,必要な場合は中立国の領土を侵害する特権も与えられている[23].正戦のための大義を他者に与えている者は,正当な領土侵略者に対する自衛権を否認される.「自己に為されたる危害と同程度の復讐を行うことで満足するものはほとんどない」という議論を,グロティウスは,「不確定なるものに対する恐怖は,強力に訴える権利を与えることは出来ない」ことを根拠に退ける[24].

戦争は正当原因のためだけに行われるべきであるとの教義が1919年以後発達したが,戦時国際法の伝統とこの考えとを和解させるという同じ問題に,20

世紀の新グロティウス主義者たちも直面してきた．慣習と条約の両方によって引き起こされた変化の結果として，今に至るも双方の和解はそれほど認められていない．グロティウスのように，彼ら新グロティウス主義者は，戦争において不正な当事者のあらゆる権利を否定できるとは思っていない．ニュルンベルク軍事法廷でヴァイツゼッカー裁判〔ナチスドイツ外交官であったエルンスト・フォン・ヴァイツゼッカーが戦争犯罪に問われた〕の際にアメリカ合衆国軍事法廷が明らかにした見解は，珍しい例であった．すなわち，パリ条約は「侵略者を罰するために適切または必要だと見なした手段を講じる権限を，世界の他の諸国民に暗黙のうちに与えた」のであって，「法を犯した者を，国際社会の外に置く」ものであった，という[25]．ローターパクトの見解では「不法から法は生まれない（*ex injuria jus non oritur*）という原則を実際の戦争行為に適用させることは，何の規則にも一切従属しない闘争へと争いを変容させてしまう」ことであり，そこでは正戦論の教義が含意するものに直面した時にグロティウスが経験したのと同じ躊躇が表明されている[26]．同時にグロティウスと同じくローターパクトも，正当な当事者が利益を受けるような差別化とでもいえるものを守ろうとしつつ，完全な結末を出す前に委縮してしまっている．

　正戦に関するグロティウスとオッペンハイムの不一致からもたらされる第二の重要な帰結は，戦争に直ちに巻き込まれた国と，国際社会の非参戦国との関係についてである．オッペンハイムの理論では，戦争の原因が何であれ，それをもちだすことは法の観点にとっては筋違いであるとして扱われるため，他の国々も正当な側に立って紛争に加わるよう要請されるようなことはない．オッペンハイムの理論体系においては，直ちに戦争に巻き込まれなかったいかなる国も，戦争をするという大権を行使することでその紛争への参加を決断できるものの，そうした国が他国にとっての原因をわがことと見なすよう法によって促されるわけではない，ということも真実である．くわえてオッペンハイムによれば，ひとたび中立政策を採用した国は，その地位が生じさせる権利を享受するかわりに，交戦国の間では絶対的な公平を守る義務がある．これに対してグロティウスは，戦争が勃発したとき，一方の当事者が正当原因を持っていると見なすことはありうる，と考える．またその見解によると，これまでわれわれが見てきたように，自らの利益が危機に瀕している個人にとって戦う原因が

第3章　グロティウス的な国際社会概念　　　　　　　　　　　　　55

正当であるなら，その個人に支援を与えた者が採用する時にも原因は正当なものとなる[27]．それゆえグロティウスの見解では，もしも一方の当事者が正当原因を持っている状態で戦争が勃発した場合には，他の国はすべてその戦闘に参加する権利を有する．くわえて，かりにそれらの国が参戦するかわりに中立に留まる選択をした場合でも，中立国であるというその地位によって不偏不党な態度を取ることが義務づけられるわけではなく，正当な当事者の利益となるように条件付きで差別することが求められるのである．

　グロティウスは，第三国が正当な当事者の側に立って戦争を行う**義務**があるという思想を拒絶する[28]．「戦争においてどちらの側にもつかない者」の権利を交戦国が侵害しがちであることにグロティウスは反対して，この権利を擁護する．実際，規則に則った地位としての中立という概念を発展させることに彼が貢献したことは疑う余地がない．このような観念は，ビトリアやスアレスの体系には存在せず，法理論家の中ではジェンティーリだけがグロティウス以前に擁護したが，この概念の分析をした最初の一人がグロティウスであった．しかし同時に，戦争における正当な側の勝利——ヴァッテルなど後世の著述家からは，中立の地位をめざす主な目的と見なされることになるのだが——にグロティウスが関心を抱いたため，紛争に参加する者の数を制限するという目標は軽視されてしまった．正当な側に立って戦争に突入した第三国の権利を主張し，自らの利害に関わりのない原因のために戦う崇高さという考えでこの主張を補強することで，グロティウスは中立であることの権利という思想を，正と邪の間の闘争をめぐる共同体の連帯というそれ以前の（かつ，さらに後の時代の）観念で薄めてしまっている．くわえて，中立の地位に伴う義務についての彼の定義も，同様に希釈されたものとなっている．戦争に参加したくはなく，その希望を交戦国に尊重してもらいたい国はそうすることが可能だが，グロティウスの見解では，そうした国は正当な当事者を妨害することも不正な当事者を支援することも自制しなければならない（とくにグロティウスの念頭にあったのは，中立国の領土を横切って通航する権利を交戦国にまで拡大することと，交戦国に対して食糧を供給することである）．

　国際連盟規約，パリ不戦条約，国際連合憲章に含まれている正戦の教義も，中立に留まる権利を弱めるとともに，中立国の義務を公平から「条件付き中

立」または「非交戦状態」へと変容させる結果をもたらした．

　正戦に関してグロティウスとオッペンハイムの不一致がもたらした第三の帰結は，同盟国の義務について関わっている．不道徳な義務は条約の目的となりえない，また挑発しない第三国を攻撃する目的で結ばれた同盟には拘束力がない，とオッペンハイムは強く主張した．しかし彼は，「何が不道徳であるかという問題は，しばしば議論の的になる」[29] ことを認め，正当な原因を有するときにのみ一国はその同盟国を支援する義務を負う，とは主張しなかった．対照的にグロティウスは，戦争は正当原因のためにのみ行われるという原則は同盟条約の義務を無効にする，と主張した．

　グロティウスの教義に匹敵する20世紀の原則は，国際社会全体の目的に関わって定義された正義の事例が，部分的同盟を無効にするということである．同盟に対する軽蔑，個人と一般意思との間に現れ出る党派に対するルソー的蔑視の国際版とでもいうべきものが，国際連盟と国際連合が生み出した連帯主義イデオロギーの特徴である．このイデオロギーによれば，同盟は，個別国家と国際社会全体との間に成立することから「論点の真価」についての判断を歪めてしまう．同盟は自分たちの中に緊張と不一致の原因をもっていて，それに対処するための方策はもっていない．戦間期フランスの同盟システムに対する批判は，この連帯主義者の見方を典型的に示している．第二次世界大戦後，連帯主義者の見解は，インドの非同盟主義においてその重要な要素となった．

　〔グロティウスとオッペンハイムの不一致がもたらした〕第四の帰結は，領土主権についての国家の権利と，それに対応する他国の内政に互いに干渉しない義務に関してである．オッペンハイムにとっては，一方の当事者に正当な原因があるとされる国内紛争が生じたからといって，外国の国内紛争に対して専断的な干渉（intervention）[訳注1] をしてはならないという他の国々の義務が弱められることはない．この種の干渉が，人道の最低限の基準を維持するために時には起こることをオッペンハイムは認める．さらにキリスト教徒臣民の権利を守るためにヨーロッパ諸国がトルコに干渉した事例を挙げて，これは世論の支持を伴いうるものだということも彼は認める．さらにオッペンハイムは，列強による集団的干渉という形式を取るならば，国際法が人道的介入を規定する時が来るかもしれないと想定することができた（義和団の乱当時の中国におけるヨー

第 3 章　グロティウス的な国際社会概念　　　　　　　　　　　　　57

ロッパの集団的干渉を心に描いていたらしい）．しかし彼は，行為基準を強要するような軍事的干渉の権利が，すでに法の一部となっている，といういかなる考えも拒絶した．領土的および人格的主権という権利，不干渉の義務は，国際社会の憲法の一部だというのが，彼の立場である．それらが無効とされる可能性があるのは，自己保存や勢力均衡維持という目的のときだけである．他方，グロティウスにとっては，主権国家が正当原因のために武力に訴える権利は，国際紛争と同様に内乱にも当てはまる．王は，自らの臣民の安寧と福利に責任を負っているのと同じく，いかなる場所のことであれ人権の保護という重荷を背負っている．ホッブズと同様にグロティウスも，臣民が自らの支配者に対して正当な理由に基づき謀反することを拒否するが，グロティウスは「他人が彼等のため武器を執り得ないということにはならないであろう」と考えているのである[30]．

　国際法は戦争による人道的介入の権利を国際社会に授与するという見解が広く支持を集めることは，現在では難しいであろう．ましてや，そのような権利を特定の国々に与えることへの支持はさらに少ないであろう．人道的介入権の根拠となったグロティウスの一般的前提――個々の人間は国際法の対象であり，それ自身において国際社会の一員でもある――に対して，広く同意が得られることもないであろう．これに反して，今世紀における国際的な理論と実践の発展の数々は，そのような概念の進歩を指し示している．一方においては，国際連合憲章，ニュルンベルク国際軍事裁判所憲章，世界人権宣言の中で人権が宣言されている．他方では，国際法の理論家の中には，個人が自ら国際法の主体である，あるいは主権国家間の関係を規律する法たる国際法は消えつつあって人類の普遍法にその座を明け渡す過程にある，という見解を示す者さえいるのである[31]．

　第五にして最後の帰結は，自らの支配者や国家のために各個人が兵役につく義務についてである．オッペンハイムは，国家だけが国際社会の一員かつ国際法の対象だという見解を持っていて，市民が兵役につく義務について国際法は何ら言をもたないとした．逆にグロティウスの意見は，もし個々の臣民が，兵役を命令された戦争の原因が不正であると信じるならば，その者は当然兵役を拒否すべきだというものであった．そのような原理が今世紀〔20世紀〕に国際

法の一部になったと論じる根拠はない．ニュルンベルク裁判では，ドイツ軍兵士が戦争中に不正行為を犯したとして告訴されたのを別として，ただ単に不正な戦争に参加したというだけで有罪が宣告されうるという見方は拒否された．そうした考えは，戦争を殺人と同一視することと同じであり，さらには国際社会が存在するという慣習すべてを抹消することとも同じなのである．

IV

　国際社会における戦争の位置づけに関するグロティウスとオッペンハイムの不一致は，異なった方法により特徴付けることができる．オッペンハイムの理論は，国際社会は国内社会のようなものだという見解を明確に退ける．そして諸国家が特異な社会を形成するという，正反対の教義を支持するのである．これとは対照的にグロティウスの理論は，二つの見方の間で揺れ動いている．

　近代国家内部では，強力(フォース)を事実上，独占する政府が存在する．諸国家の上位にそのような政府は存在しない．もしもわれわれが達成しうる政治社会が近代国家によって代表されるような種類の社会しかないとすれば，諸国家は政治社会を形成しないと議論することは可能であろう．その場合，世界的な規模での政治社会の設立が実現可能かどうかの見通しは，諸国家からなるシステムが廃止され，単一の普遍(ユニバーサル)国家にとって代わられるかどうかにかかってくる．主権国家は確かに政治社会を構成すると主張する者は，近代国家という雛形を拒絶することで，また国家により形成される社会がそれ独自の制度と機能の仕方を持つのだと論じることで，これを唱えてきた．グロティウスとオッペンハイムの二人とも国際社会は存在すると主張し，二人とも国内類推の拒絶に関心を抱いている．しかし，オッペンハイムの体系は国内類推から自由なのに対して，グロティウスの体系は重大な譲歩をしている．

　国内社会において暴力が正統的に行使される場合，それは法執行行為としてなされる．そのための強力(フォース)の使用にかかわって認められた規則は，法を代表する側が勝利するための障害を設けないよう考慮されている．法を擁護する者が犯罪者と衝突した時には，暴力的紛争行為のための規則が当事者双方に対して等しく適用される形で執行されることは期待されていない．局外者は犯罪の被

害者を支援する権利と，犯罪者を幇助せず警察を妨害しない義務を有している．市民が第一に忠誠を尽くすのは国家に対してである．国家への忠誠と，何かもっと部分的な忠順との間で衝突が起きた場合，前者に優先権があるのは間違いない．しかし，オッペンハイムが考察した国際社会では，警察行動と犯罪についての〔国内〕類推は退けられた．戦争は国家による正統な政治的行為だと理解されているため，そこでの行為を支配する規則に対しては，正当な側が勝つことを保証するためではなく，国際秩序が戦争によって破壊されないよう紛争のある局面を制約するために，配慮が加えられる．戦時国際法を遵守する義務，中立の権利，同盟の義務，主権の権利と不干渉の義務，私的行為としての武装に対する国際法の沈黙などは，紛争を制約するために考案された装置である．

　グロティウスの立場は，国内社会という基本型(モデル)と国際社会のそれとの間における躊躇である．一方において，グロティウスが受け入れている観念は，戦争は法執行行為であって，本来中央権力が行う代わりに国際社会の特定の構成員がこの概念を代行する，というものである．しかし他方で彼は，戦争とは繰り返し起こる現象だと認めている．また，勝利を得るべく法を体現する側がとる行為やその失敗によっても，国際社会が脅かされうることを認めている．このように彼は，戦時国際法，中立，同盟，不干渉といった制度を承認するが，同時に自分の正戦教義から引き出した条項を限定することで作戦を制限しようとした．

　ところが，国際関係に対するグロティウスの見解は，オッペンハイムの見解よりもはるかに国内類推を認めているにもかかわらず，彼の独創性，彼の「貢献」は，これとは逆の方向に思想の動きが向かうよう手助けしたと言えるかもしれない．『戦争と平和の法』における国内社会の基本型としての地位は，いわば中世の残余物と見ることができる．その目新しさは，特異な社会としての国際社会の概念化——18世紀と19世紀の著述家だけがそれに完全な定義付けをした——に向かって，それが巻き起こした興奮の中にある．この点からすると，グロティウスの非凡さとは，彼が戦時国際法・中立・同盟・主権といった観念を，カトリック的伝統を継承しそれを適応した正戦の連帯主義的教義によって「弱めた」ことにあるわけではない．むしろ注目に値するのは，その地位がまだ定かでなかった時代に，彼がともかくもこうした観念を認知したことで

ある．

　この点で，グロティウスの立場と，20世紀の新グロティウス学派とはまったく異なっている．グロティウスは国際社会の誕生に立ち会った者であり，その助産婦の一人と見なすのが正しい．彼にとっては普遍国家(ユニバーサル)という用語がなおも平常であって，国際関係という言葉は努力して使うことができたに過ぎない．だが，新グロティウス主義者は，3世紀以上にわたる国際社会の理論と実践を背後に背負っている．彼らの目新しさは，国際関係において国内社会という基本型から離れたことにあるのではなく，それに向かって戻ってきたことにあるのだ．

　グロティウスとオッペンハイムの不一致がもつ第二の側面については手短に述べることができるが，諸国民の法(ロー・オブ・ネイションズ)が依拠する法源に関してである．オッペンハイムにとって国際法(インターナショナル・ロー)とは慣習と条約の中から立ち現れた法であり，諸国民の意思もしくは多数国民の意思から現れた法という意味では，グロティウスが諸国民の法(ロー・オブ・ネイションズ)と呼んだものと同等視することが可能である[32]．オッペンハイムの見解では，自然法は，国際法の一部を構成しない．そして，実のところ，自然法など存在しない，と付け加えるのである．だが，グロティウスにとって，自然法は，神法や意思法とならんで国家間の関係を支配する法源にはとどまらない．諸国民の法の法源の中では，いわば第一位にさえ位置づけられるのである．自然法のみが国家間関係を支配するというプーフェンドルフ〔ドイツ生まれの法学者〕の立場を，グロティウスは採らない．だが彼は，一方で自然法は神の法には関係なく有効であり，神の法によって無効とされることはないと論じ，また他方で，自然法が意思法の効力の究極的な源であり，実定法が沈黙する時には国際法の直接の法源になると論じることで，自然法を中心軸に据えるのである．

　これに対してオッペンハイムにとっては，国際社会に拘束されると判断される法は，国際社会の構成国が明示的もしくは暗黙の同意を与えた規則に照らし合わせることで，実証的に評価されうることになる．法実証主義者の見解によると，国際法の規範は，歴史的出来事の変動と大きくみれば何らかの形で照応することを示している．このためオッペンハイムは，ある最低限の目的のためだけに諸国家は国際社会において団結すると考えたのである．国際社会は普遍

第3章 グロティウス的な国際社会概念

的ではなく，キリスト教とヨーロッパに端を発する基準に基づく一つの文明を共有する諸国家に限定される，と彼は見ていた．だが，グロティウスにとっては，法に照らし合わせることは単なる実証的観察の問題ではなく，自然法に関わるかぎり「自己と矛盾することもなく，また何人もそれを拒むことが出来ないほど確かな，ある観念」の問題であって「何となれば，その法の原理は，それらを正しく考察しさえするならば，それ自体は明白であって，我々が外部的感覚によって認識するものと同じように確実である」[33]．それゆえ，グロティウスの理解においては，国際法は歴史的な出来事の動きに従う必要はなく，それに対して異議申し立てをなしうるのである．こうしてグロティウスは，すでに承諾している領域よりもはるかに広範囲の領域で合意することによって結束した国際社会のために規則を定めることができる．さらに彼は，国際社会のことを，普遍的であるべきだと考えていた節がある．実定国際法の解説者は，国際社会の構成国同士の関係と，その構成国と未開人との関係の間には区別があると線引きしていたのだが，グロティウスはこれを否定している．オッペンハイムにとって，法が戦争の正当原因を不当な原因から区別できるか否かという問題は，観察によって決定される事柄である．一方，グロティウスにとってそれは，正しい理性の命令によって，前もって解決されている事柄である．そのうえオッペンハイムにとって，戦争においてどちらが正当な当事者かについて，いかなる場合に合意が存在するかは，実証的な問題である．一方，グロティウスにおいては，そのような問いが，正当な当事者を区別する理性が各人に授けられているとする原理を変えるような帰結を導くことはない．

　これまで考察してきた〔グロティウスとオッペンハイムの〕不一致の第三の局面は，国際社会の構成員に関わる．オッペンハイムによれば，国際社会は国家から成り立っており，国家のみが，国際法上の権利や義務を有している．彼の見解では，個人は国際法の対象と見なされうるが，それは，外交官の特権免除や逃亡犯罪人引き渡しに関する国際的合意によって，個人に権利や義務が与えられたときである．それらは関係国の国内法における権利や義務であって，それによって該当者が彼ら自身として国際社会の構成員にされるわけではない．個人は他の規則体系において権利や義務を持つことができるし，実際に持っている．しかし国家間関係にあっては，各国社会における被治者の地位について

は沈黙しておくという合意が存在しており，その合意を妨げる行動は国家間関係を破壊しうる類いのものとなる．これに対してグロティウスの体系では，国際社会の構成員は究極的には国家ではなく個人である．国家と主権者によって形成される社会という概念は，彼の思想の中に現れている．だがその立場は，人類の普遍的な共同体という思想からすると二次的であり，国際社会の正統性もここから派生している．グロティウスは〔『戦争と平和の法』の〕序言(プロレゴメナ)において，「多くの人民(ポプルス)の間，または人民の支配者の間における」法の主体を詳述したいと語っている[34]．しかし，この法の法源として彼が首位を与えた自然法は，全ての人間を拘束する．個人の権利と義務は，それゆえ，我々が人道的介入の権利と武装する権利とに関連して言及したように，国家間の交渉において直接に主張されうるわけである．グロティウスの用いた人類の大共同体（magna communitas humani generis）という概念は，諸国家からなる社会という思想を補強するために考え出された．国家を支配する者と国家を構成する者から成る人間の共同体を結びつける自然法上のとりきめを主張することで，彼は，衰退しつつある神法や教会法，未発達であった意思法や実定法に取り残された真空を満たそうとしたのである．同時に，普遍的な人類の共同体という概念は，主権国家からなる社会を破壊する可能性を秘めている．というのも，国際社会の規則を支持するのみならず，それを掘り崩す他のものを主張するのに使われることもありうるからである．

V

グロティウスの国際社会概念は，戦争に訴える無制限の権利は主権国家相互において認めることができないという理由で，ヴォレンホーヴェンとローターパクトによって支持されている．これらの研究者によれば，国際社会は，国内社会とは異なっているけれども，少なくとも暴力が警察行動か犯罪かのどちらかと見なされるという範囲においては，国内社会を参考にすることができるし，またすべきである．多元主義の概念については，われわれはこれまでヴァッテルがその確立に大きく貢献したオッペンハイムを典型例として用いたが，それが実質上，国際社会など存在しないことを容認することに帰結するという理由

第3章 グロティウス的な国際社会概念

から,あるいは国際社会の存在を主張しつつも,それが20世紀に経験しうる,また経験するに違いないさらなる発展可能性を認めないという理由から,ヴォレンホーヴェンたちはこの考えを退けるのである[35]. もしもグロティウス的概念が,事実を超えて,かつ事実に反して据えられた計画だと言われるならば,これを擁護する者は,多元主義者の教義は臆病な事実への屈服だと返答することになろう.「ヴァッテルの成功の本質は何か?」とヴォレンホーヴェンは問い,〔ヴァッテルの書いた〕『国際法』(Le Droit des Gens) が人気を勝ち得た理由を説明しようとした.〔ヴァッテルの成功とは〕「自分の子供たちからいじめを受けた母親の成功,宿題を廃止した教師の成功であり,国会議員たちが要求するものは何でも政府予算案の中で認めたり上程する閣僚の成功」〔なのである〕[36]. ローターパクトは次のように書いている.「『国家理性』や道義の二重基準を主張するうえでもっとも重要なことは,無制限な戦争という権利を要求することである.『国家理性』(raison d'etat) の思想をもっとも正確に表明するものは,つまるところ,刺客の短剣でも毒でもなく,現実主義的政治家の鋭利な実践でもない.それは,特定の権利から影響を及ぼされず,いかなる特有の権利も要求されることなく,戦争の悲惨さと屈辱を科すことであり,戦争に敗れれば領土を喪失し国家の地位そのものを失うという苦痛を科すことなのである.国際連盟規約,1928年のパリ不戦条約,国際連合憲章などの導入による変化に先立って,『国家理性』という中核的な思想が,国際法の一部を形成した.国家は,自らの法的権利を擁護するためだけでなく,他国の法的権利を破壊するためにも,戦争に訴える権利を要求するし――また実際に権利を保持しているのである」[37].

　グロティウス主義者と多元主義者の間で争点となっている問題は,法に何が含まれているのか,についての問題ではない.どのような種類の法的規則が国際秩序のはたらきに最適なのか,という問題であり,それは国際法ではなく国際政治が扱う事柄である.グロティウスの中心的な仮説は,われわれの考察の冒頭でも述べたことだが,法の執行に関して国際社会には連帯が存在するというものである.実際,もしも戦争の正当原因と不当な原因との間を区別するものの本質について合意が形成しうるならば,またもしも国際共同体が,ある特定の事例についてどちらの当事者が警察行動に従事しどちらの側が罪を犯した

のかということについて合意できるのであれば，さらにもしも前者の言い分が国際社会全体を代表して正しい戦争に訴えたとして多数国の積極的もしくは消極的支持によって実際に信任されていたとしたら，その時には，国際秩序が形成されるべきだとするグロティウスの原理の上に立っていると十分に言ってよい．しかし他方で，もしもこうした事柄について連帯が実現しなければ，すなわち，もしも国際社会が正戦の判断基準について合意できなければ，またもしも勃発した戦争のどちらの側が正当原因を体現しているかについて交戦国と同様に国際社会全体もまた意見が二分されれば，われわれの結論は今度は別のものとなるに違いない．この場合，グロティウスの概念は，単に実行不可能だというばかりでなく，国際秩序に明確に損害を与えていると論ずることもできる．つまり，耐えられないような緊張を国際社会に強いることで，他の状態では安全であるかもしれないシステムの構造をむしばむ効果をもつのである．現実政治(レアルポリティーク)の偽装形態をなしている限りにおいては，多元主義者の教義のほうがグロティウス主義者のものよりも，国際秩序の機能に対して効き目のある一連の処方箋を示していると言えるかもしれない．

　国際社会は，優越する勢力を動員して自らを支持させることによってのみ，法を強制することができる．近代国家における警察機能がこれまで議論してきた法原則によって支えられているように，正当な当事者の勝利に有利に働く規則体系の存在は，法の賦課を容易にするかもしれない[38]．しかし，そのような要素を欠いている場合には，勝利を保証するのに充分な意思と強力(フォース)を備えた連合を呼びかけるだけでは不十分であろう．第一次世界大戦以降，何年にもわたってそうした規則が欠けていたこと，戦争における正当な当事者の勝利を促してきた連盟規約やパリ不戦条約や国連憲章の規定が，その規定を実現するほど十分な連帯をした国際共同体において実行されてこなかったことは，今日ではあまりにもよく理解されているところである．

　より不十分にしか認識されていないのは，グロティウスの教義が国際秩序にとって明らかに有害な影響力を持ちうるし，おそらくは実際に持ってきたということである．なぜなら，一連の事態に対して与える影響のかぎりにおいて，戦争は正しい原因を持つ者によってのみ戦われるべきだとする彼の教義は，その戦争を制限すべく国際社会が整備してきた諸制度にとって有害だからである．

そうした制度を支持する際にグロティウスの教義によって付けられた条件は，そうした制度の活動を妨げるほどのものである．もしも一方の側が武力紛争において，戦時国際法によって特別に特権を得ていると自らを見なすならば，戦時国際法の効力の基本的条件である法の相互遵守は掘り崩される．かりにある国家が中立に留まることを望むにもかかわらず一方の当事国を好意的に扱うことで差別するならば，1940-41 年にかけて「条件付き中立」政策を追求した時の合衆国のようにさらに上位の強国という立場からそうするのでない限り，一方の当事国を好意的に扱ったまま中立を保ちたいという願望を差別を被る側の交戦国に尊重してもらうことは望めない．もしも同盟の義務が原因の正当性によって制約されるべきであれば，その正当性はいくぶん主観的もしくは恣意的に決定されるので，集団的な法執行制度を欠くなかで安全保障と秩序とを維持する重要な仕組みと見なすことができる同盟の締結や維持に障害が生まれる．かりに行動基準を強制する目的で干渉権が宣言され，とはいえ国際共同体には干渉権の使用をどう管理するかについて合意がないならば，特定の国家がそのような権利を口実として利用することで干渉への扉は開かれ，領域主権の原則は危険に晒されることになる．

　グロティウス的概念の影響によって，紛争の制限を目的とした制度のはたらきが 20 世紀において実際いかに妨げられたかを示されると，われわれは大いに戸惑う．だが，ここでは新グロティウス主義の教義にとりわけ影響を受けた三つの挿話に言及することができるだろう．第一は，1935 年にイタリアに対して経済制裁を課した国際連盟の行動．第二は，ニュルンベルクと極東の国際軍事法廷によって，ドイツと日本の市民が不当な戦争を始めたとの訴えにより裁判にかけられ罰せられたこと．第三は，朝鮮において国際連合の名の下に行われた戦争である．これらの出来事の中のどれにしても，新グロティウス主義の教義が引き起こしたものだと見なすことはできないだろう．だが，そのどれもが，部分的には新グロティウス主義の影響を受けたことで，特殊な性格を帯びている．国際秩序構造に関わるこれら三つの挿話の効果は多岐にわたっていて，矛盾さえしており，そこからはあらゆる種類の教訓を引き出すことが可能である．だが，それぞれについてグロティウスの影響は紛争を制限する制度を弱めている，と言えるかもしれない．

多元主義者の見解は，国家の実践を単に合理化しただけ，として退けられるべきではない．それは国家間において現実の諸分野で遵守されている合意に基づいた国際社会概念であり，そうした状況のなかで諸規則が有効な法の支配となるかもしれないという限界の感覚に支えられている．それは，遂行できないような負荷を国際法に負わせないようにしており，また法の統制を超えて国際社会の存在がかかっている政治的諸力がはたらく余地を残しておこうと努めている．したがって，オッペンハイムの法解釈はあらゆる理由に基づく戦争を認めているけれども，彼の提示する政治理論はたしかに正戦論の教義を含んでいる．そして部分的にはこの理論への配慮として，彼はグロティウスの立場を斥けるのである．「政治的理由で始められたあらゆる戦争は不正であるのにたいして，国際的な義務不履行のために始められたあらゆる戦争は，かりに賠償金や謝罪を得る方法が他にない場合には正しいという主張は，一般論としては確かに間違っている．戦争の悪弊はあまりに大きいので，国際的な義務不履行を理由に引き起された場合でも，かりにその義務不履行が比較的重要でなくてつまらない時には，戦争は正当化されえない．その一方で，ある一定の環境と状況の下では，戦争の政治的大義名分の多くは，正確に正当原因と呼ばれうる．歴史や人間本性に対する洞察力に欠けるような個人のみが，たとえば民族の統一や，すべての国際法の基礎となる勢力均衡維持への要求ゆえに引き起された戦争は不当だ，という意見を擁護するのである」[39]．グロティウス主義と新グロティウス学派の弱点の一つは，彼らが勢力均衡理論を考慮せず，またこの理論から生じた規範と国際法の規範との関係をめぐる問題に立ち向かわないことにある，と言えるかもしれない．

　私が思うに，どのような目的であれ戦争という手段に訴えることに寛容であるならば国際社会は生き延びることができない，というグロティウスの理解は，根本的に正しい．グロティウスとオッペンハイムの違いは，次のような事実によって部分的に説明可能である．すなわち〔グロティウスが生きた〕三十年戦争の時代，主権国家からなる社会の出現に敵対しその最初の偉大な理論家が直面した現実に敵対する，あらゆる種類の主張が出された．〔これに対してオッペンハイムが生きた〕20世紀幕開けのころには〔こうした主張は〕どこかよそよそしく，ありそうもないことのように思えた．「政治的理由による戦争」という

第3章 グロティウス的な国際社会概念

見出しの下で，国際社会が黙許できるとオッペンハイムが考えたものの中には，世界帝国に権利を強制する戦争や宗教を強要する戦争が含まれることはありえない．こうした危険性が抗議の対象たりうるということについて，かりに1905年〔オッペンハイムが著作『国際法』初版を刊行した年〕の時点で十分に考えられていなかったとしても，国際社会がすでにそうした事由を斥ける立場にあったことは変わりはなかった．グロティウスにもまた，それらよりさらに厳しい国際社会への脅威という意識があった．それは1905年のヨーロッパ国際社会の境界内でははるかに，遠くに見えたもの，すなわち未開人との戦争である．正当と認められうる戦争理由や，（正当原因が述べられてはいるものの，単なる口実にしか過ぎないという意味で）単に説得力のある理由に加えて，第三の範疇に入る戦争理由というものを，グロティウスは認めていた．それは，正当化できるものでも，説得的なものでもないが，しかし，いかなる大義もなしに戦われる「野蛮人（savages）の戦争」である[40]．ヴァッテルもまた，この国際的経験の重要性を潜在的に意識し，どのような種類の口実もなしに戦争を始める人間を，諸国家が団結して抑え込むべき「人間の名に値しない化け物（モンスター）」として語っている[41]．国際法に正戦論を書き込む試みを保証するには国際社会はあまりに深刻に対立しているとするオッペンハイムの見解がかりに正しいとして，彼の時代には国際社会がより根本的な問題については強く連帯していたために，彼はそれを疑問に思うことすらなかったということも，また事実なのである．

しかし，国際社会が特定の目的を掲げた戦争からの自制を前提とすることを評価することと，そのような自制を強いる規則が法による支配となりうると指摘することは，別問題である．国際社会における法の位置という問題に対するオッペンハイムの研究手法には，戦争に関する自己満足的な態度や，今日では間違いなく拒否される国家政策の道具としての戦争の利用という考え方が伴っている．だが彼の採用した方法，つまり彼が国家間の合意という実際の領域に関連して国際社会における法の役割を評価したことは，事実を超え，また事実に反対して，法を打ち立てることよりは優れていると，なおもいうことができよう．国際社会において示された連帯は，将来大きくなるかもしれないし，逆に小さくなるかもしれない．しかし，20世紀においてはグロティウス的概念

が未熟であることが証明された,と論じることはなお可能だろう.

注
1) Cornelius van Vollenhoven, *The Three Stages in the Evolution of the Law of Nations* (The Hague, Nijhoff, 1919). 同じ著者による 'Grotius and Geneva', *Bibliotheca Visseriana*, vol. vi, 1926 も参照.
2) Sir Hersch Lauterpacht, 'The Grotian Tradition in International Law', *British Yearbook of International Law*, 1946.
3) L. Oppenheim, *International Law*, vol. i, *Peace* (Longmans, 1905), vol. ii, *War and Neutrality* (Longmans, 1906). 以後の引用はすべて,この初版による.
4) しかしながら,グロティウスとオッペンハイムとの間に横たわる違いを描きだす一つの方法は,グロティウスが自らの国際社会概念の中で国際社会は単一の世界国家に置き換えうるとする教義に傾いているのに対して,オッペンハイムは現実政治(レアルポリティーク)の立場に傾いている,と示すことである.
5) *De Jure Belli ac Pacis*, translated by Francis W. Kelsey (Oxford, Clarendon Press, 1925), Prolegomena, para. 29.〔グローチウス『戦争と平和の法』一又正雄訳,第1巻(酒井書店,1989年)18頁.現在かなづかいに改めた.以下の本訳書引用も同じ〕.本書 p. 91〔本訳書94頁〕を参照.
6) *Op. cit.*, book II, ch. i, section i. 4.〔同上訳書,244頁〕
7) Prolegomena, para. 25.〔同上書,16頁〕
8) Book II, ch. xxii.〔グローチウス『戦争と平和の法』一又正雄訳,第2巻(酒井書店,1989年)第22章「不正なる戦争原因について」〕
9) Book II, ch. xxii, section xii.〔同上書,828頁〕
10) Book II, ch. xxii, section ix.〔同上書,827頁〕
11) Book II, ch. xxiii, especially section vi.〔同上書,845頁〕
12) Book II, ch. xxiv, section viii.〔同上書,867頁〕
13) Prolegomena, para. 28.〔グローチウス『戦争と平和の法』第1巻,18頁〕
14) Book II, ch. xxv, section i. 1.〔グローチウス『戦争と平和の法』第2巻,875頁〕
15) Book II, ch. xxv, section vi.〔同上書,880頁〕
16) Oppenheim, *op. cit.*, vol. i, p. 13.
17) Grotius, *op. cit.*, book III, ch. i, section ii. 1.〔グローチウス『戦争と平和の法』一又正雄訳,第3巻(酒井書店,1989年)903頁〕
18) Book III, ch. x, section i. 1.〔同上書,1069頁〕
19) Book III, ch. iii, section xi.〔同上書,959頁〕
20) Book III, ch. iv, section iv.〔同上書,968頁〕
21) Lauterpacht, *op. cit.*, p. 5.
22) Grotius, *op. cit.*, book III, ch. xiii, section iv. 1.〔グローチウス,前掲書,1131頁〕

第3章 グロティウス的な国際社会概念

23) Book II, ch. ii, section x.〔グローチウス『戦争と平和の法』第1巻, 279-80頁〕
24) Book II, ch. i, section xviii. 1.〔同上書, 261頁〕
25) Quoted by H. Lauterpacht in 'Rules of Law in an Unlawful War', in *Law and Politics in the World Community*, ed. G.A. Lipsky (University of California Press, 1953), p. 97.
26) *Ibid*., p. 92.
27) See above, p. 56.
28) Grotius, *op. cit*., book II, ch. xxv, section vii.〔グローチウス『戦争と平和の法』第2巻, 880-1頁〕
29) Oppenheim, *op. cit*., vol. i, p. 528.
30) Grotius, *op. cit*., book II, ch. xxv, section viii. 3.〔グローチウス, 前掲書, 883頁〕. 本書 p. 119〔本訳書 125 頁〕参照.
31) 前者の見解については, H. Lauterpacht, *International Law and Human Rights* (Stevens, 1950) を, 後者についてはC. Wilfred Jenks, *The Common Law of Mankind* (Stevens, 1958) を参照.
32) グロティウスは万民法 (*ius gentium*) という言葉を, 二つの意味で用いている. 第一の, または幅広い意味では, その由来する法源が何であろうとも, 主権者もしくは人民の間の関係を支配するすべての法を含んでいる. 第二の, 狭い意味では, 諸国民もしくは多国民の意思から現れた法を指す. 大雑把に言うと, 現在, 実定国際法と呼ばれるものに相当しうる.
33) Grotius, *op. cit*., Prolegomena, para. 39.〔グローチウス, 前掲書, 第1巻, 22頁〕
34) Para. 1.〔同上書, 5頁〕
35) ヴァッテルの理論は, グロティウスの理論に対して表面上は類似性を持つが, 精神においてはオッペンハイムの理論により近い. こうしてヴァッテルは, 戦争は正当原因のためにのみ戦われるべきだと主張する法を考えたものの, ある特定の国家にとって何が正当原因を構成するのかを決定できるのは, その国だけであると考えた.
36) Vollenhoven, *Three Stages in the Evolution of the Law of Nations*, p. 33.
37) Lauterpacht, 'The Grotian Tradition in International Law', *British Yearbook of International Law*, 1946, p. 36.
38) See above, p. 65.
39) Oppenheim, *op. cit*., vol. ii, p. 71.
40) Grotius, *op. cit*., book II, ch. xxii, section ii.〔グローチウス『戦争と平和の法』第2巻, 823-4頁〕
41) *Le Droit des Gens*, book III, ch. iii, section 34.

訳注
1〕 intervention と interference について, 国際法学者が前者を干渉, 後者を介入と

訳す（たとえば国際法学会編『国際法辞典』鹿島出版会，1975 年）のに対して，国際政治学者は前者を介入，後者を干渉と訳す（たとえば川田侃・大畠英樹編『国際政治経済辞典』改訂版，東京書籍，2003 年）傾向がある．本書では国際法学者の伝統に従った．すなわち，原則として intervention は干渉，interference は介入である．ただし，humanitarian intervention は定着している人道的介入とした．

第4章

自然法

D.M. マッキノン

　本論文の主題は，倫理学と政治理論の歴史において繰り返し議論されてきた観念についてであるため，新しい役立ちそうなことを何か言えるかどうか疑問を抱くものもいるかもしれない．私の論点は暫定的かつ予備的なものである．それゆえ，理念史の研究を通じてわれわれが認めざるをえなくなるような特徴を抽出することに，論文の大半が割かれていると感じるものもいるだろう．

I

　A.P. ダントレーヴ教授は著書『自然法』のなかで，中世スコラ哲学者のいう「自然法」を啓蒙思想の「自然権」から区別している．ローハン・ド・バトラー氏は『国家社会主義の起源』において，彼が「自然法学派」の教えと呼んだものと，いわゆるドイツ学派の政治思想の教えが対立していることを強調し，彼自身の精緻化された区別の仕方をエルンスト・トレルチの名と関連づけた．だが，バトラーの「自然法学派」では，ダントレーヴが強調した区別は認識されなかった．それはまるでフッカーの『教会政治論』と「賢明なフッカー氏」という賞賛を頻繁に用いたロックを研究する者が，両者の間に存在する越えがたい溝を忘れたかのようである．同じように，『自然権』についてのD.G. リッチーの論文を読んだ者は（どう考えてもダーウィニズムとはいえないこの風変わりな論文に体よくごまかされてしまい），ジェレミー・ベンサムの伝統を信奉する者がドイツ観念論者とりわけヘーゲルとはいかに異なっているかということについて誤解してしまうかもしれない．というのも，自然権の観念のような「譲渡不可能な，規定不可能な，普遍的な」観念はすべて時代遅れ（*vieux jeu*）とされるからである．そうはいっても，著書『〔フランス革命についての〕省察』によってトマス・ペインに『人間の権利』執筆を促すほどの影響を与えたエドマンド・バーク——ベンサムが「大げさきわまりないナンセンス」として退けたフランス革命を支持する者が主張したような「自然権」の擁護者などとはまったく言えない人物——が政治理論の主題について自ら書いた小論，パンフレット，演説，書簡は，「自然法」の理念で溢れている．それは明らかに別の「自然法」であり，トマス・アクィナスが擁護した——そして1939年秋にピウス12世が回勅「*Summi Pontificatus*」で喚起したものの，当時はたいした影響を与えなかった——「自然法」の文脈や文体とは大きく異なっている．だが，起源と中身の面ではこれらとの類似点も存在する．

では，「自然法」と「自然権」の根本的違いとはなんだろうか？

（a）個人の道徳の領域に関することであれ，集団行動の領域に関することであれ，「自然法」に関していうならば，論じるべきはわれわれの本性にある秩序の問題である．崖を歩く人間が重力の法則を破らないというのは教室で習う不正確な決まり文句であって，その人間は単に法則を例証しているのにすぎない．同じように，人間の生活において，たとえば自分の本性のある側面を無視してきた人間は，遅かれ早かれ，退化し衰退することを自ら許してきたことが何であったのか，いやいやながら気づかせられる．たとえばダーウィンが美しい事柄を愛でる力を犠牲にしたこと，を思い起こせる．小説『虹』のなかでリンカーン大聖堂訪問について述べる際に，D.H. ローレンスが偽りの精神に基づく狂信を激しく攻撃したこと，を思い起こせる．さらには，小説『死んだ男』で彼がこのテーマに立ち返っていることも，思い起こせる．人間の生活において憤慨と同情が補完的関係にあることを繊細かつ鋭く指摘したのはジョセフ・バトラーである．これら二つの性癖の源泉は激しい感情である．看守に対して突然こみ上げてくる激烈な怒りによって表現された憤慨がなければ，〔第二次大戦後のハンガリーでスパイの嫌疑をかけられ7年間独房生活を送った〕エディス・ボーンはラコシの監獄で人間として生き延びることができなかった[1]．同情心を持たない人間は，あらゆる罪に対して不寛容で，標準的な行為しかなさない無慈悲で無関心な存在となってしまう．だが，われわれの行動の源泉をなす二つの感情は互いに均衡していなければならない．憤慨なき憐れみは，不

第 4 章　自然法

正義によって用いられるような感情的なわがままにすぎない．あの世まで運ばれる憤慨は，友人の弱さを認める同情心を人間から奪ってしまう．バトラーにとって，人間の本性はとりわけ情念のレベルで本来的に複雑なものである．それゆえ彼は，そのような本性の法則を人間の内省原理にある自己表出の問題として見いだす．だがその法則とは，人間以下の存在に自らを矮小化してしまう危険を冒しながら，人間がいつも無視してしまっているものである．

(b) 同じように，政府に関して言えば，神学上では政府の存在そのものが人間の罪深き状態に対する譲歩とみなされうる．学派の専門用語で言えば，それは「絶対的自然法」とは異なる「相対的〔自然法〕」の領域に属するものかもしれない．しかしそれもまた，目的と本性を定義する法則の絶対的支配下にある．統治者は職位に備わる規範を犯すことができる．歴史上には専制者があふれている．たとえば，実態的な権力状態（*Machtstaat*）として己の存在の完全なる自己正当化を主張する国家は，国家としての適切な本性という規範を犯している．同様に，社会全体の利益ではなく，社会の一階級ないし一部分の利益となる政策を意図的に決定し，政策実行のために利用可能なあらゆる手段を用いるような国家は，国家としての特性を侵害している．それゆえこれらの島々〔英国〕の急進的なカトリック教徒は，1931年のいわゆる〔マクドナルド首相の〕「挙国一致内閣」が採用し追求した政策をさして，不労所得生活者階級の利益を保護するために計算された政策であり，たとえば失業補償で生活している人々の利益には反するものであるとし，立法行政行為における明白な一階級偏重主義は国家としての自己本来の性格に逆らうものであると主張した．国家は，公の善を追求する制度としてではなく，エブーヴェイル〔戦前にはヨーロッパ最大の製鉄業があったウェールズ南部の都市〕の失業中の製鉄所工員やヘバーノンタイン〔イングランド北東部の小都市〕の港湾労働者の主張よりもボーンマス〔イギリス海峡に面した保養都市〕やオーピントン〔ロンドン郊外〕に住む中産階級の主張を重視するような存在として露わにされたのである．

(c) 現代における議論でこの観念がもっともわれわれの注意を引くのは，人工的な避妊手段の使用の正統性をめぐって，西洋および極東においてローマ・カトリック教徒とその他のキリスト教組織との間で交わされた論争に関わってである．この問題は，人口増加に対する現代的な懸念から先鋭に突き付けられ

た．カトリック教徒にとって，人工的な避妊手段は不自然なものであり，その使用は性行為の正しい形式と構造に違反する．この形式と構造は神によって与えられたものであって，男と女が選択したり，特定の時代の特有の必要性という圧力のもとで変えることのできるようなものではない．この問題については多くの議論が目下なされているので言及せざるをえないが，ここでは単に一つの説明事例として述べるにとどめる．

さて，（妥当するか，しないかは別にして）上記三つの事例すべてにおいて明らかなことは，「自然法」に属することが，そこにあって見つけだされるもの，認識され受容されるものとして提示されていることである．これこそが個人ならびに集団としての人間生活のありようであり，男と女が受け入れなければならない秩序である．政府の機能に部分的な正統性をかりに与えることができるとするならば，その正統性が認められるのは，人間の生活領域全体に対する国家の実効的支配を主張する全体主義に対する抗議としてのみである．政府は職務であり仕事であって，個人の生活と同じように己の法則を有する．「自然法」の弁護論者は立憲国家の弁護論者であって，（C.H. マキルウェイン博士が『立憲主義：古代と近代』で行った重要な区別を用いると）立憲国家では司法（*jurisdictio*）の要素が統治（*gubernatio*）の要素よりも上位に位置づけられる．主権がかりにそのような国家に認められるとするならば，理論的には憲法自体に主権をおくための努力がなされることになる．憲法のみが疑いなく最高位にあるとし，憲法はその非人格性においてすべてのものに地位，役割，権力を等しく割り当てる．

これらの理念の源泉はギリシャ思想に辿ることができる．都市国家の秩序ある生活を必要としない人間は獣か神に違いないとするアリストテレスの信念，政府の政治的尊厳に自己執着的に没頭するクレオン〔ギリシャ神話におけるテーバイの王〕に反対するアンティゴネー〔ギリシャ神話におけるテーバイの王オイディプスの娘〕の主張——アンティゴネーは，悲劇的な犠牲を伴う行為によって畏敬する不文律を支持することを示した——さらには，人間が危険を冒しながら自信満々に超えようとする限界を指す，摑みどころがなくどこにでも存在する**不遜**（*hubris*）という理念に〔源泉を辿ることができる〕．

プラトンについて述べること，またプラトンのソフィストの方法に関する評

第4章 自然法

価について述べることは，あらゆる種類の批判を招くことである．だが，教育という，ことさらに人間的な機能に没頭し，人類を襲うすべての問題に対する最終的な解決策という哲学者の幻想をとことん追求する覚悟もしていたプラトンは，人間が生活の負担を軽減するために創り出す道具を含めて，自然なものと人工的なものを分ける境界という問題に繰り返し取り組んだのである．それは事実上自然と歴史を分ける境界でもあった．プラトンがもっとも深化した時，たとえば『国家』の第2巻のなかのソクラテスが若いグラウコンとアデイマントスに著作全体の問題を設定させる部分で，プラトンは，（いかに根拠があやふやであろうとも）論破しにくい人間の信念をまさに古典的に表現している．つまり，まったくうまくいかないまま己の主張に反する証拠に反駁することを強いられるような失意の聖人の人生が，ソクラテスの審判において明らかにされたアルキビアデス〔古代アテナイの政治家，軍人〕の経歴自体よりも嘆かわしいということはものごとの本性に一致している．他方で，最高に有能な政治家，ペリクレス〔古代アテナイの政治家〕的天才のような人物の経歴は，その無節操な活力を以て人生に訪れる莫大な機会を損ねて人間の達成物の歴史に新たな一章を書くことを台無しにするが，そのような人生の類型から逸脱してはいない．アデイマントスは弟〔グラウコン〕が精巧に定式化した難問を次のように指摘して補足する．教育という名のもとに社会が成員に対して生存の基準を伝達するすべての過程を含めて，若者の教育に内在する偏見が，いかにして正義よりも成功や達成，尊厳や名声を尊重するよう助長しているか．またそれにより，ソクラテスよりもペリクレス的な原型を重んずるように若者を促していることか．

　プラトンのこのような主張は「自然法」について一般に見られる陳述からはかけ離れているように思える．しかしながら，これは同じ言説の世界に属する．というのは，われわれの本性というものが受容し発見するものであって発明するものではないのと同じように，プラトンにとっては，真の科学者の道の根拠として聖人の道を照らし出すような超越的な「善のイデア」こそが，可知界における存在と本質の永遠の源泉であり，結果的に永遠の世界も一時的な世界も同様にすべての内容を依って立たせているからである．見えていることを除けば，われわれがどこにいるのか，何からできているのかも，わからない．それ

ゆえ，フランスの著名なプラトン派の研究者であるレオン・ロビン氏が，プラトンの倫理学について「自然主義者の道徳だが，よくある類のそれではない」[2]と語っているのはまさしくその通りなのである．

プラトンの思索によって（ホワイトヘッドにとっては，以後の西洋哲学はすべて「プラトンの脚注」である），われわれの面前には，調和には欠けるとしても並外れた天才の仕事が存在することになる．その天才は，この「自然法」とされるものがいかに発見され確立されたのか，その全面的で広い範囲を覆う権威に対して人間が実のところいかに曖昧ではかない印象を持つのか，という問題を後世の読者に対して提起する最高の能力を備えていた．その印象は，根拠があやふやだけれども繰り返して認知される眺望地点に関わっており，その眺望地点からこそ，起源と源泉，あらゆるものの感知と是認を見通すなかで，人間生活の不明瞭で断片的な状況が検討されるのかもしれない．「われわれは，われわれ自身ではない」．自由なる人間のみが世界に意味を与える，とかりにジャン-ポール・サルトルが論じるのならば，サルトルは，発見，拾得，受容という言葉が，発明，工夫，ときには決定という言葉と同じぐらい不可欠で不可分に道徳主義者の語彙に属すると主張する人々を認めなければならない．

人間生活の真の秩序とは受容すべきもの，たえず人を引き寄せ手招きするものであると理解している人間は，自分が今見ているものは鏡に映ったものにすぎず，それが実際に何のためであるかはいずれわかるだろうという見方を信じて生きているのであり，そのような人間は己が制限されているとは感じないだろう．むしろ，彼は人生の中でもっともありふれた機会に永遠なるものによって背中を押されていることや，永遠なるものの訪れすら認めるかもしれない．

(d) バークを例外とすれば，奇妙なことにこのような思想は歴史的変化に無関心であると言えるかもしれない．この思想が人間生活における敬愛の受容，敬虔（*pietas*）の受容についてすら保守的だというならば（このことは，たとえば安楽死の道徳性についての議論に明らかに見うけられる），それは急進的な思想でもある．規範からの意図的な逸脱は，ムッソリーニの見かけ倒しの権力状態（*Machtstaat*）やクルップ〔軍需産業〕帝国を前にした西ドイツの無能さにおいてすら明白である．同じように，たとえば代表権の委任理論の普及のようなもっと一般的で頻繁に宣伝された表出形態においても明白に見られる．だ

第4章　自然法

が，われわれが向かいつつあるプロメテウス〔ギリシャ神話の神〕的な時代の約束よりも脅威について強調することが好まれ，斬新さという現実は無視されがちであり，歴史的変化と文化の多様性という具体的観念からは（少々性急に）顔が背けられるようである．

　プラトンにおいて，しかるべき人生の在り様の型とは，超越的な現実という視覚に照らしてのみ人間が確実に自分のものとすることができるものであった．それゆえキリスト教の伝統においては，欠くことのできぬ唯一のもの（unum necessarium）すなわちキリストにおける神との結合という伝統によって，「自然法」の要素が常に実践的に補完されてきた．この伝統を達成した頂きから実際に信者が見るものは，神の持つその信者についての知識と信者の知識が等しいときに見るものと同じではないが，真に人間の尊厳を構成するもの――少なくとも（断片）――である．そのかけらから，キリストは寓話という多くのイメージを作り上げることで，神が人間に対して求めた緊急で悲劇的ですらある性質を人間に対して求めた．しかしここでもまた，新規なものに対する恐れ，広がる地平からの後退，伝説上の「ヨーロッパ」という管理しやすい辺境に対するノスタルジア，さらには規範的とされる「農民文化」という幻想に対する感情的で感傷的ですらある戯れがある．そうはいっても，人間の規範を倫理的に輸入することもまた認知されてきたし，いかにして人間がそのような規範を手に入れることができるかを理解することがきわめて困難であるということすら意外にも認められてきた．おそらくプラトンにとってすら，その並はずれた部分的に恐ろしいような倫理学の意義は，善き生活の形而上学的な基盤を発見することの困難をプラトンが深く理解していたことに由来するのである．そのような基盤を探求する際に人間が追求することを理解することは確かに難しい．それゆえポスト・キリスト教の時代においては，信仰の性質，信仰と希望の関わり，信仰と愛の関わり――これら三つの中では信仰と愛の関わりがもっとも偉大とされる――これらを理解すること自体が難しいため，人間は，「自然法」の理念に完全に精通することなく，その積極的要素よりも矯正的な力に敏感になって「自然法」の理念をときに使うようになった．理念のとらえどころのなさそのものが，この理念を「自然権」よりも認識論的に脆弱ではないものにしているのである．

II

「自然権」についてわれわれが関心を持つのは制限や限界ではなく，要求と許容である．

(a) 最初に**許容**について取り上げ，観念のこの意味について大方終えてしまおう．「自然権」という言葉に対して亡き T.H. グリーンが示した敵意は，この観念が属するとされる理論を彼が形而上学的に拒絶したことを単に表したものではなかった．彼の憤怒を招いたのは，確固として侵すことのできないように見える許容という言葉であった．「私は自分の権利の範囲内にある」．そしてこれらの権利が，実定法の権威のみならず「譲渡不能で規定不可能な自然権」という形而上学的な性質をも備えているとするならば，意思に基づき行動する権利の絶対不可侵性を主張する人々は，宗教的な尊厳ともいえるもので，あらゆる種類の支配から免除されるという主張を満たすことができるのである．

(b) しかしながら，私が焦点を当てたいのは，主に「主張」としての「権利」についてである．

自然権の観念が自然法の観念から区別されるべきものならば，前者は後者に寄生的であると主張しうる．権利という理念は，強制されうる，ないし正当と認められうる，あるいは必要ならば法の手続きによって覆されることすらありうるという，なにものかについての理念である．自然の権利とは，人間が人間としてもつと主張する権利である．人間は，イギリスの市民やフランス人やガーナ人としてではなく，**人間**として，生存の権利や結社の自由の権利が認められることを要求する．

(1) 自然権の理念に関する古典的な声明のなかには，ユークリッド幾何学の公理や証明として（伝統的に）主張されてきたことに類似のものとしてその根拠を主張するものがあるのは偶然ではない．プロクロス〔ギリシャの哲学者〕以来，平行線公準は非難を浴びてきたけれども，非ユークリッド幾何学諸体系の実質的な発展は，1800 年代におけるロバチェフスキーやボーヤイといった人物の仕事を待たなければならなかった．また啓蒙思想の合理主義哲学者は，時間の感覚を超えた疑問の余地のない現実の空間における配置の属性に関する

第4章　自然法

普遍的で必然的な真実の体系，すなわち感覚的な観察がおよぶ範囲の外に存在するすべての分野における根本的な知識のパラダイムをユークリッド幾何学の体系の中に見出すことができた．それゆえジョン・ロック自身にとっては，「属性なきところ不正義なしという命題は，ユークリッドにおけるいかなる証明とも同じぐらい明らかなことである」[3]．配分的正義や交換的正義に関する原則は，たとえば三角形の内角は二つの直角と等しいという定理と同じ種別のものとして認識可能であるという意味を主張することは，現代人にとってはほとんど奇想天外である．けれども，ジョン・ロックであれ，後代のリチャード・プライス（彼の革命社会に対する演説が，バークをして『省察』を執筆させた）であれ，合理的な直感に依拠する倫理学の提唱者は，幾何学の洞察とされたことがらのなかに，求めていた普遍的で必然的で不変の原則というあの神聖なる理解のパラダイムを見いだした．人間が人間として享受する権利の普遍性は，二つの辺とその付属角が等しい二つの三角形が享受する合同属性の普遍性と類似のものとして理解された．

（2）また教義にはきわめて個人主義的な含意があった．いかなる権威も人間にこれらの権利を与えてはいないし，いかなる権威もそれを取り去ることができない．ここには，ある種のストア学派の主張との明白な継続性をたどることができる．たとえば，ある種の人間は生まれつき奴隷であるという教義や円形闘技場での戦いを強いることで殺人者に罰を与えることに反対して，セネカが『倫理的書簡集』のなかで示した類いの議論である．セネカは書簡47において，ヘカベー〔ギリシャ神話におけるトロイの女王〕，クロイソス〔リュディア王国最後の王〕，シシガンビス（ペルシャのダリウス大王の母），プラトンのようなすぐれた人間はみな，人生のある状態において不運のために己が奴隷であることを発見したと指摘する．そのうえ，昨日まで傲慢だった富裕階級の人間は，卑屈な「顧客」として生き長らえるためのスズメの涙ほどの手当を求めて，今日には彼のかつての解放奴隷の前にへつらうのである．さらに，書簡7において，セネカは，殺人という罪を犯したことによって，犯罪者がわれわれの娯楽のために虐殺されてもかまわないような人間として扱われることを正統化するという考えに反対する．ある種の人間は生まれつき奴隷であるという教義に対する批判には，時間を循環的なものとして捉えるストア学派の影響をたどることが

できる．けれども，その議論が辛辣な経験論によることは間違えようがない．人間を個人として強調する点も同様である．セネカの書簡や教えからうかがえる気質は平等主義的なものではまったくない．セネカは，規律ある研鑽によって，皇帝ネロのローマにおける汚職や乱心からは無縁の集団をなし得る，自分と同じ少数のエリートの一員として，ルキリウス〔ローマの風刺作家〕に語りかけた．しかしながら，しばしばきわめて冗長なセネカの書簡の多くの箇所に普通の同時代人に対する軽蔑として現れていることはまた，人間は己が生活する制度や周囲の環境よりも人間として優位に立つことができるという主張でもある．実のところ，人間は人間としての独自の本性を持つのである．

（3）自然権の教義が世界主義的な含意を持ち，（ある意味において）反歴史的であることを示すためにすでに十分に述べた．人間の人間としての権利を強調することは，人間が生を受け教えを受けてきた社会の伝統に対して個人は負債を持つという感覚を画然と減らす．いかなる意味においても社会の制度が人間を教育（paideia）する枠組みを提供することはない．むしろ，効果の程度は事情に応じて異なるものの，人間として自分に付属する権利を確実に享受するための装置として，人間は社会の制度を見なすようになるだろう．皇帝ネロの元首制(プリンキパトゥス)装置全体に対するストア学派の軽蔑は，自然権の信奉者によって，あらゆる形式の人間のアソシエーションにまで拡張されている．私的なものが重要である．公的秩序に抵触するものは，人間が私的な威厳を制限なく享受することをそれがどれだけ保障するかによって判断されなければならない．

自然権の理論家が，幾何学上の自明の理として主張される推論を用いて決然と語るのは偶然ではない．彼にとっては，歴史家が研究を行う分野という意味での歴史は，人間が知恵を学ぶことのできる領域では決してありえず，ましてや神の摂理をたどることのできる領域でなどありえない．彼は，己が生まれた社会の伝統やしきたりといった本質的に相対的な状況の権威には，個人によって認識可能な普遍的な真実という権威を立ち向かわせるだろう．たとえばプロイセンの軍事的伝統やボナパルティズム，1843年（スコットランド教会の分裂．それによりスコットランド自由教会が誕生）にすら，彼が畏敬の念を抱くことはほぼ皆無である．クロムウェルの鉄騎兵の精神に対しても同じである．歴史家の研究が触れるのはしばしば人間の現実の周辺部だけであって，そこで

は，人間が栄光ないし真実と呼ぶものを人間存在の不変の核心と見誤る人間の意図的な愚かさによって，人間の本質があまりにも頻繁に覆い隠されてしまっている．もちろん，プラトンが『国家』の第8巻と第9巻において名誉支配制，寡頭制，民主制，僭主制を，彼の理想国家（kallipolis）の基準から逸脱していくものとして並べたのとちょうど同じように，自然権の専門家である教授は，自然権が肯定されている程度の多少に言及することで社会と歴史的瞬間を序列づけるだろう．彼が進歩に対する信念を受け入れるとするならば，つまり人類が全体として自らの本性と存在環境についてますます啓蒙され，その啓蒙が人間の生活様式に徐々に具現化されると信じるならば，この信念は人権の現実に対する信念からは論理的に分離することが可能である（実際，ストア学派のセネカは，人間の権利という現実に対する信念を，人間の歴史の秩序に対する循環論的な見方と明らかに結合させていた）．

(4) 歴史的な事実からすると，自然権の理念が人間の想像力（私はこの言葉を熟慮の上で選んでいる）を摑んだのは，プロテスタントとカトリック教徒の間の闘いと英国国教徒と清教徒の間の闘いを通じて，絶対君主制の擁護者になるのと同じくらいの熱心さでもって，人間が己の現実の本性のなかに人間文化の新たな基盤，宗教中立的な基盤を見つけようとし始めたときのようである．「人間は人間であるが故に人間である」（A man's a man for a' that〔人間の平等を主張するスコットランドの伝統歌〕）．そのような感情は，宗教改革と対抗宗教改革の間での不毛に見える内輪もめの領域を一気に越えて，聖なる王としての自らの人格のなかにその共同体全体が具現化され実現されていると主張する，あらゆる者に対する疑問を投げかけた．反抗的な懐疑主義の性質は，自然権理念の発動に見いだされる．ユークリッド幾何学の反駁不可能な公理と同じものとしてこの原則が主張されたことで，人類の様式に関する秘密は聖職者や司祭や君主が維持しているという装いに対する懐疑主義はさらに強固なものとなった．

(5) 近代の研究者（とりわけ幾何学の基礎や純粋幾何学と応用幾何学の区別を学び，素人の数学者として仕事をする機会があった研究者）には，自然権の理念がよって立つ普遍的な真実の知識という根本概念に共感させ同化させようという努力は不可能に見える．たとえ保守主義者ではないとしても，そのよう

な人は，イギリス人が慣習法において勝ち取った権利はイギリス海峡を渡って啓蒙思想における人間の権利となったというマイケル・オークショット教授の幾分か皮肉のこもった意見を支持する傾向を持っている[4]．憲法史上の経験の中の偶発的事態から人間は神話を造り出し，それによって幾何学の真実の中に存在すると考えられた無条件の必然を主張しようとしてきた．だが，悲しいかな，数学の性質についての彼らの理解は，理念を造り出した源に対する感謝の気持ちと同じぐらい要点を外れたものだった．

そのうえ，ロックの後継者であるいわゆる「哲学的な急進主義者」が自然権の観念を完全に捨てさり「〔最大多数の〕最大幸福原則」と取り替えたことを，政治理論史の研究者はよく知っている．ベンサムの膨大な著作を研究すると，効用性原理の誤った定式化として「人間の権利」の理念を扱うことと，行動に関する法・制度・伝統を評価するためのベンサム自身によるより正確で実証に基づいた基準を選択して，この理念を形而上学の捨て去られるべき不要品として扱うこととの間で，行ったり来たりしている状況がたどれる．物理学の然るべき方法というニュートンの概念が，幾何学の延長としての物理学というデカルトの概念にとって代わった．ジョン・スチュアート・ミルに教育を授けた不人気な学派である人間の政治的責務理論は，実証的な観察と自然法の究極的な動力論様式とのニュートン的融合をゆがんだ劇画のように示している．この理論は，人間行動の実証的に確立された法則とは何かを設定し，そのような行動がベンサムの快楽主義的な微積分学に利益を生むような経路に至ることを（「理念のアソシエーション」の作用を通じて）提示する．功利主義的な政治理念の発展史において，効用原理は自由放任主義（レッセフェール）と市場経済の制限なき作用の正当化として引き合いに出されることもあれば，経済問題に対する劇的な国家規制の完全に適切な根拠として引き合いに出されることもある．権利が「許容」として強調される場合と「主張」として強調される場合との間にも，おそらくこれとの類似点が見られる．自然権学派と効用学派の間の親戚関係は，両者がともに普遍主義であり，民族や文化的な特質に無関心であり，本質的に合理主義の気質を持っている点に見受けられる．最後の点は，前者がデカルト主義で後者が実証主義の精神を持つにもかかわらず，両者においてともに明らかに認識可能である．

第4章 自然法

(6) 最後に，自然権という観念を貶めるのがまだ不十分だったと言っているかのようだが，ときに自然なものと説明されてきたさまざまな権利を思い起こす必要がある．想起されるのは，議論や礼拝のために集う権利，熟考された意見を口頭や書面で自由に表現する権利，既存の権威を批判する権利——などである．最近では，「人間の権利」として主張される事項の新たな一覧表に労働の権利が含まれるようになった．しかもこの権利は，国家が採用し実行する完全雇用という公共政策によって保証されなければならない．聖職者や国王が強奪した権威に対する異議申し立てという要素は，（必要とあれば経済機能に対するもっとも抜本的な介入によって）雇用のみが同時に実現しうる財政的保証と機能的地位の保証という公的機関しか果たせない責任を放棄しないよう求める強い要求にとって代わられた．1929年の不況に続く時期の外傷経験（アラン・ブロック氏がヒトラーの伝記において戦争そのものよりもいささか記憶に残っていると語った経験）は，普遍的なものと思われがちだが実際にはいつも柔軟で受容性のある「人間の権利」の一覧表に，新しい項目を付け加えたのである．

次に，「自然法」と「自然権」の理念を国際理論との関係において評価することに取り組むとしよう．

故C.C.J. ウェッブ教授は，理性と啓示の関係を論じる中でこう主張した．「われわれは，アクタイオーン〔ギリシャ神話の登場人物〕がプライバシーを侵害できたり，プロメテウス〔ギリシャ神話の神〕が同意を得ずに秘密を強奪できるような存在に対して，神の名を与えることはできないであろう」[5]．「新しい人間の探求」と題するきわめて貴重な論考において，イエズス会の著名な神学者であるアンリ・デュ・ルバ神父は，プロメテウスが秘密を盗もうとした神はゼウスであって，アブラハム，イサク，ヤコブの神ではないと指摘する[6]（イエズス会とヤンセン主義者の間における17世紀の論争を思い出すならば，イエズス会士としては印象的な言葉である）．プロメテウスの精神の不敬さ，あるいは**不遜**（*hubris*）に対する伝統主義者の異議申し立ては，ときには重大な道徳上の判断の表明である以上に，畏敬の念という定義しにくい精神の損失に対する不満であるかもしれない．国際関係の問題と戦争の手段に関していうならば，今日の技術革命についてのあいまいで一般的な中傷に耽るだけでは，

ますます混乱するだけである．

だが，われわれの生きる時代を象徴するような人間の地平の拡大をどのように理解すべきか，それをどう成果として位置づけるかという両方の点で，重要な法の倫理には完全に公平なる評価を下す義務があるということを条件とするならば，強調しなければならない点がいくつかある．

(a) 道徳哲学の教員はみな，初級レベルの学生に対して行動と事件の区別を教える必要があることを知っている．1755 年 11 月 1 日のリスボン地震は事件である．ヨーロッパの思想に対するその衝撃は甚大で，カントの三『批判』からボルテールの『カンディード』まで多岐にわたる作品に反映されている．そのようなことが起こる世界で人間は生きなければならず，それゆえこの世界は「あらゆる可能な限りの世界で最善」であるという主張は論駁された．しかしながら，われわれは「原子爆弾や水素爆弾とともに生き」なければならないと言われるときには，われわれが「ともに生き」なければならないと言われていることは，リスボン地震や 1953 年 1 月 30 日の大嵐のような出来事ではない．人間が，広島と長崎で行われたことを決定した．「決定した」という言葉のここでの意味はあいまいである．われわれは，ヘブライ語を学ぶ，たばこの消費量を減らす，あるいは転職するといったような意志決定について語る際の意味での決定について語っているのではない．あれやこれやをするという委員会の決定（委員会が属する組織に対して勧告される決定）について語る際の意味での決定について語っているのでもない．1945 年 8 月 6 日に行動をするという決定が取られた方法には，非常にとらえがたいと同時にでたらめに近いような何かがある．

爆弾を使用するという決定は，たとえば「グレート・グレン」〔スコットランド北部の大きな谷〕における震動のような自然の出来事を説明するのと類似の方法で説明可能であると主張する，ある種の決定論者がいるのは確かである（歴史家の想定は決定論的であるという意味は，かりにその通りだとしても大きな議論を呼ぶ）．しかしまだ，それは決定であって，自然の出来事ではない．われわれの世界が二度と同じものとなることがないとしたら，それは人間が取った行動のためにそうなのである．決定論者でないならば，彼らは間違った行動をした，彼らはすべきではなかったことをしたとはっきりと言うことができ

第4章　自然法

る（われわれは間違っているかもしれないが）．われわれは，たとえば利益目的のために毒を使用して故意に殺人を犯した人々についてこのように言ったりする．いわゆる政治家について，われわれは確かにそういったことを言う．たとえば，イーデンのスエズ運河をめぐる行動について邪悪で愚かなものだったと言う場合である．けれども，サンディス〔英国保守党の政治家〕の政策（カウリー将軍の軽率だが魅力に溢れた演説によってきわめて手厳しく批判された）[7]が例証した展開は，その効果が広く行き渡ったことから，その意味することに疑念を抱くのは，われわれが今日あるところに到達することを援助してきた献身的かつ責任感のある人間に対する無責任と無礼を表すものであると，実際言われることになる．核戦争の倫理的諸問題に関する英国教会評議会委員会による最近の報告書のような文書を読んだものはみな，文書を覆っている準決定論の強力な含みを見逃すことができない．いやむしろ，そのような文書を読んで，奇妙な種類の決定論と，同じぐらい奇妙な種類の狂信性との結合としてしか叙述できないことに気づかないものはいない[8]．われわれはこう告げられる．ある種の変化を受け入れなければならない．なぜならばそれらの変化は起こったのだから．そして，「裁くべからず」という思わず引き込まれる垂れ幕のもとで人間の無知を思い出し，われわれが今日あるところに導いた人々に対して，究極的には反対意見となることを述べることはすべて自粛しなければならない．

　まさにこの地点において「自然法」の観念が出現し始める．われわれの意識に介入し始めると言ってもいいかもしれない．確かに，支配者を批判するという初歩の民主的義務を引き受けるのに足る自信を人間が得るのは，支配者の権威を認めることを通じてのみである．それゆえ，人間が世界について冒してはならない危険があるということを，「自然法」の名において論じることができる．実際，水素爆弾や核弾頭ロケットなどの管理に関する情報についての要求を，お決まりの国家安全保障を名目に簡単に無視することが問題なく行われる様子には，まったく馬鹿げたものがある．政権にある者は，必然的に一つの機関の動きに巻き込まれる．彼らはその機関が一つの方向に動いていることを感じ，それまでの機関の歴史を守る義務があると感じるのだ．

　(b)　だが，疑問は提示されなければならない．しかもその疑問は，人間生

活の問題全体を見渡し，人間が獲得した力によって新たに人間に押しつけられた「太陽の下での人間にふさわしい姿勢」を発見するような特有の種類のものでなければならない．さらに，われわれが屈した力の無規律な利用についての疑問が提示されなければならない．実践的な難問と理論的な難問が出会うところで提示される「自然法」倫理の問題は，実際のところ形而上学の可能性の問題である．このように言うことは，国際政治の諸問題から抽象哲学へ後退することではない．それはむしろ，後者に関わる問題をわれわれに提起するものとして，前者を表示することである．もちろん，実践的な人間はその懸念することが急を要する重大事であることを熱心に強調するだろう．けれども，おそらく西側世界は行動と熟考のバランスを回復するための新しい方法を見つける必要があるのだ．

（c）このように書いたからといって，異議申し立ての表現としての「自然権」という成句がもつ並はずれた強靭性を無視せよというのではない．不満の是正や社会改革のための合憲的な手段が削り取られ，あるいは無効とされるような状況においては，この言葉は，事実上絶対に必要な異議申し立てのための**隠語**である．人類の語彙からこの言葉を取り除くことは，反乱や異議申し立てを行うための人間の能力を減少させると同時に，過去，現在，未来の間にある種の意思疎通を確立するための人間の能力を減少させることになるだろう．この意思疎通を通じて，真に人間的な普遍性という人間の権威の感覚が保たれるのである．

（d）歴史的な事実として，「自然権」の伝統が「自然法」の伝統と再び一緒になったのは，カントの倫理学においてである．この再結合の仕方について簡略な指摘をして，この論文を締めくくる．

カントの認識論の中心をなすのはコミュニケーションの観念である．人間が自信を持って探索したうえで案出した法を備えた共通世界が達成されるのは，感覚の表象に基づき想像力を作用させたさまざまな理解の諸範疇を通じてである．それゆえカントの倫理学においては，人間の間での意思疎通すなわち人間世界を肯定することを妨げるのは，個人的なものであれ集団的なものであれ利己主義であり，人間はそのなかに道徳的悪という不可欠の性質を認識しなければならない．かりにわれわれが道徳法の要求を通じてわれわれの存在の中心的

第4章　自然法

な謎である自由を知るのであるとしても，想定される世界の究極の姿の名のもとに自由を否定すること，その至高性を犠牲にすることは，道徳法の性格を侵犯すること以外のなにものでもない．

　カントの哲学は，アリストテレスの哲学が存在論的であるという意味において，徹底的に反存在論的である．確かに，彼にとっては，すべての存在論には（われわれが彼の範疇の教義を存在論として扱わないとするならば），自由の至高性に対する脅威が内包されている．にもかかわらず，彼の理念は，「自然法」学派特有の強調点を「自然権」学派とは異なるものとして復帰させる．人間の本性の究極的な尊厳に対してわれわれが行う主張は，単なる異議申し立てではなくて，（批判的な省察を通じての）われわれの自己認識の肯定である．かりに人間が自由を肯定することにおいてのみ自由であるとしても，人間が所有するその自由は内なる道徳法によって見つけられるべきものである．たとえその見つけたものの特性が，ある種の世界像という用語以外では人間自身には断言できないとしても，である．その世界像は，本性そのものによって，われわれが自由の現実に出会う際に見出す特性とは矛盾するだろう．

　(e) カント**がとりわけ著作『永遠平和〔のために〕』のなかで示唆した線**に沿ってさらに思考を進めることは，人間の未来に接近する方法をめぐる期待と不安の間に適切なバランスを達成するにはどうしたらいいかを示唆するうえで，何らかの貢献をなしうると考えることは，少なくとも可能である．私の見解では，この思考が最後までわれわれを導くことはないだろう．おそらくそれができるのは，以前とは質の異なる新たな宗教的想像力以外の何ものでもない．けれども，矛盾した態度の和解について，われわれがまだカントから学ぶことのできる教訓はいくつかある．近代の哲学者すべてのなかで，完全に受け入れることのできない代替案間でのバランスを取ることに，カントがしばしばもっとも上手く成功しているからである．たとえば彼は，もっとも多様な状況において，人間の道徳的卓越性がそれ自らの光を輝かせることで磨滅しないことを認識していた．歴史の道筋は，人間の成果の究極性に関する最終評決が求められる法廷そのものではない．カントにとって，世界の歴史（*die Weltgeschichte*）を世界の裁判所（*der Weltgericht*）として語ることは，道徳的卓越性が価値世界の総体であり，それに基づいて人間は考え出しうる想像可能な憲法上・司法

上の制度を含むすべての事柄の価値を判断しなければならないとする彼の倫理学の第一原則を冒瀆することであった．にもかかわらず，目的論についての深遠なる省察を通じて，カントは，自然や歴史の領域から離れて単に道徳の領域のみを重んじるような絶対的倫理は，人間の次のような必要性を公平に評価することができなかったという認識にいたった．つまり，人間が行動しなければならない場は，行為の源泉において，否定できない権威を持つ原則を肯定する際の努力となんらかの「協力関係にある」という保証を人間は必要とする．**あるものとあるべきものとは，究極的には明確な対立関係にはありえない**．それゆえ，われわれは「進歩の理念」に関するカントによるみごとな輪郭を持っている．それは，ボルテールに『カンディード』を執筆させた諸悪についての熟考という，現実を無視するような安易な楽観主義から自由でありながら，「理念の狡猾さ」というヘーゲルの教義に存在する道徳的大罪からも潔白である．

カントの倫理学と形而上学（この用語を用いることが許されるならば）は，フッカーやアクィナスの相対的にナイーブな世界とはかけ離れている．けれども，両者は，それぞれ独自にも両者一緒でも，啓蒙思想の「自然権」概念よりも，道徳的かつ知的な認識のより深遠なる次元の上に築き上げられている．カントは，個人としての品格の問題を読者に投げかけている．彼によれば，個人の道徳的尊厳とは個人が成したものと個人が受容してきたものとの間で釣り合いを保っている．形而上学的な思想の限界をカント自身が自己批判的に認識していたことによって，この問題についてカントは多くのことを明らかにしてきた．そのことにより，見果てぬ選択肢を介しての方法を見いだすことができないとしても，少なくともそこに至る道筋が見つけられるかもしれないと読者を思わせてくれるのである．

注
1) Edith Bone, *Seven Years Solitary* (Hamish Hamilton, 1957) を参照．
2) Léon Robin, *La Morale Antique* (Paris, Alcan, Nouvelle Encyclopédie Philosophique, 1938), p. 42.
3) *An Essay concerning Human Understanding*, book IV, ch. iii.
4) *Rationalism in Politics* (Methuen, 1962), p. 120.
5) C.C.J. Webb, *Problems in the Relations of God and Man* (Nisbet, 1911), pp.

第 4 章　自然法

25-6.
6)　H. de Lubac, *Affrontements Mystiques* (Paris, Témoignage Chrétien, 1949), p. 39.
7)　Sir John Cowley, lecture on 'Future Trends in Warfare' to the Royal United Service Institution, November 4, 1959 (*Journal of the Royal United Service Institution*, 1960, Vol. 105, pp. 4-16).
8)　*Christians and Atomic War : a Discussion of the Moral Aspects of Defence and Disarmament in the Nuclear Age* (British Council of Churches, 1959).

第5章

国際関係における西洋的価値

マーティン・ワイト

　西洋的価値（Western values）は，ふつう，個人の自由や自己の完成と結び付けられている．そこから，西洋文明史は，本質的に，とりわけアリストテレス以降アクィナスを経てロックや合衆国建国の父に至る立憲主義政府の伝統において，自由が発展し組織化される歴史だと理解されている．本論の目的は，よく知られたこの土壌を掘り返すことではない．外交や国際関係の領域へ向けて，西洋的価値に関する思考の道筋のいくつかを，たどってみることである．

　はじめに，二つの前提について述べておくことができるだろう．〔第一に，〕「西洋的（西側の）価値」という言葉は，冷戦思考に結びつけられたために，扱いにくいものとなってしまっている．「冷戦において自分たちが何のために戦っているか」を定義することは，本論の目的では**ない**と，私は考える．西洋的価値という語は，西洋の人間すべてが現に信じ，あるいは信ずべきものを意味するわけではない．西洋人は，他のどの文化の人びとよりも，信条が多様かもしれない．西洋人の中には，絶対平和主義者（パシフィスト）もいれば，ローマ・カトリック信者，科学的ヒューマニスト，マルクス主義者もいるかもしれない．信条が固い者ほど自分の考えが「西洋的価値」と表現されることには満足しそうにないのである．西洋的価値とは，良くいって，西洋人の拠って立つ諸々の信条の最大公約数である．悪くいえば，この言葉は，未分化のものに対して貼られるラベルであり，英国陸軍の新兵にとって英国国教会がそうであるように，行き当たりばったりの信条を中途半端にしか信じていない者を寄せ集めたくずかご同然の存在である．したがって私は，本論では，個人的な思い入れや衝動を抜きにして西洋的価値を論じることにする．かりにわれわれが西洋的価値の描写について完全に合意することができたとしても，「それは自分の価値とは違う」

と言う者が出るだろう．だが，われわれの関心は，そうした個人的価値から離れて分析することにある．何らかの信条を構築することではない．

　さらに踏み込んで問いかけることもできるだろう．自らを客観的に省みる能力自体，西洋的素質のひとつ，あるいは「西洋的価値」の所産ではないのか？〔宗教的〕寛容，自己分析，科学的態度と西洋的価値との間には，何らかの関連があるのだろうか？　共産主義に匹敵するような力強い信仰を発見ないし再発見しない限り，西洋世界は，共産主義からの攻撃に耐えられないだろう，という者もいる．思想を滅ぼせるのは思想だけであり，かりにマルクスの思想が打倒されるべきものであるならば，それはトマス・ジェファーソンやトマス・アクィナスによるものだろうというのである．だが，ダレス〔米国国務長官〕，マリタン〔フランスのカトリック哲学者〕，クローチェ，ラッセル，ワディントン〔英国内相〕，サルトルそれぞれを信ずる者がいずれも賛同するような，ひとつの信仰を作り上げることは難しく，おそらく不可能である．そうした信仰は，いかなるものであっても，上記の思想家のうち何人かを排除し，それらに対して恣意的に，非西洋的だという烙印を押すことになる．他方で，西洋世界に共通する土壌とは，差異を差異として認める合意であり，批判的精神であり，伝統的なるものを問いなおす伝統であると論じる者もいる．自由主義の上に立つこの懐疑主義は，共産主義的ドグマと比べれば，人類にとってさほど危険ではなく，生命力を内により秘めたものでもあるというのである．こうした深遠な問題について，本論は何かを語ろうとするものではないが，そうしたことがわれわれのすぐそばにあると認めることはできるだろう．

　第二の前提として，ここでは，西洋的な実践から西洋的価値を演繹する簡単な方法はない，と想定する．たとえば英国外交の伝統は，それ自体としては，西洋的価値にとって弱い権威しか持っていない．英国人以外の西洋人がこの伝統を英国人ほど好意的に解釈しているとは思えない．英国の伝統と同じくらい西洋的価値を体現してきたとみられて当然である他の外交上の伝統——米国やフランスのような——も存在する．〔国家をめぐる〕国際法上の承認・非承認に関する米国の伝統的な教義は，英国のそれよりも西洋的でないのだろうか？単純な答えは存在しない．

　われわれはおそらく，社会における実践の積み重ねやこの実践を成文化した

第5章　国際関係における西洋的価値

　国際法のような簡潔な教義よりも，むしろその社会における思想の歴史のなかに，社会の価値をみることができる．本論では，思想に関する一貫した型というものを示してみるつもりである．それは時を経るなかで，西洋の統治者や政治哲学者，法学者にみられたものである．あらかじめいっておくなら，それは，外交におけるホイッグ的，あるいは「立憲主義的」伝統として描き出されるものであり，スアレス，グロティウス，ロック，ハリファクス，カリエール，モンテスキュー，バーク，ゲンツ，コールリッジ，カースルレー〔英国外相〕，トクヴィル，リンカーン，グラッドストン〔英国首相〕，セシル・オブ・チェルウッド子爵〔ロバート・セシル＝英国の政治家・ノーベル平和賞受賞者〕，フェレーロ〔イタリアの歴史家〕，ブライアリー，ハロルド・ニコルソン，チャーチル，スパーク〔ベルギー首相〕によって，さまざまな方法で示されてもいる．いま挙げた人名は単なる例示にすぎない．私たちが問題にするのは，〔これらの人びとによって示された〕思想や仮定であり，それらのもつ論理が相互に依存し合っているという点である．そのため，多様な書き手や政治家を通して思想の跡をたどるが，各人が持つ複雑な教義の集合におけるそれぞれの思想の位置づけについては詳しく論じないという，危険をともなう方法をとることになる．フッカーとロックの間にある意見の隔たりや，バークの政治哲学にみる発展と矛盾に関する問題を主に扱うことはしない．グラッドストンの急進主義が彼の言葉遣いの問題だったのか彼の思想だったのかについても，同様に考えない．

　本論でとり扱われる思考の類型は，永続的かつ繰り返し現れる．時にその姿は影に隠れ歪められつつも，それはたえず再現して，その権威を主張してきた．そのため，これが西洋における外交をめぐる見解についての合意点であるかのようにさえみえるかもしれない．ギゾーが言うように，「幾世代にもわたって受け継がれる合意内容には，多数派に匹敵する正統性が認められる」のである．それはまた，一貫した類型でもある．ラヴジョイが（著書『存在の大いなる連鎖』で）述べた単位理念（unit-ideas）に，それを分割するように努める必要がある．だが，外交に関する理論が政治哲学の中でもっとも深みと独自性を欠いたものであるためか，個々の単位理念はふつう相互に結びついた形で現れる．にもかかわらず，国際関係史には他の思考類型も存在し，執拗に繰り返し現れては一貫性を主張することができる．だが，いまわれわれが検討している伝統

が，とりわけ西洋的価値を代表するものだと考える理由もありうる．ひとつには，この伝統が立憲主義政府の政治哲学と明確につながっていることである．もうひとつには，この伝統が，中道（via media）という性格を有している点である．この思考類型は，通常，中庸（juste milieu）として，両極端の間に現れる．それは，「戦争においては何ものも法に適わないとか，逆にすべてのことが法に適うとかいう両極端に対する救済が見出されなければならない」[1]というグロティウスの格言にも，著作『日和見主義者の性格』にみられるハリファクスの勢力均衡（バランス・オブ・パワー）に関する古典的説明にも，コブデンやブライトの急進的な非介入主義とビーコンスフィールドやビスマルクの現実政治（レアルポリティーク）の間で中道とみなされたグラッドストンによる欧州協調の構想にも，さらには一方の絶対平和主義（パシフィスト）や軍備縮小論と他方の宥和政策に転じた帝国主義との中道とみなされた戦間期の集団安全保障政策にも妥当する．中庸は，行為を導く指針としてはいかにも警戒過剰で無視されそうな原則かもしれないが，規律ある懐疑主義に価値を置き深慮を政治的徳として神聖視してきた文明の蓄積された経験の指標でもあろう．魅力的ながら単純化されすぎている両極の間にある困難な道筋として真の政策を考えようとする姿勢こそが，私たちが関心を抱くべき望ましい，もちろん無欠とはいえないにしろ，伝統を示しているのである．「われわれは，その直接的な有効性に期待することがあってもならないし，またそれが呼び起こす希望に対して頑なであってもならない」[2]．

本論では，思考類型にある以下のものについて，輪郭を描いてみたい．
1. 国際社会
2. 秩序の維持
3. 干渉
4. 国際的道義

1. 国際社会

国際理論が第一に問題とするのは，国際社会と国際法の本質に関してである（社会学者は「社会（society）」と「共同体（community）」という二語の使い方の区別について，納得いく合意に至っていない．本論では，大部分の国際法

第5章　国際関係における西洋的価値　　　　　　　　　　　　　　95

文献同様，両者を互換可能なものとして扱うことにする）．

　マキャベリやホッブズ以降，国際社会なるものは存在しないという見解を持つ者が存在してきた．つまり，国際関係はひとつのアナーキーを構成しており，そこでは社会的要素はないに等しいと考えるわけである．国家が政治社会の究極の単位であるとする教義は，必然的に，国家を包摂するような社会などは存在しないという考えを伴う．19世紀，それぞれ別個に及ぼしてきたヘーゲル的国家論，社会ダーウィニズム，そして法実証主義の影響が，一つにまとまってこうした結論が導き出されたのである．たしかに，経験上は，「外交的共同体」と呼びうるネットワーク関係が存在してきた．それは，相互承認のうえで海外に駐在する外交官からなるシステムであり，国際社会は存在するかという問い以前から存在したものである．19世紀には，電信連合と郵便連合を手始めに，機能的な国際機構のネットワークが加わった．しかし，このような発展があっても，外交システムと国際機構とがひとつの社会を構成するという考えを否定することは可能である．もっとも偉大な外交官の一部，もしかすると大部分が，国際社会を否定してきた．ビスマルクは，〔ロシアの外交官〕ゴルチャコフによる覚書に苛立ち，「ヨーロッパを語る者は間違っている．それは地理的概念にすぎない（Qui parle Europe a tort, notion geographique）訳注1）．ヨーロッパとは**何者なのか**」と書きとめた[3]．サブロフ〔ロシアの外交官〕はジョミニ〔ロシアの将軍・軍事理論家〕に向けて次のような手紙を書いている．「かつて誰かがこんなことを言っていた．いわく，『欧州協調とは，理想主義者が描いた夢にすぎない．ヨーロッパなるものは存在しない．存在するのはロシアであり，ドイツであり，フランスであり，イングランドである』．ヨーロッパなるものが存在するためには，ひとつの意志に従う国家連合が必要である．しかし，あるのは五つの意志（つまり，大国）なのだ」[4]．外交官の多くは，国際連盟や国際連合が国際社会の存在を証明するに十分だという考えに対しても，同様の懐疑を示している．実際，第二次世界大戦以降，国際理論がたどった興味ある展開は，この類いの懐疑主義が，それまで国際共同体の観念を専門的立場から支持してきた人びと，つまり国際法学者自身にも広がったことである．米国の法学者P.E.コーベットによる，次の言葉を引用しよう．

「一致（consensus）は社会の生命であるが，我々の世界の支配的な特質は，一致ではなく闘争である．いままでにかつてそうでなかったことがあったかどうか，という問は起り得る．誇るべき中世ヨーロッパの統一は，強者の間の目的，あるいは行為の一致ではなく，知識人の間の文化の統一であった．誇るべき19世紀の平和は，相競う同盟国の策略によるいらだたしい不安のうちに保たれたのであって，その時は，平和は，血なまぐさい戦争によって妨げられなかった．現在，現出する光景は，一つの社会という光景ではなく，恐ろしい死にもの狂いの闘争のために，自己の力を増大させるために，宣言された一般戦争に至らないあらゆる手段でたたかっている二大勢力圏並立の光景である．あらゆる時代と同様，この競争をめぐって，知識人によって定式化され培養された社会概念が，さまよっているのである．これは現実の反映ではなく，善人の目的と希望である．希望を現実として提示することは，人類に何ら奉仕するものではない．何故なら，それは現実化の途上になお横たわっている複雑な障害物を不明瞭ならしめるからである」[5]．

もし，国際社会がひとつのフィクションであり，また幻想であるなら，国際法は，国内法——これが一般に法と理解されているものであるが——とは，根本的に異なることになる．それは各国——真の政治的単位である——が義務とみなして合意した原理やルールの集積にすぎない．そして，国際法上の義務も，純粋に契約に基づくものとなる．以上は，法実証主義の掲げる教義である．国際法の主体は独立した国家に限られる．唯一の国際的人格はそうした集合的人格であり，それが諸個人のもつ道徳的本性と似たものを備えていると仮定され，権利の享受と義務の負担が可能になる．主権国家からなる社会以外に国際社会を認めないことで，有効な国際社会の存在を否定したのは，この法実証主義（この考えは，2世紀にわたって，国際関係をめぐる法哲学の正統な学説とみなされてきたことを付け加えておかなければならない）であるとさえ，いうことができるのである．

　この対極では，国家からなる社会を偽りのものだと信じる人びとが，国際共同体（international community）の本質に関して別の見方を抱いている．それ

第5章 国際関係における西洋的価値

は，国家からなる社会が**架空のもの**であり，法的擬制や古くさい外交上の形式からなっていて，〔それが〕個々の男女からなる**実在**の社会である世界国家（civitas maxima）を隠蔽し妨害し，それに抑圧を加えようとしている，と信じている人びとによる考えである．この見解によれば，国際社会（international society）とは人類共同体（community of mankind）以外の何物でもない．人類共同体はまだはっきり現れていなくともすでに潜在しており，半ば姿を現しながら必然的な実現へ向けて暗中模索をしているのである．人類共同体をめぐるアプリオリな議論の原型は，ダンテに見ることができる．〔それによれば〕人間のもつ固有の能力は，実現可能な当人の知性に内在している．人類に課せられた任務とは，そのような知性に基づく能力を，常に全面的に完成させることである．そして世界平和は，この任務をまっとうするにあたって最善の条件なのである．『世界市民的見地における一般史の構想』にあらわれたカントの議論は，興味深いくらいダンテの議論と似ている．〔それによれば〕人間は，唯一の理性的動物である．自然が意図しているのは，人間の理性に基づく能力を，個人においてではなく種において，いかんなく発達させることである．また，あらゆる能力の発展は，社会のなかで人間同士が対立することを通して実現される．そのいがみあいが，最終的に，社会における法に適った秩序の根拠となるわけである．ダンテのいう「人類に固有の行為（proprium opus humani generis）」と，カントのいう「自然の意図——これは彼らのえ知らぬところのものである」[6]の間には，違いが存在する．カントは，自分より以前のチュルゴーやカント以降の思想家の大部分と同じく，神の摂理の神秘を，知覚しうる歴史の直線的運動——個々人の努力にかかわらず人間の集団的目的を達成させる直線的運動——へと明快化ないしは単純化した．かくして，ユグノー教徒，ジャコバン派，マッツィーニ，ウィルソン大統領，共産主義者たちに，程度は違えど共通する信念が，すなわち外交の歴史は全体としてこれまで呻きをあげながら苦労を重ねてきたが，人類共同体は神の王国の如く栄光として出現するはずであり，もう手の届く距離にあるとする信念が，手近なものとなる．

　このような信念は，諸国家からなる既存の社会が，やがて分解して世界共同体（world community），コスモポリスへと吸収されることを意味している．来るべきこの変化のなかにはさまざまな要素が存在し，補完的なものもあれば代

替的な要素もある．ひとつの可能性は，諸国家からなる社会（society of states）が正統性をめぐる基準のいくつかを普遍的に受け入れることで，協調と同質性を旨とするものになることである．それによって，すべての国家がカトリック的，共産主義的，国民国家的，または共和主義的なものになる．もうひとつの可能性は，諸国家からなる社会がひとつの連合を作り，世界政府を形成することである．あるいは，16世紀のジュネーヴのような小さな都市国家か18世紀のフランスないし20世紀のロシアのような大国かを問わず，不均等な発展法則に沿って，変革の原理が単一の国家においてまず打ち立てられる可能性もある．こうした国は，かくて新たな秩序の担い手かつ模範となり，悔い改めぬ諸国家からなる社会との関係において，戦う教会に対する世俗世界および異教徒世界，という対立を再生産していくことになる．そこでは，国際法に関する，単一で単純な考えは存在しない．一方には，全体が部分に先行し，より大きいものがより小さいものを包摂し，国家は国際共同体へと従属する，またそうあるべきであるとする考えがあり，ひとつの信条を支配している．このような考えは，国際法と国内法との違いを軽視する方向へはたらきがちである．「法」という言葉は，立法によって創設・修正され，司法によって解釈・適用され，行政によって執行されるような規則のシステムの存在を暗に示している．そのため，これらの諸機関が，外交の分野において未発達であったり存在しなかったりする場合には，それらを創設することが仕事となる．国際関係において法の支配を確立させることは，差し迫って必要だからである．他方には，信仰者と異教徒，神から選ばれた者と神に見捨てられた者との間には越えられない裂け目があり，両者が協調するのは不可能だとする考え方があって，別の信条を支配している．したがって，急進的国家は，既存の国際法が欠点を抱え不正であることを理由にそこから脱退するか，法的義務ではなく便宜主義的なものとして国際法をみなそうとする．真の国際法は，国際社会が最後には転換を遂げることを待っている．そしてそれまでの間は，急進的国家の掲げる外交原則が，その輪郭を暗示するわけである．1793年，時のワシントン政権が，グロティウスやヴァッテルの精神に反する議事進行を理由に，フランス〔革命時の〕国民公会政府駐米大使〔エドモン-シャルル-エドワール-〕ジェネを非難した際，ジェネは，グロティウスのこともヴァッテルのことも知らないが，自ら

第5章　国際関係における西洋的価値　　　　　　　　　　　　99

の行いはフランス憲法の教義にかなっていると反論した．「それは，彼が無知であったか，計画的であったかのいずれかであった．前者であるなら何も問題はなかった．しかし後者であった場合，それは，いままで遵守していたヨーロッパ法の規則からフランスは退くと，直接的に通告したも同然であった」[7]．

　諸国家からなる社会というものは存在しないか，せいぜい洗練されたフィクションなのだとする考えと，逆にそれが人類共同体への過渡期を示しているとする考えとの間には，より複雑な国際社会の概念が存在する．この考えは，諸国家がスアレスのいうところの「完全な共同体（*communitates perfectae*）」（有効な政治的権威を行使するもの）であることを認めており，諸国家の道義的主張から逸脱するものではない[8]．しかし，諸国家を絶対的にではなく相対的に完全な存在として，また全体の部分としてみなす．この立場は，国際社会が各国の国内社会に取って代わるとは考えない．だが，国際社会がその構成員たる国家に対して，現実に制限を加えていることにも留意する．このような考え方は，知的簡潔さと，感情への訴えとを共に欠いている．そこで述べられる言葉は，必然的に条件付きで，正確さを欠いている．それゆえ，スアレスの良く知られた高貴な叙述によれば，国際社会とは以下のようになる．

　「人類が，どれほどさまざまな諸人民と諸王国に分割されていても，常に，ある一体性を――［それも，］種としての一体性のみではなく，いわば政治的かつ心象的［精神的一体性］をも――もっていることにある．そして，相互の愛と慈しみの自然本性的命令はこの一体性をこそ表示しているのである．しかも，この命令は，すべての人々，外部［外国］の人々とも，それも，どの［国の］国民である人々であろうとも，［すべての人々］に拡大されているのである．このゆえに，個々の完全な国家は，［皆のものである］共和国であっても，あるいは王国であっても，それぞれ，それら自体においては完全な共同体であって，自らの構成肢体から成り立っているとはしても，それにもかかわらず，人類というものに視線を向けてみる限り，それらのどれも，ある様式では，［人類という］この総体の一構成肢体でもあるのである」[9]．

「ある意味においての政治的かつ道徳的統一（Aliquid unitas...quasi politica et moralis）」[10]．トクヴィルの言葉遣いも同様にぼんやりとして不明確である．すなわち，「各人民が一市民たる諸国民の社会は，構成員同士の関係を和らげ規制するためにどんなに努力を払っても，文明の進んだ世紀においてさえ，常にやや野蛮である」[11]．これを，ベルギー人〔国際〕法学者ド・ヴィシェールの言葉と比較してみよう．

> 「もし国際共同体が，あるいは，より正確にはそのような共同体の存在理由が，個人の意識に反響を引き起こさないとすれば，それは，権力がそれを妨害するというよりはむしろ，圧倒的多数の人々が，これまで，国内生活の枠内でかれらに課してきた直接的で明確な連帯ほどには国際共同体が想起させる疑いなく実在的ではあるが，しかしかけ離れた連帯に依然として動かされないためである」[12]．

ここでの言葉遣いはあまりに不明瞭であり，二つの相対するものの間にある緊張を体現していて，政治や法を科学的に研究する者を満足させるものとはならないだろう．しかし，私たちが検討しているこの学派から言わせれば，こうした立場は国際関係が経験する厄介な逸脱や曲折により厳密に対応している，ということになるかもしれない．

　この見解に立つならば，国際社会は歴史的社会学的な深みからのみ適切に描き出すことができる，ということになる．それは，独立した共同体同士による日常的な交流であり，西欧キリスト教世界から次第に世界全体へと拡大していったものである．国際社会は，構成員の独立を守るため自覚的に維持される勢力均衡という外交システムに顕在化している．それは，国際法の日常的な運用という外交システムにも表れており，政治的にはさほど重要ではない幅広い問題についても，国際法の拘束性が受け入れられている．また国際社会は，経済的・社会的・技術的な相互依存と，それらを規制すべく近年創設された機能的な国際制度のなかにも表れている．これらすべてのことが，国際的な社会意識や世界規模での共同体感情を前提としている．「疑いなく実在的ではあるが，しかしかけ離れた連帯」を主張するなかで用いられてきた言葉遣いは，その強

さと弱さの両面から注目される．有名な例を二つ挙げることができよう．ひとつは，〔ギリシャ在住の英国人が受けた損害をめぐって英国がギリシャ政府に軍事的圧力をかけた〕ドン・パシフィコ〔事件〕についての論争の中でグラッドストンが述べたものである．

> 「この議会からイングランド国民に向けて，さらにもう一点訴えたいことがある．だが，それはまた，イングランド国民から文明世界に住まう人びとの感情に向けて最後に訴えたいことでもある．私は次のように考える．もしもイングランドが，海外政策のなかで人類の広く揺るぎない確信に支えられた道徳的支持から逸脱することになれば——もしもイングランドが，他国に驚愕と恐怖を与えつつも，なんら好意や尊敬を払われなくなるような日が来ることになるならば——この国は栄光と威信の大部分を奪われ，ひとり立ちつくすことになるだろう」[13]．

いまひとつは，〔バークによる〕『フランス国王弑逆の総裁政府との講和商議についての一下院議員への手紙』にあらわれたものである．バークは次のように書く．

> 「われわれは諸国家間の交渉に関して，法規の文言に過大な信頼を寄せる傾向がある……人間は文書や印章で互いに結び付いてはいない．彼らは相互の類似，順応，共感によって連帯に誘われるが，この真理は，個人と同様に国家の間でも当てはまる．国家相互間を結びつける親善の紐帯として，法，慣習，習俗，生活習慣に見られる調和ほど確実なものはない……習慣的な交際のこの目に見えない隠れた犯すべからざる連帯は，よしんば彼らの片意地で訴訟好きな本性が彼らの書かれた義務の条項について言い抜けし口論し喧嘩するように仕向ける場合にさえ，彼らを一つに結びつける」[14]．

こうした教義に対してE.H.カーいうところの現実主義的批判を加えることは，それが事実叙述を言っていると解釈するならば，ごくたやすい．ブライアリー

は1936年，国際的な社会意識が存在することを裏付けるものとして，委任統治システムや少数者保護条約，ナンセン国際難民事務所や国際赤十字，国際労働機関，イタリアが連盟規約に違反した際に大部分の国々が法の支配を強制しようとした努力を，挙げることができた．また北欧圏や英語圏，スペイン語圏の人びとを束ねる地域的な共同体感覚の存在も，証拠として挙げることができた[15]．ところが，国際関係論を学んだことのある学部生であれば誰であれ，こうした紐帯が不確かであることを暴露できると考える．グラッドストンや国際連盟の時代というのは，国際的な小康状態における例外かつ幻想的な時代だったのではないのか？　ブライアリーが抱いた展望は，ロシアとドイツが国際社会から脱退した事実を，実は見落としていたのではなかったか？　冷戦はすべての議論を不確定な状態へと押し流したわけではなかったか？　バークが「ヨーロッパのコモンウェルス」を著したのは，フランスが故意に暴力を用いてヨーロッパの連帯から離脱しようとしたのを非難する必要に迫られてであったと評価すれば，十分ではないのか？

　だが，バークによるヨーロッパ共同体（European Community）構想は，それを脅かす存在に対して彼がみせた感情的な反応だったというよりは，長い目でみればその正しさが裏付けられたものだった，と言うことができるだろう．ヨーロッパ社会（European Society）は，彼が恐れていたのと違って弾力的で回復性に富んでおり，彼が想像していた以上に発展可能なものでもあった．それは，フランスによる侵略にもちこたえ，フランス革命を手なずけ，フランスの掲げた諸原則を消化し摂取した．戦争は国際社会の存在が誤りだという証明にはならない．戦争の後には平和が続くからである．イデオロギー上の対立でさえ，国際社会が誤りであることを証明する理由にはならない．その後には，より長きにわたって，イデオロギー上の和解があるからである．そしてこの点は，バーク自身が著書『フランス革命に関する省察』の中で，フランス革命以前の国際的な「教義と理論的ドグマをめぐる革命」，つまり宗教革命を検討した中で示唆されている．宗教戦争は，フランス革命戦争同様，「ヨーロッパ政治における真の危機」であった．だが彼は，そのためにヨーロッパ社会が崩壊したとは述べていない．戦争は，結局，「ヨーロッパ全土にわたる，宗教や法，様式に関する類似」[16]のなかへ，些細な違いを持ち込んだに過ぎなかった．こ

こではバークの国際社会に関する教義にある，二つの要素を区別すべきであろう．ひとつは，彼が国際社会の本質と起源とを広範囲にわたって描き出した点である．いまひとつは，ヨーロッパのキリスト教と規範の中に否定しがたい正統性の原則を見いだすべく，自らの知っていたヨーロッパの社会的政治的構造と国際社会とを関連させた点である．彼が，フランス革命を，国際社会からの故意の離脱として解釈したのは，第二の点にかかわってであった．フランス革命は，国際社会内部での論争を通した正統性原則の修正ではなく，外部からの攻撃を伴った国際社会からの離脱だったのである．しかし100年後，バークの伝統の基本を踏まえたウエストレイクは，自分たちが受け入れるに至った教義を，次のような印象的な一文に著すことができた．「われわれが属している国際社会というのは，すでに確立した諸政府を相互に保証するために存在しているわけではない」[17]．

しかし，バークの主張が，これで打ち捨てられたわけではない．あたかも国際的な社会意識が内容を変えられるかのように正統性の原則が修正されたと語ることは，ある種の歴史主義の危険をおかすことになる．正統性の原則は無限に修正可能なのか？ それは，いかなる合理的な論旨にも基づかない，戦争や和解がでたらめに積み重なったものなのか？ 国際社会が本質的な原則を放棄してしまったとか，それ以前のものに比べてまったくの別物になってしまったといえるような，変化や修正を想像することはできないのか？ われわれが考察している思考類型において，ウエストレイクが述べる諸原則は，フィリモアが次のように述べたものと相互補完的であり，矛盾するわけではない．すなわち，

> 「いかなる統治形態，いかなる政治的・市民的制度，いかなる法規の採用を望むにしろ，あらゆる国家に付随する一般的権利への第一の制約は，次のとおりである．すなわち，『いかなる国も，他国政府と敵対するという公然の原則の上に政府を創設する権利は有しない』」[18]．

この原則が持つ威力は，ジョージ・ケナンによって，意図せずして説明された．現代において彼ほど道徳的不干渉主義――ある国が，他国の利益が何かを判定

することはできず，また他国で起こる出来事を判断するだけの権利をもたないとするもの——を説得的に，また一貫して論じてきた書き手はいない．ところが，ロシアと平和的に共存するための条件を考えるにあたって，彼はこう書く．

「われわれが世界社会内の責任ある構成員として，外国，とくにロシアの個性について期待することを許されるのは，どのような属性であろうか．

　まず第一にわれわれの期待し得るのは，今日われわれの知っているものとは反対に，他の国と国民とに対する関係において，寛容であり，対話が可能で，率直なロシア政府である．その政府は，自分の支配していないあらゆる政府組織を動揺させ，やがて破壊してしまわなければ，結局において自国の目的を達成できないというイデオロギー的立場をとらないであろう……．

　第二に国内の政府組織はあらゆる本質的な点においてロシア自身の問題であり，またわれわれ自身の政府組織と非常に異なった形をとることができるのを認めながらも，政府の権力の行使が全体主義と明瞭な一線を画した限界内にとどまることを，われわれとして期待する権利がある．とくにわれわれの期待できるのは，今日われわれの目前にある政権とは良い意味で対照的であると主張するいかなる政権も，工業および農業における労働を奴隷化しようとはしないだろうということである．……このようにして国内で権威をふるいすぎると，世界の諸政府の中の一政府としての行動は必然的に非社会的な，侵略的なものとなるのであり，したがって国際社会の関心の対象となる……．

　われわれが新しいロシアに期待できる第三は，民族的自己主張の本能と能力とを持っている他国の国民を，抑圧的な軛（くびき）でつながないことである……．

　そこで，ロシアのためを思う一アメリカ人として将来ロシアに期待したいのは，つぎのようなことである．すなわちロシアは永久に鉄のカーテンを取り除くこと，国内における政府の権威に一定の限界をみとめること，帝国主義的膨張と抑圧という古い計略を破壊的な，無価値なものとして放棄することなどである．……ロシアがそうする用意をもっているならば，

第5章　国際関係における西洋的価値　　　　　　　　　　105

　　その場合には，アメリカ人はロシアの性質と目的についてあまり深刻に心
　配する必要はないであろう．もっと安定した世界秩序を求める基本的要求
　がその場合は充足されるに至るだろうし，外国の人間の思索と示唆とが役
　立ち得るような分野も充たされるに至るだろう」[19]．

　これは，フィリモアの掲げた原則の適用にすぎない．謙虚で柔らかな物言いで
はあるものの，要求の大きさを隠すことはできないでいる．また，これらの言
葉がスターリンの生前に書かれたことがもつ意味も変えられない．新たな〔ス
ターリン後の〕時代を迎えたロシア人も，同様にこう返答するだろう．すなわ
ち，「帝国主義的拡張など論外である．それは君たち自由主義陣営が行うもの
だからだ．われわれは平和共存という点で合意している．ところが諸君は，退
廃したブルジョア的影響と帝国主義的スパイとがわれわれの国で自由に行き来
することを認め，プロレタリアート独裁を骨抜きにし，共産主義が人類にとっ
て唯一の道であるとする信念を放棄するよう，われわれに求めている」と．フ
ランス革命を批判したバークの著作は，彼の提起した国際社会の見方をめぐる
中心的な逆説――変化を経験しないですむならば人は喜んで闘うという理由だ
けで，国際社会についての正統性の原則は解体ではなく修正されてきた――を
示していると指摘することは，公平だろうか．後世の人びとが受け入れられる
範囲で〔正統性に〕可能な修正を加えてきたのは，その修正を防ごうとして死
んだ者なのである．

　われわれの検討している国際社会像には，さらにもうひとつの要素が存在す
る．それは，唯一の国際的人格，唯一の国際法上の主体は国家だ，という厳格
な教義とは簡単には共存しないものである．国際法を実践するにあたっては，
変則にあたるものが常に存在してきた．そして，外交特権・犯罪人引渡し・海
賊・拿捕に関して，法は個人を，当人が強制できあるいは強制されうる権利義
務の主体とみなしてきた．〔個人が国際法の主体たりうるという〕この変則を，
国際法上正統派（オーソドックス）に属する教義に沿って説明し，またこれと調和させるという
ことは，試験問題の範囲としても便利であった．〔国家が唯一の国際法主体であ
るという〕教義が強固になればなるほど，その違反もまた多くなった．特定の
個人のみならず国家以外の制度も，萌芽的であった国際法人格を手に入れた．

それは，中世において十字軍に参加する修道会を思い起こさせるものであった．東インド会社や英国南アフリカ会社といった大規模な特許会社も，自国政府に対して従属的な関係にあったとはいえ，商売相手の未開人との関係では主権をもった存在としてみなされた．1870年から1929年にかけてのローマ教皇の地位をめぐる問題は興味深い．この間，ローマ教皇の地位に関して唯一受け入れられていた定義はイタリアの教皇保障法によるものであった．T.J. ローレンスは「特定のイタリア法が国際法人格を与えることはできない．しかし，ある高位聖職者が国際的人格を備えうる特性をある程度まで有しているかのように扱うことに多数の国家が暗黙の合意をすることによって，教皇は通常の個人とは非常に異なる地位を与えられる」と書いている[20]．19世紀の終わりからその数を増やした国際行政連合は，条約によって国際法人格に準ずるものを与えられた．1907年に設立された中米仲裁裁判所は，国家に対する個人の請求に応ずる管轄権を有していた．国際連盟は国際法上の権利義務を持ち，独自の国際的人格としてあらわれた[21]．国際連合とその関連機関の存在や，世界人権宣言による個人の部分的な承認，無国籍者をめぐる喫緊の問題によって，〔国際法主体性をめぐる〕こうした混乱は増大し，国家が排他的に法人格を持つとする教義の欠点は際立ってきた．

ところが，〔国家こそが国際法における唯一の主体だと考える〕この教義は，ヴォルフとヴァッテルによって18世紀に明確にされたに過ぎない．彼らの著述のなかでは国際法の基礎となる万民法（*jus gentium*）という考え方は姿を消し，抽象的人格たる国家が，唯一の権利者として取って代わった．それ以前の伝統においては，異なる国々の諸侯や臣民も，みな万民法の定める義務に拘束されると理解されていた．この教義は，後に現れる考えほど明確でもなければ知的に満足できるものでもなかったが，より自由で柔軟であり，国際関係の活動の多様性を正しく反映していた．グロティウスによる国際社会の描写は，正確さには欠けるものの豊かさに満ちている．人類の共同社会（*communis societas generis humani*），人類に関係する普遍的共同社会（*communis illa ex humano genere constans societas*），人間社会（*humana societas*），大共同体（*magna illa communitas*），大世界（*magna illa universitas*），諸国民の大社会（*magna illa gentium societas*），諸民族相互の共同社会（*mutua gentium inter se societas*），世

界国家（*illa mundi civitas*），地球社会（*societas orbis*）——これが，彼の用いたさまざまな言葉である．この曖昧な社会の構成員は，王なのか，人民なのか，個人なのか？　苛立ってそう叫ぶのは，法実証主義者である．かつてはすべてが構成員であった．それにそうした伝統は，国家を法人格と考える正統派の教義によっても完全に消滅したわけではない．国際法を法律科学の僕ではなく政治哲学の嫡子と見なす法学者のなかでこの伝統は生き残ってきた，とおおよそいうことができるであろう．それは，1865年から1890年にかけてエディンバラ大学で自然法および諸国民法講座の主任教授を務めていたジェームズ・ロリマーによる，アプリオリな法学構築という試みにたどることもできる．また「国際法の主体間には等級や段階が存在する」[22]と述べたT.J. ローレンスの教義にもみることができる．それをウエストレイクは，国際法の第一原則として，次のように見事に描き出した．

「1.　ヨーロッパ文明を擁する国家が構成する社会，つまり国際社会は，人間間で成立するもっとも包括的な社会である．だがそれは，各人の間において成立するものなのである．その直接の構成員は国家である．だが究極の構成員は人間である．国家の権利義務とは，それを構成する人間が有する権利義務に過ぎない」[23]．

近年では，ブライアリーやフィリップ・ジェサップのような人びとによっても，この点は主張されている．彼らは，国際的人格概念の幅を広げることが，国際法を政治的経験に近づける上でも，また法それ自身の有効性を発展させ高めていく上でも，必要だと論じてきたのである．

2.　秩序の維持

　もし，国際社会が存在しないなら，国際関係とは単なる自然状態であるだけでなく，ホッブズが描き出した自然状態だということになる．秩序維持を求める声は上がらず，生存をかけた闘争だけが繰り広げられる．それは最終的に，競争国を従えた単一の最強国の生き残りによる，ある秩序の**創設**へと導かれる．

これらの前提に立てば，安全保障はどうしても排他的なものとなる．相手の安全は自身の不安全なのだ．対外政策は本質的に自己中心的なものとなり，国際的な行動はすべて自力救済として説明されることになる．

だが，もし国際社会が存在するものならば，維持されるべき，さらには発展すべき，何らかの秩序が存在することになる．集団的利益を口にすることは誤りではなく，安全保障はより広い意味を獲得する．安全は共に享受し追求できるのである．対外政策は共通利益をある程度考慮に入れることになろう．立憲主義に属する特徴のいくつかを国際政治へ移すことも可能になるだろう．

こうした国際秩序は，どのような形で構想されるのだろうか？ それは均等な力の配分なのか？ それは，バークやメッテルニヒ，ビスマルクが信じ，今日のアメリカ国民が多く信じているような，特有の国際的社会秩序なのか？ それとも特有の道徳的もしくはイデオロギー的秩序なのだろうか？ 最後に挙げた二つの概念は，国際社会の国内社会への融合とともに，世界国家（civitas maxima）としての国際社会という観念に，おそらく結びついている．そして二番目の道徳的秩序は，第三にいうイデオロギー秩序を保守主義者が逆転させたものである．神聖同盟や三帝同盟は，ジャコバン派の思考類型を，反革命的な方法で示している．おそらく，本論が考察している人びとにとっては，力の分配が中心的な関心事である．だが，彼らに社会的道徳的秩序に対する関心がまったくないとはいえない．

国際社会が存在するという仮定は，次のような信条を一般に含んでいる．

1. 国際社会は，各国共通の基準や慣習の中の核心をなすものに支えられて存在し，存続する．それが何かを定義することは難しいが，部分的には国際法に体現されている．
2. 国際社会の安定とその構成国の自由のためには，均等な力の配分が求められる．これは，国際政治においてもある程度の客観性と公平無私な態度が可能だとする信条を前提としている．つまり，大部分の国家は，国家間の力の大まかな比較評価について合意し，共通の政策を通してそれを維持すべく協調できるということである．
3. 国際社会は自衛と強制の権利を持つ．国際社会の共通の基準が挑戦された場合，その基準は強力（フォース）によって守られ再び課されうる．そして力（パワー）の分配

が脅かされるなら，それは強力によって修復されうる．
4. 国際社会の構成員によって集団的に，または大部分の国々によって，あるいはある国が他国から受権されて，自衛や強制に踏み切る場合，その権利は十全かつ完全に正当化される．だがそのことは，一国がそれ以外の国々の承認を受けるに値する個別行動を起こす可能性を斥けない．

核心をなす共通の規準と均等な力の分配とがいかに相互依存し合っているかを示すのは，侵略の観念である．侵略は，法および道徳秩序の侵害であると同時に，勢力均衡に対する脅威でもある．侵略のもつこれら二つの悪に常に気をとめ，一つの悪を無視することでもう一つの悪を正すということがないようにすることは，政治的手腕にとっての古典的な試金石であった．そして，それをめぐってさまざまな外交論議と歴史上の解釈とが繰り広げられている．そうしたことから，1711年からユトレヒト条約に至るハーレイ〔英国の大蔵大臣＝この時代は首相職に該当〕とシンジョン〔英国トーリー党の政治家．ボリングブルックとも呼ばれる〕による外交は，法および道徳秩序を擁護するために，戦争を招きかねない危険性のあった勢力均衡の攪乱（神聖ローマ皇帝カール6世によるスペイン王位の継承）を黙認する事態を回避した点で，一般に正当化されている．〔一方，〕第二次世界大戦におけるローズヴェルトの政策は，これに失敗したことを理由に非難されている．1935年から36年にかけて国際連盟がとった制裁による対イタリア強制外交の試みに対して，もっとも強力になされた反論は，連盟の行動によってヨーロッパにおけるドイツ優勢を妨げる一つの障害が取り除かれてしまう，というものであった．他方，1815年のウィーン講和条約については，条約が（たとえば，ポーランドの主権の消滅を確認し，正統性の教義がヴェネチアやジェノアその他数多くのドイツ領邦国家に拡張されるのを認めないことによって）法秩序を犠牲にして，ないしは道徳秩序（それはいまや国民というものの要求を認める方向へと発展しつつあった）を犠牲にして，勢力均衡を回復させたという点で一般に批判されている．

「侵略」という言葉は，道徳的是認の力点を，侵略によって侵害される秩序の側に置く．無法ないし逸脱国家（delinquent state）が存在しうるという考えは，このような国際社会概念の不可欠な一部をなしていた．東インド諸島で泥沼の戦いを続けていた1602年，オランダ海軍の司令官は，マラッカ海峡でポ

ルトガルの大型帆船キャサリン号を積荷の商品もろとも捕獲した．アムステルダムの戦時捕獲審判所は，差押えの合法性を検討し，捕えた財産が合法的な捕獲物であると宣言してオランダ東インド会社へこれを与えた．ところが，株主の一部，とくに再洗礼派の人びとは，良心の呵責を理由に会社を離れ，この件に関する論争は続くこととなった．「ある状況が生じている．それは，まったく新たなものであり，国外の観察者にとってはほとんど信じられない出来事である．すなわち，スペイン人と長らく戦い，そのことできわめて深い個人的な傷を受けた者たちが，公の権威によって承認された正戦において，国際通商の規則に違反したきわめて冷酷な敵から正当に略奪する権利を認められるかどうか，論争しているのである」．これは，著作『捕獲法論』冒頭にあるグロティウスの言である[24]．この国際法（international law）の古典のまさに冒頭部分において，戦時でも法を遵守する国と逸脱国家との間での劇的な対立が叙述されていたのである（それは立憲主義的政治過程を備えた国と専制国家との間に生じた対立でもあった）．『捕獲法論』は次の点を論じる．すなわち，強盗（*praedo*）や盗賊（*latro*）にあたるものが国際社会には存在すること，それらが行う犯罪は確立された諸国民の法（law of nations）においてさえ処罰に値すること，違法行為が看過されないようにすべきことは国際共同体にとっても当事者以外の国々にとっても有益であること，国家を処罰する規定は市民を処罰する規定同様欠かせないこと，である．これは，グロティウスが『捕獲法論』から21年後に公刊したより大部のさらに良く知られた著書〔『戦争と平和の法』〕における中心的教義でもあった．この著書が出たころ，彼は，ポルトガルに対してオランダ7州の主張を訴えるかわりに，すべての大国に対して国際社会全体の主張を訴えていたのである．もし，国際社会なるものが結局存在するならば，その構成員は義務を負う．そして，その義務は強制可能なものなのである．

　この議論が，19世紀後半になると，国際社会に求められた国内政府の規準改定に消極的であったトルコに対する国際的強制への動機となった．同じ議論は，戦間期には集団安全保障という考えを生じさせる．それは，あらゆる侵略者に向けて効果的に制裁を課す要求であり，「**未知**なる敵に対しての潜在的同盟」[25]として国際連盟を構想することでもあった．1919年以降，グロティウス

第5章　国際関係における西洋的価値　　　　　　　　　　111

主義者は，300年の後ついにわが師の教義が国際社会初の成文憲法で体現されたことを，ある種の奇跡的な驚嘆とともに見出したわけである．現在検討している思考類型（この時点で，国際的な立憲主義を生み出している）と，世界政府の理論とが，もっとも接近するのはこの時点であるように思われる．連盟規約を偽りない豊穣なものとして受け入れることを主張した人びとは，国際社会に法の支配を確立することが，秩序ある社会関係の存続にとって必要であるばかりか，秩序ある未来に向けた道筋としても必要だと考えていた．その未来において国際法は進化し，国内法同様に強制的管轄権を獲得するとされたのである．しかし，この未来はひとつの国際的政府を創設し強要することを通してではなく，自らの法的義務をより明確に認識した国際社会の構成員による集団的行動を通して果たされるべきものであった．同様の考えは，安全保障理事会の義務を規定する，時代遅れとなった国際連合憲章の諸条項にも潜んでいる．

　この課題の根底では，秩序と正義の関係をめぐって，あるいはより正確にいうならば道徳秩序・法秩序・勢力均衡の関係をめぐって，執拗な問いがつきまとっている．グロティウスにとって，このことは問題にはならなかった．道徳秩序と法秩序は同じであり，抑圧された国民性にみられるような，満たされない正義への一般的要求が分裂を生むといったことはなかった．道徳・法秩序に対する脅威は，犯罪国家によって時折限定的に起こされるものであった．正義を擁護し犯罪国家を罰することで，秩序は回復された．勢力均衡など，彼の関心にはまったくなかったのである．ウェストファリア条約以降，道徳秩序と法秩序は，次第に勢力均衡と同一視されるようになった．こうした展開は，オランダ人法学者ヴォレンホーヴェンのような厳格なグロティウス主義者によって，福音を薄弱にするもの，さらには福音をないがしろにするものとさえみなされた[26]．1815年以降，ウィーン体制が国民性を求める正当な声を妨げるものとして軽蔑されていくにしたがって，法秩序と道徳秩序との間には隔たりが生じてきた．だが，勢力均衡は十分に安定しており（かりに勢力均衡が覆るようなことを考慮せざるをえなくなっても，その結末は悲劇的なものとはほど遠く）法秩序の改定としてなされた．中核的な事例であるイタリアの場合は，そうしたからといって勢力均衡を深刻な危機に陥らせる恐れがなかったことから，法秩序に対する道徳的非難がいくらでも認められた．それゆえにA.J.P.テイ

ラーによって，1859年の〔第二次イタリア独立〕戦争に関する逆説が記されることとなったわけである．すなわち，「この戦争は，国際法上の正当化の根拠をまったく欠いていた．だが，後世の人びとによってかくも一致して支持された戦争も，これまで存在しなかった．……歴史家がこの逆説を説明することは期待しえない．歴史家ができることといえば，戦争を受け入れながら，この戦いが既存の国際道徳の体系のどれとも両立しなかった，と記録することだけなのである」[27]．カヴール〔イタリア初代首相〕やパーマストン〔英国首相〕であれば，ひとつの新しい法・道徳秩序が誕生しようとしており，そこでは国家が被統治者の同意に基づく，と答えたことであろう．1821年のモレア蜂起から1913年のブカレスト条約に至るバルカン諸民族の解放過程はさらにデリケートであったが，ここでも先を見越した政策があれば，勢力均衡を乱すことなく国民にとっての正義を追求することが可能であった．実際，さらなる正義を求める平和裡の前進を秩序が排除することはなかった．だが，高まる潮のなかでオーストリアが自暴自棄に追い込まれると，グロティウスの示した公理が現実のものとなるかにみえた．犯罪国家を罰し，正義を擁護することで秩序が回復されたのである．

　1919年以降，〔道徳秩序，法秩序，勢力均衡をめぐる〕この問いに新たな光が当てられた．国際連盟は，逸脱国家に対して法を強制するグロティウス的教義と，勢力均衡のシステムとを組み合わせるものと考えられた．勢力均衡はここにきて制度化され，連盟規約の手続きを遵守する義務を無視して戦争に訴えるあらゆる国に対して機能することになった．集団安全保障が平和的変革に先立つという議論は，秩序が正義に優先するという原則に根ざしている．つまり，暴力を防ぐことが不平を正すことに優先し，秩序の枠内でのみ法は機能できるというわけである．この原則は，国際秩序に対する脅威の本質についての認識が深まるにつれて，徐々に認められていった．そのことは，ブライアリーやハンコック，ソルターやズィマーンの著作において，さまざまな形で表現されているのにみることができるだろう[28]．この教義を際立たせているのは，秩序の崩壊があまりに不幸であるから平和は維持されなければならない，とする前提ではない．その点は皆が合意しており，むしろ問題は，何によって平和を維持するかにあったからである．同様にこの教義が際立っているのは，秩序が脆弱

第5章 国際関係における西洋的価値　　　　　　　　　113

であること，1918年の勝利は到底勝利とは言い難いこと，民族自決の教義がドイツを大陸ヨーロッパの盟主としかねないこと，連盟規約が創り出した新たな法秩序が習慣的なものとなるには時間と賢明な実践とが求められること，等々を前提としたためでもない．1920年代の勢力均衡は，ヴェルサイユ条約による解決を支持する国々にとって非常に有利だったからである．ここで前提となったのは，むしろ，ヴェルサイユ条約による解決という既存の秩序が，それに挑戦するに至ったものと比較して，実質的な不正義を何ら体現していなかったという苦闘の末の認識であった．ヨーロッパに住む人びとはその大半が，既存の秩序が基礎にしているとする自決権を享受していた．例外は周辺的なものであり，勢力均衡上必要だといえば理由は説明できた．集団安全保障の擁護者は，非擁護者によって，講和条約の不正義，平和的変革を定める規定の欠如，連盟規約19条の効能のなさを，不本意ながら慨嘆させられることになったのである．もし彼らが，1925年の外務省覚書でヘドラム-モーリーが強く主張した立場に早くから立っていれば，知的な立場を明快なものになしえたかもしれない．すなわち，ヨーロッパ大陸の基本構造はヴェルサイユ体制の維持いかんにかかっている．なぜならば，それが大枠としては理性と正義による平和を象徴しているからだ，というものである[29]．

　1945年以降，秩序は正義に優先するという教義は，ラインホルド・ニーバーによって主張されてきた．彼は，おそらくそれまでとはやや異なる思考形態を備えた書き手であった．またその見解も初期のころは，世界秩序を擁護する責任をなにも認めていなかったアメリカ合衆国のそれとは多少異なっていた．1932年，彼はこう書いている．「諸国家からなる一つの社会とは，それがもし戦争で敗北した国々に正義をあたえることができ，彼らがその誤りをつぐなうため新しい戦争をおこさせないようにすることができるまでは，けっしてその存在を証明できないのである」[30]．〔ところが〕第二次大戦終盤から冷戦が認識されるまでのわずかな期間に国連の創設を省察した著作では，以前と異なる箇所が強調されるに至る．すなわち，「秩序は，政府の戦略のなかで正義に優先する．しかし，正義を内在する秩序のみが，安定した平和を実現できるのだ」[31]．「政府がまずやるべきは，秩序を打ち立てることである．そして第二の仕事は，正義をもたらすことである」[32]．だが1945年以降，より一般的な意味

で，秩序と正義をめぐる関係は新たな変容を経験することとなった．いまや国民的な正義と秩序の維持との間には，直接的かつ積極的な関係が存在するとみなされるようになったのである．すなわち，もし西側の大国が植民地を迅速に解放できなければ，その地域は道徳的に反対陣営へ離脱してしまうだろうし，西側は現在の地位を維持するためには最速で走らなければならず，平和的変革はもはや安全保障に対立するものではなくその条件となったわけである．秩序はいまや正義を必要としている．この場合，安全保障がそれほど深刻な危機に瀕していないことが前提になる．勢力の均衡は恐怖の均衡へと形を変えて固定された，また国家によるみかけの逸脱は国民的正義を求める努力に過ぎない，と想定される．おそらくこれまでの時代と同様に，こうした前提は根拠に乏しく，想定は欺瞞的である．

　極端な場合，侵略は，伝統的制度としての大同盟を引き起こす．それは，国際社会が転覆されて普遍的帝国へと変化するのを防ぐためのものである．その原型といえる例は，1701年，イングランド，ネーデルランド連邦共和国〔オランダ〕，神聖ローマ皇帝との間で結ばれた大同盟（Grand Alliance）である．それは，もっとも初期の例でもなければ，「大同盟」という言葉が用いられた最初の例でもなかった．しかし，全面戦争に先立って結ばれ，戦争回避を目的の一部にしたものとしては唯一の大同盟であったようにみえる．条約はフランスとのさらなる交渉次第であり，三国は8か月後までフランスに対して宣戦を布告しなかった．しかも条約は，戦争が必要となればその戦いを遂行しうる三国の利益を調和させたものでもあった．こうした理由もあって，条約の条項は12年後の和平内容と著しく類似していた．これと対照的に，革命フランス，帝政ドイツ，ナチスドイツに対する戦争においては，みっともない混乱と強制の過程のあげく事が起きるまで大同盟が現実化されず，戦争目的も戦闘を通じてゆっくりと形が整えられていった．したがって，1701年の大同盟は，合理的な国際政治の頂点を示すものであったとみなしうるし，政治的賢明さのモデルとして幾世代もの統治者の興味をひいてきたわけである．このモデルは1793年，オランダ政府がフランスに対して抵抗（それはオランダ人にとっては，自国が他の大国と対等に位置づけられるという利点も付随的にもたらす）を組織するに際して，偉大なパラダイムとして蘇った．〔また〕この考えは，

第5章 国際関係における西洋的価値

ラインラントが再武装化されて以後，死に体となっていた国際連盟から大同盟をやや手遅れながら甦らそうとしたチャーチルの頭のなかの大きな部分を占めていた．というのも，彼は，1701年のハーグ交渉に参加した英国全権代表の伝記を読んだばかりだったのである．

　この大同盟という視点からは，二つの観念が顕著である．ひとつは集団行動という考え方である．圧倒的に重要な共通利益を自覚しはじめたとき，諸国は連携し，狭い国益を共通利益の下に置くことすら行って共通政策を推し進めることができるようになる．外交史においてこうした共通政策は時間をかけて徐々にしか実現されないが，それを対外的に示したものが多国間条約である．1793年，〔ネーデルランド連邦共和国の最高指導者である〕法律顧問（Grand Pensionary）は〔英国の〕マームズベリー〔伯爵〕に次のように言った．「各国が**個別条約**を結ぶようでは目的に適わない．それは必ずや**個別のはたらき**を，そしておそらくは**個別利益**を生みだす．すべてを，共通かつ明確な大義を備えた一つの強靱な共通の政治的鎖に結び付けなければならない」[33]．おそらく，集団行動に関して，もっとも緻密で洗練された理論は，グラッドストンによる欧州協調の教義のなかにみることができよう．彼は，ギリシャ〔独立〕問題におけるカニング〔英国の政治家・ギリシャ問題当時は外相〕や1839から翌40年の東欧危機におけるパーマストンが，単独で行動されたらもっとも恐ろしい相手となる国と協働するという伝統をいかに形づくっていったか，を考えぬいた．そして，二つの大国が共通の目的に向けて協調する場合，双方は互いを助けるのみならず，相互抑制のためにも行動すると結論付けたのである．

　彼〔グラッドストン〕は，ミドロシアンにおける演説のひとつでこういった．「すべてを一つに束ねることで，各々が持つ自分勝手な目的を無効にし，束縛し，拘束することができる……残念ながら，われわれの最近の行動によって示されてしまったように，われわれもまた自分勝手な目的を持っているが，同様に彼らも自分勝手な目的を持っている．しかし，共同行動によって，利己的な目的の芽をつむことができる．行動が共通するとは，目的も共通することをいう．そして，ヨーロッパ諸国を一致団結させることのできる目的とは，すべての国にとって共通する善に結びつく目的にほ

かならないのだ」[34].

だが，諸大国（あるいはその多く）がより弱い勢力を分割するなど，合意によって利己的な目的を達成するために連携してきた例はいくつかある．グラッドストンがこうした例を道徳の堕落とか，共通善が不完全に構想されたものとみたのかは，明らかではない．

〔大同盟にみられる〕第二の観念は，出来事を予測し，統制するという考え方である．集団的行動は，あらかじめ準備されていれば，手に負えない者に強制を課し，総じて結果を規制することができる．1713年の講和条件と1701年に大同盟が掲げた目的が大まかに一致することを考え，またその後の全面戦争においては不確実性が高まったことに留意するならば，スペイン継承戦争は国際社会が自らの運命を支配することにもっとも近づいた時点であったと信じてもよいだろう（前提を異にする観察者は，同戦争における幸せな結末の本質が，ボリングブルックの無節操と英国の戦線離脱にあったことを見逃さない．英国に適した条件での講和を受け入れるよう，憤慨する仲間に強制する最強の同盟国が英国であった）．そして，事に先んじるという観念は，事を回避するという考え方とつながる．それは1701年に結ばれたハーグ条約にも潜在していたが，そうした希望は条約署名国によって真剣に考慮されなかったし，いずこの国も戦争が回避されなかった場合の自国の利益を期待した．ゲンツは，勢力均衡についての三つの重要な格言の二番目としてこの点をあげている．

> 「次々と起こる不断の戦争，または短期間の平和をはさんで起こる弱い国家への恣意的な抑圧といういずれかの危険性を回避するためには，他の国々の間に共通の敵対心を呼び起こしたり，他の国々による共同報復を招くという**恐怖**それ自体が，いかなる国にも節度を守って行動させ続けるのに十分でなければならない」[35]．

次の世紀に入って戦争を回避することによる共通の利益が大きくなったかにみえると，それにあわせて，事件を予測することと，これを防止することとの間の論理的な手続きもまた明確になってきたかにみえた．いまや，集団的行動は，

第5章 国際関係における西洋的価値　　　117

前もって十分に準備されているならば，危機が危険地点に至るのを防ぐことができる，という議論がされるようになる．グラッドストンはかつてこう述べた．「強制は推奨されていた．強制とはヨーロッパの統一した権威によるものである．ヨーロッパの統一した権威が実体化された場合には，現実の強制を遂行しなくてはいけないと恐れる必要はなくなった，とわれわれは常に主張していた」[36]．戦間期においてこの考え方は，正統的(オーソドックス)な集団安全保障として，もっとも中心的かつ知的に洗練された教義となった．それは簡単に嘲られ，間違って表現されもしたが，ランケの言葉でいう「かすかに光る経験の境界における」ひとつの可能性をあらわすものでもあった．つまり，もしも国際連盟の各加盟国が，規約のもとにある義務を，自国の死活的利益と同じように真剣に考えるならば，圧倒的に優勢な力を侵略国に対して動員することが常に可能になり，その結果侵略は行われなくなるという可能性である．ソルターは次のように書いている．「戦争禁止を支える集団的権威は，戦争の現実の発生または深刻な武力による威嚇を防ぐであろう」[37]．賢明な警戒と共同行動とが，戦争を一切必要とすることなく，勢力均衡を規制することになるであろう．抑止が完成するであろう．

3. 干渉

　国際社会において，規範の擁護と秩序の維持に用いられるもっとも顕著な強制手段のひとつは，干渉である．干渉はおそらく，他のいかなる国際的行動よりも論議を巻き起こす．諸国家からなる社会（society of states）の構成国はみな等しく独立しているという前提を侵す点で，干渉は一見したところ敵対行為である．しかし，あまりに習慣化された普通のこととして起きるため，それ抜きで国際関係を想像することもできない．国際法の場合は，外交的な個々の事実から距離を置くことによってのみ，干渉から生じるシステムを築くことができる．

　干渉という言葉の用いられ方自体は，流動的で不正確である．私たちは，シャルル8世が1494年にイタリアへ干渉したと言うことができるし，米国が1917年に第一次世界大戦へ干渉したということもできる．ロシア，ドイツ，

フランスによる1895年の三国干渉によって日本は中国からの併合を企てた遼東半島を放棄した．英国は1961年，クウェートの支配者からの要請に応じて，クウェート・イラク間で起きていた対立に干渉した．ヒトラーとムッソリーニはスペイン内戦に干渉したし，米国は1961年4月，カストロ政権転覆を目的にキューバに干渉しようとして失敗した．米国大統領選挙について，英国の大臣が，結果についての希望を公にすることで干渉するのは，適切ではない．以上の諸例における干渉の意味は，弱小国を征服する軍事行動から，他国同士による戦争や紛争への参戦，内戦への参加，体制転覆の企て，あるいは他国の内政問題への影響力行使にまで及んでいる．ウィンフィールドは干渉を，(1)他国の内政問題に介入する**内的**干渉，(2)通常は敵対している二国以上の国家間関係へ介入する**外的**干渉，(3)平時封鎖のように，ある国が他国に対して，条約を遵守するよう強要したり，法の違反を是正するために用いる**懲罰的**干渉，と見事に区別した[38]．しかし，内的干渉と外的干渉との区別は，常に曖昧である．ナポリと教皇領におけるガリバルディの革命を承認したラッセル〔英国外相．のち首相〕による1860年10月27日付公文は，支配者に対して反乱を起こしている被治者に与する干渉であるとして議論を呼んだ．だがそれは，サルデーニア王の側に立って，両シチリア国王と教皇とに対抗する干渉でもあった．1958年，英米が行ったレバノン・ヨルダンへの干渉は，両国をイラクとアラブ連合共和国からの外的脅威から守ることを目的としていた．しかしそれは，両国の政権がアラブ・ナショナリズムという内的圧力へ対抗する寿命引き延ばしを画するものでもあった．

　われわれはここで内的干渉に関心を絞り，それを国際社会の一国が他国の内政問題に対して行う歓迎されざる介入だと理解することにしよう．干渉は強制を示唆するため，常に歓迎されない．〔しかし〕もしも被干渉国の内部から干渉が要請されるのならば，それは被干渉国が分裂していて，干渉は当事者や党派の一方の側からは歓迎されないことを示している．19世紀のバルカン半島諸国や20世紀の中東諸国で通例みられたように，もし，権力を持たない側から干渉を要請されるのならば，それは，当事者による権力奪取が目的である．多くの場合，干渉の主導権はおそらく，名目上干渉を要請した側ではなく干渉に踏み切った国家にある．ヒトラーとズデーテン地方のドイツ人との関係がそ

第5章　国際関係における西洋的価値

うであった．いくつかの例ではイニシアティブがどちらにあったか語るのは難しい．というのも，干渉側と要請側とが，共通する忠誠心や目的のもとで結託しているからである．つまりこのような事例は，干渉が規範であり国家の独立や国境が重要性をもたない世界を示しているわけである．ギリシャ政府は，宣伝活動を通じてエノシス運動を焚きつけることで，定期的にキプロスへ干渉した．だが，キプロス人が助けを求めたのか，それとも彼らが一方的に干渉を押し付けられたのか，誰が答えられようか？　ソビエト・ロシアと〔その衛星国の〕各国共産党との関係も，同様にはっきりしないのである．

　一方の側には，介入の権利を否定する政治家や国際法学者(パブリシスト)がいる．18世紀中葉にあってヴォルフは，各国の本来的自由を侵害するという理由から干渉を絶対的に禁止した，明らかに最初の法学者であった[39]．カニングは1823年，フランスによるスペイン干渉に際して，騒擾が一国の領域内に限られ，（フランス革命のように）海外での体制転覆や征服につながったのではない場合は，何ら干渉する根拠はない，という教義を定めた[40]．実証主義的国際法における不干渉の伝統は，W.E.ホールによる古典的著作によって代表されている．いわく「自己保存目的のものを除き，国家間で国際法の違反が起きるか，文明国全体が干渉を正当と認めることで一致しない限り，干渉は合法的ではない」[41]．だが，干渉の権利を絶対的に否定することがいかに困難かは，ラテン・アメリカ，ポルトガル，ギリシャに対するカニング自身の曖昧な政策や，ホールの示した例外事例が，明らかに示している．コブデンによる政治的不干渉主義は，おそらくもっと一貫していた．しかしそれは，無制限の商業的干渉主義という福音と表裏をなしていたのである．

　他方の側に立つのは，干渉を原則として永続する普遍的義務と考える政治家や国際法学者である．この義務は，次の二つの相反する根拠から導かれうる．すなわち，諸国家からなる社会（society of states）は革命的に変革されて同質化されるべきであるとする信条，または，国際社会はそのままの形で維持されて同質性を保つべきだとする信条である．いずれの見解においても，諸国家の独立と並存は，国際社会の同質性と比べればさして重要ではない．国境の不可侵も，真実の無限性には従属する．それゆえ，『潜主に対するウィンディキアエ（*Vindiciae Contra Tyrannos*）』における教義によると，キリスト教徒の諸侯

すべてに対しては一般的に，また諸侯一人ひとりに対しては個別的に，教会が委ね託されるとされたのである．〔それによれば〕「もしそれぞれの君主が，教会全体のうち，たとえばゲルマニアであれアングリアであれ自己に委ねられた部分には心を配るが，他の君主の施政下で抑圧された部分については，救援可能な場合にもこれを無視し見捨てるなら，彼は，教会全体を放棄したものとみなされる．まことに教会はキリストのただ一人の花嫁である以上，各君主は彼女を，どこかの国やどこかの地域で侵され辱められることがないように，全力を挙げて保護し防衛しなければならないのである」[42]．かくしてマッツィーニは，不干渉原則は，干渉してはならないとされる国際システムがそれ自体すでに完全に正しい場合にのみ正当化される，と論じる．だが，そうした状況は存在しないのである．

「この不干渉原則は，いまや実質的に何を意味するのか？ それは，誤った側による干渉，まさにこれである．つまり，腐敗した政府に対抗する人民の自由な行動を抑圧せんことを選んだ者，そしてそうするだけの力がある者すべてによる干渉なのである．それは，人民に対抗して独裁者同士が結託することをいう．だが，独裁者に対して人民が力を合わせることではない」[43]．

マッツィーニの教義は，国連において反植民地主義者が展開したキャンペーンの教義となった．ラテン・アメリカ諸国には，米国からの干渉を恐れる理由がいくらもあった．だが，はじめのころは自分たちの間だけで（*inter se*），その後は世界全体において，干渉の一般理論をけっして放棄しなかった．

「一方でわれわれは，干渉という明白な危険に曝されている」．1953年の国連総会でコスタリカ代表はこう述べた．「他方では，圧政，ジェノサイド，権利侵害，主権が人民の手から奪い去られている事実に，国際社会は無関心である……不干渉は，極端なかたちになれば，人民に対する干渉という性質をしばしば帯びる……わがコスタリカは，集団的な監視の意義を信じる」[44]．

第5章　国際関係における西洋的価値

1820年のトロッパウ議定書は，神聖同盟が革命の兆候を抑圧すべくあらゆるところへ干渉する一般的権利を宣言した．これは〔上記の立場と〕表裏をなすものであり，それに対応する〔干渉の〕国際的権利の理論を示している．これと似た考えは，米州機構（OAS）ボゴタ会議で1948年に採択された「アメリカにおける民主主義の維持と防衛」と題する決議のなかにもあらわれている．さらに東南アジア条約機構（SEATO）創設に関するマニラ条約で国家転覆を阻止する干渉を定めた規定のなかにも，この考えはより明確な形であらわれている．こうした考え方は，米国の前駐アルゼンチン大使スプリーユ・ブラーデンによる1953年の演説に，痛ましくも明確に表明されている．すなわち，

「共産主義が，かくも露骨に国際関係にかかわり，一国内の事柄とはなりえていない以上，南北アメリカのいずれか一国における共産主義を，それ以外の一国またはそれ以上の共和国が実力(フォース)を用いてでも抑圧することは，その国に対する内政干渉にはあたらない，と私は強調したい」[45]．

1954年3月，カラカスで開催されたOAS会合では，米州各国が自らの統治形態を決める不可侵とされてきた権利をめぐって，また，かりにある国が共産主義を選んだ場合にも不干渉原則が論理的に導かれるのかに関して，議論がなされ紛糾した．ダレス〔米国国務長官〕は，「不干渉というスローガンは，現実にはあからさまな干渉といえるものを免責するために，まことしやかに引き合いに出されたり，歪曲もされることがありうる」と返答した[46]．そしてそれから3か月後，米国はグアテマラに対し，政府転覆を目的として干渉と不干渉とを行った．干渉とは，反乱派と反乱派に基地を提供する諸国へ武器を供与するという事実上の干渉であり，不干渉とは，グアテマラ人同士の単なる内乱と見せかけて，形式上，不干渉の立場をとったことである．グアテマラ政府は，安全保障理事会へ訴え出た．米国は，問題の審議を適切な地域機構たるOASへ委任すべきだと提起した．この提案に対してソビエト連邦は拒否権を発動させ，いかなる地域で起きた侵略行為であっても安全保障理事会が責任を負うこと，中米についてもこれは例外ではないことを主張した．コロンビアはこれに対して，拒否権は共産主義による干渉であるから，西半球においてはその効力を受

け入れるべきでないと回答した．タレーランは 1832 年，不干渉の真の意味が何かを説明するよう求められた際，次のように答えている．「それは，干渉とほぼ同じような意味を有する訳注2)，形而上学的，政治的な用語である」[47]．これは，後にも先にもないほど干渉と不干渉とをめぐる問題を自覚して考え抜いた世代の外交官による実践的判断であった．タレーランの見解を暗黙のうちに前提としなくとも，干渉や不干渉といった用語へ正確な意味を与えることや，そのいずれかを国際的行動をめぐる理論上の規範へと積み上げていくことは，非常に難しいということがわかるであろう．

不干渉主義と干渉主義という相対立する立場の間には，諸国民の道徳的相互依存とでも呼びうる中庸的な教義がある．この立場を支持する者は，それが社会的現実の求めるものの上に立っていて，外交実践の永続的経験を踏まえたものであることを主張する．ウェブスターが端的に言うには「国家は孤立した主体ではなく，国際共同体の一部である．それぞれの国で起きた出来事は，残りすべての国にとっての利害関心ごととならねばならない」[48]．この教義は，便宜上，以下の諸点に集約することができよう．

1. 諸国家の共同体（community of states）の一構成国が，他国の内政問題に対して行う歓迎されざる介入という意味でいえば，干渉は国際関係において時に必要である．なぜならば，勢力均衡は常に不安定であり，構成国の道徳的発展もまた常に不均等だからである．
2. 干渉は望ましくないが必然である．なぜなら，〔各国の〕独立の権利に抵触するからである．したがって，干渉は定則ではなく，むしろ例外たるべきである．
3. 道徳上の尺度からいえば，勢力均衡の維持の方が，文明化のための基準の維持よりも干渉理由として妥当である．だが，文明化のための基準の維持のほうが，既存の政府を温存させることよりは，干渉の理由としては妥当である．

以上の原則は，国家を直接的な——しかし人間を究極的な——構成員とする，国際社会の存在を前提としている．このような社会においては，国家のみならず，国家が代表し国家がそのために存在する個人に対しても，社会的義務が存在する．加えて，国際社会の構成員は，ある程度まで自らの利益を他者の利益

第5章　国際関係における西洋的価値　　　　　　　　　123

と調和させ，共通利益という考えへ到達することができる能力をもつ．「王は，自己の国家に関する特別な考慮に加えて，人間生活に対する一般的なる考慮を負担する」とグロティウスは述べた[49]．そして彼の考えは，多くの方法で再現されてきた．したがって干渉はそれ自身，単なる自己保存の権利のみならず，身内意識と協力という義務の実践としても提起されうる．この見地からみるならば，正当な干渉の契機に関する理論は，戦争の正当原因についての理論と同じ類型に，そのままあてはまることになる．

　もしも国際社会の存在を認めるならば，干渉は一見したところ，国内的よりも国際的に重要な役割を果たすと考えられる．それは，国際社会の組織が国内のそれよりも未発達の段階にあるからにすぎない．国際社会は，ある点ではヘンリー2世が法制度改革を行った以前の英国社会と類比的だといわれることが多い．それは，慣習法，権力の地方への集積，効率的な行政府の不在，近代的立法機関の不在，未発達の司法などの点からである．しかし，10人組（Frankpledge）による連帯責任システムや，叫喚追跡（hue and cry）の決まりにしたがって重罪犯を裁判区から裁判区へと追い詰める義務は，（かつてはそれが存在したとしても）近代的観点からすれば耐えがたい個人の自立に対する侵害であった．いかなる社会であれ構成員の間で不干渉が成り立つ可能性は，その社会における治安制度がいかに効率よく機能しているかによっていて一様ではない，と言ってもおそらく誤りではなかろう．

　宗教的口実による干渉が後退して以降（ただしロシアとトルコをめぐる関係は除くが），二つの大きな根拠が干渉の根拠として一般に容認されてきた．勢力均衡上の関心と，人道上の関心である．17世紀中葉以降，勢力均衡を維持するための干渉は必要であり正当でもあるとする考え方が，ヨーロッパにおける外交上の格率となった．だが，自己保存の義務は干渉の権利を付与しうるということが常に広く認められてきたうえ，大半の国が勢力均衡を追求することで自己保存を計ったため，曖昧さが生じた．18世紀のさまざまな干渉の事例——スペイン継承を解決するための分割条約や，スウェーデン・ポーランド・ジュネーヴ・オランダの内政問題に対して諸大国により繰り返しなされた介入——は，勢力均衡を最後の拠り所とすることで正当化された．だが，より率直にいうならば，それらは商業的および政治的利益を追求するためのものであっ

た．それゆえヴェルジャンヌ〔伯爵・仏外相・別名シャルル・グラヴィエ〕は次のように書いている．

> 「私がジュネーヴから追い出している叛徒たちはイングランドの手先であり，一方で〔イングランドと戦っている〕アメリカの叛徒たちは，私たちの長年にわたる友人である．私は両者を彼らの政治的体制ではなく，フランスに対する姿勢に基づいて取り扱った．それこそが，私の国家理性だったのである」[50]．

ヴェルジャンヌ伯と比べていくぶん高尚なカースルレーの言葉遣いに目を移したとき，諸国民の共同体 (community of nations) 全体の利益を強く自覚した堂々たる態度と，彼の思想にしみこんだ勢力均衡概念との結びつきを見逃すことはできない．カースルレーが，神聖同盟の干渉主義に対抗して英国流の干渉の教義を定式化したとき，暗黙裡のうちにその特徴となったものは，体制保障ではなく勢力均衡の維持という考え方であった．「唯一安全な原理は，諸国民の法 (Law of Nations) の原理である——つまり，いかなる国も，その国の国内手続きによって隣国を危険に陥れるような権利を持たない．かりにそのような事態が生じた場合には，適切な思慮分別に基づく限りにおいて，隣国による介入の権利が明白に存在することになる」[51]．後の演説で彼は強調点を別の方向に移した．つまり，権利の存在ではなく，それを行使する機会がまれであることが強調されたのである．1821年1月19日付の回状で彼は次のように書いた．

> 「他国の国内で行われる活動によって直近の安全や国の本質的利益が深く脅かされる局面では，あらゆる国に単独または複数で当該国へ介入する権利を認めるという点については，英国政府以上に覚悟している国はない．この点は明確に理解されるべきである．だが，そうした権利は，最高度の必要性のみによって正当化され，かつ限定され規制されるべきだと想定されるため，それが特定の国家または諸国家によって直ちに担われる，あるいは同盟を基礎とするという展望への言及なしに，この権利をすべての革

第5章　国際関係における西洋的価値　　　　　　　　　　125

命運動に一般的かつ無差別に適用することを認めることはできない．介入権の行使は，一般的原則に対する例外として，もっとも価値があり重要であるものとして，そして特殊な状況からのみ適切に生じるものとみなされている．だが同時に，ここで記述された例外が，規則へ集約され，あるいは日常の外交や諸国民の法の慣行として組み込まれることは，極度の危険なしにはけっしてありえないとも考えられている」[52]．

　カースルレーのこの言葉は，寛容な共感と海外における立憲体制に関わる問題に対して支援する心構えを欠いている，と一方では批判されてきた．他方でウェストレイクなどからは「単なる原理の伝播に対して自己保存を図るために干渉する」ことを十全に拒否していない——後にカニングがそうしたようには——として批判されてきた[53]．カースルレーは，カニングが積極的に広げようとした英国と同盟国との間の不和を，できるだけ小さくしようとしていた．諸国の相互依存にカースルレーはカニングより鋭敏であり，諸国の利益調和についてもカニング以上に経験が豊かであった．ベルギー問題に対して，またトルコに対して繰り返して行った勢力均衡維持を目的とする欧州協調による集団的干渉は，カニングではなく，むしろカースルレーの精神にのっとっていたのである[54]．

　人道的見地からの干渉は，なによりも暴政に対する保護として理解され，干渉権は抵抗権に続くものとされた．ここに，立憲主義的政治理論と，いま考察中の国際理論とを結ぶ，明確なつながりがひとつ存在することになる．グロティウスは抵抗権に驚くほど慎重であった（おそらくカーライルが示唆するように[55]，グロティウスがローマ法学者であり，君主制下のフランスにおける政治的亡命者であったためであろう）．彼は，抑圧を受けている臣民が自分たちのために武器を取って立ち上がることを認めなかったが，他国が被抑圧者のために介入することは容認した．これは，「ある者が自身のためにできないことについては，他の者が代わって為すことができる (quod uni non licet, alteri pro eodem liceri potest)」[56]という，信託の原則を適用したものであった．ヴァテルの考え方は，さまざまな点で〔グロティウスと〕異なっている．しかし，相矛盾する政策を支持するのに用いることができる彼の一貫性のない議論は，

ひとつの魅力となっている（また，長きに渡る彼の影響力の一因であることは疑いえない）．彼は，師であるヴォルフによる，一般的な干渉批判に従いつつも，次のように付言する．

「しかし，もし君主が，〔その国の〕基本法を侵すことによって，正統な抵抗の理由を彼の臣民へ与えることになれば，すなわち，もし君主が，耐えがたい暴君となり，それによって国民が蜂起することになれば，列強は，抑圧を受け助けを求める人びとを助ける権利を持つことになる……人びとが正当な理由によって，抑圧者に対し武器をとるときに，自らの自由を守らんとする勇敢な人びとを救うことは，正義と寛大に基づく行為にほかならないからである．したがって，事態が内戦に至った場合にはいつでも，列強は，正義に基づいていると思われる集団に与して支援することができるのである」[57]．

ヴァッテルは，イングランドと名誉革命とを羨んだ，寡黙な〔スイスの〕ヌーシャテル市民であった．しかし，前述した言葉のなかで，彼は意図せずして19世紀と20世紀が国際的に経験することになることの多くを前もって暗示していたのである．この一文は，1860年10月27日付ラッセルの公文のなかで幾分かの歓びをもって引用され，ナポリ政府と教皇政府の転覆を支持することが表明されていた[58]．

19世紀の干渉の歴史においては，人道主義が次第に主要な動機となり，勢力均衡はいつも二義的な動機となっていた．1827年，ギリシャで起こった反乱を支持して，フランス・英国・ロシアがとった共同干渉は，第一に〔ギリシャに在住する〕三か国の国民が被った物的損害に触れることで正当化され「人間性に基づく感情とヨーロッパ安定という利益」[59]は，二義的なものにすぎなかった．ところが，1856年に英国とフランスがナポリから大使を召還して海軍による示威行動を行ったときは，フェルディナンド2世が刑務所制度に関する忠告を聞かなかったことが原因であった．ロシア政府は，「ナポリ王国政府の内政統治に関わって脅しまたは威嚇の示威により王から譲歩を引き出そうとするのは，王の権威を力づくで簒奪するものであり，王に代わってナポリを統

治せんとする試みである．これは，弱者に対する強者の権利を公に宣言するものだ」として異議を唱えた．何人かの法学者はこの異議を支持した[60]．1860年，ドルーズ派によるマロン派の虐殺を食い止めるためになされたレバノンに対する集団的干渉は，より大規模で長期的な武力行使となった．しかし，ローレンスはこれに対し「技術的な合法性は欠くものの……道徳的には正当であり，むしろ高く評価されるべきである」と述べている[61]．コンゴ自由国における行政機構を調査するためにケースメント領事館員に対して行ったランズダウン委員会の聴き取りと，同委員会による報告書の刊行は，後世の人びとによって広く承認された人道的介入のもう一つの例である．1902年にルーマニアで起きたユダヤ人迫害によって，ベルリン条約署名国は，バルカン半島のマイノリティを保護する条項を施行することを余儀なくされた．米国はこの条約に署名してはいなかった．しかし，ジョン・ヘイ〔国務長官〕は，米国は同条約に訴えることはできないものの「そこに規定された原則が法と不朽の正義に基づくものであるがために，この原則を強く主張しなければならない」と記した[62]．干渉をめぐるこうした歴史上の事例はすべて，力のある者がない者を正すものであることに，留意すべきであろう．大国による不正行為を抑えるべく集団的干渉が行われるほど，諸国民の間の道徳的相互依存はけっして強くなく，また国際的環境もけっして好都合ではなかった．したがって，その干渉主義による行動は教条的で目に余るものがあるとしても，国連が大国を組織的に非難できる最初の国際機関へとたまたま発展したのは，それなりに満足すべきことなのかもしれない．

4. 国際的道義

国際政治における道徳の問題は，主題としては広大かつ包括的である．だが，西洋的価値を代表する思考類型という点でもっとも合意を得られるのが，おそらくこの問題についてである．本論でできることは，入り組んだ実体の中から相互に関連しあう二つの要素を取り出して，簡潔なコメントを加えることだけである．すなわち，国際政治において個人の良心が占める位置と，政治的行為に対する倫理的な制限という観念，である．

ラインホルド・ニーバーを筆頭とする米国の現実主義政治理論は，正義・自由・平等などの理想は国家の営みと制度のなかでのみ具体的な意味を持つとする議論に，慣れきってしまっている．ケネス・トンプソンは言う．

「アナーキーな現在の世界社会においては，国家が自ら道徳の拠り所になりがちである．そのため，目的が手段を正当化するという方式が，道徳的ディレンマに対する答えとして優勢であった．なぜならば，国家自らが道徳を創り出すという傾向のあることが，隠蔽されながらも本質的な真実であることは否定しえないからである」[63]．

この議論は，モーゲンソーによってさらに辛辣なかたちで用いられ，彼の言葉をめぐってはいくつかの論争も引き起こされた．

「国家は法律をつくるとともに道徳をも創造する，国家を離れては道徳も法律も存しない，というホッブズの極端な言葉のなかには，隠れた深い，しかし無視された真理がある．……国民社会がその個々の成員にたいしてしているように正義や平等の具体的な意味を規定できるほど統合された国際社会というものが，国民社会の上位に存在しているわけではないからである」[64]．

モーゲンソーは，考えられる誤解に対抗すべくこのくだりを解釈した．そして「難解なため無視された真理」よりも「ホッブズの**極端な言葉**」の方に重点があると述べることで，おそらく，自らの議論が持つ威力を弱めようともした[65]．だが，有効な社会的力は道徳や法に先行する，とするホッブズの教義が，私たちの時代にあって，新たな説得力と関連性とを獲得したのは明らかである．1939年以降，英国の国際関係論研究に君臨してきたE.H.カーの著作『危機の20年』は，本質的に，ホッブズの扱ったテーマを見事に敷衍したものである．人間の知性を魅惑する，新しい妖精の王国とは，ローマ・カトリック教会ではなく国際連盟である．それは，英国の平和(パクス・ブリタニカ)の亡霊以外の何ものでもなく，墓場の上で王冠を頂いて存在する．そして，この愚にもつかないおとぎ話を主に広

第5章　国際関係における西洋的価値

めてきたのは，ウィルソン大統領やセシル卿，トインビー教授やズィマーン教授のような人びとであり，またウィンストン・チャーチルによる著作『軍備と国際連盟規約』であった．

　国家の諸制度——または人類の歴史と運命とを体現していると思われる単一国家の営みや制度——以外のどこに理想の確固たる意味を求めることができるのか，と尋ねる学生がいたならば，「国家に反抗する個人の中に」というのが究極的な答えになるだろう．その反抗は，もっとも高貴な形では，投獄され，鞭打ちや拷問を受け，あらゆる苦痛に串刺しにされた正義の士のなかに体現されるかもしれない．逆にもっとも謙虚な形では，逆上した群衆を見たのち，壁の下に隠れて砂塵の舞う嵐を避けるかのように我が道をゆく旅人のごとく，あらゆる方面へ無法状態が広がってゆくのを目にしながら，自らの人生の続く間は悪事に手を染めないことで満足する人間のなかに，その反抗は体現されるかもしれない[66]．（20世紀の民族主義者(ナショナリスト)による政治の嵐を経験するなかで，普通人にとっては上記引用の後者こそ〔プラトンの〕『国家』の中でももっとも深遠にして鋭い部分である，と考える人びともいる．）この答えの中では二つの考え方が結びついている．〔まず〕理想が社会制度のうちに具体的に体現されるという主張に対する無条件の否定があり，その否定する強さは，主張の強さと排他性に比例して増大する．この否定は，ある政治的社会的制度の名のもとに他の政治的社会的制度に対してなされるのではなく，すべての政治的社会的制度に対する非政治的なるものという旗印の下でなされる．したがって，既存の諸国家が持つ権利は，国際社会の究極的な（しかし国際社会における公民権は奪われている）構成員たる一群の個人がもつ熱意によって，否定されうるわけである．しかし，そのことは，かりに人びとの熱意が世界国家（world state）の成立として現実のものとなるにして，その世界国家が具体的に正義を体現することを意味するわけではない．今度はその世界国家が，非政治的なるものという名で同様の否定にさらされるであろう．世界国家は，他の国家以上に，絶対的に正しい人間を串刺しにし，他の者たちを砂嵐のなかの旅人のごとくに振る舞わせるような，根源的な無法状態を体現しがちな存在であるかもしれないのだ．

　これらの考えは，私が輪郭を描こうとした思考類型とも一致するように思わ

れる．それは，政治的領域の持つ健全さは政治的なるものに対する自覚的な異議申し立てによってのみ維持される，という逆説を抱えている．トーニーは，1949 年，「西洋の政治的伝統」という主題の下にバージ記念講義で話をしたとき，特徴あるとりわけて壮大な言葉遣いでこれを主張した．すなわち，

> 「人間が作る制度の終極性を否定することが，実践的にも理論的にも，重要な意味を持つ．西洋の政治的伝統が持つもっとも重要な特徴——その危難のみならず栄光や救済も含めて——は，ひとつの性質に存する，と断言しても，逆説にはならない．その性質は，ソクラテスから独裁者に抵抗したささやかな人びとまでによって，ある源を滋養として育てられてきた．その源はあまりに深遠であるため，それが課する義務を表現するのに，『政治的なるもの』という言葉は不適切な表現となってしまう」[67]．

こうした考えの源泉となる土壌が，自然法の伝統にあることは明らかである．「自然法」についての論文でドナルド・マッキノンは，支配者を批判し，さらにはその指図に逆らう勇気を普通の人間に与えうる点において，自然法に基づく倫理が活力を持ち続けていることを探りあてた．しかし彼は，註釈の余地がある一文も書いている．彼は，国防政策の持つ喫緊の性格を念頭に置いて，次のように言う．「政権にある者は，必然的に一つの機関の動きに巻き込まれる．彼らはその機関が一つの方向に動いていることを感じ，それまでの機関の歴史を守る義務があると感じるのだ」[68]．彼は，統治者と被治者という区分が，国家理性（raison d'etat）と道徳的敏感さという区分に対応することを，意図して示そうとしたわけではなかったのかもしれない．というのも，政権にある者はあらゆる政治的決定の実際的な複雑さを有権者以上に意識しており，道徳の曖昧さについて有権者以上に自覚しているということも，また同様に正しいであろうからである．民主政の歴史においては，政府の狭い考えに対して一般の人びとが人間性と正義に基づいて幅広く考え正しい判断を下したのと同じくらい，啓蒙された政府による民主主義の実現が，大衆の愚行と無知，自分勝手な既得権益のために阻まれてきたことが，裏付けられる．大衆はなお最大の脆弁家（ソフィスト）であり，そこでは多かれ少なかれ人民と政府とが合致している．国家に

第5章　国際関係における西洋的価値　　　　　131

　反抗する人びとは，政府に反対してデモを行う「核兵器廃絶運動」(Campaign for Nuclear Disarmament＝CND)〔英国の核軍縮運動組織〕とは――たとえCNDに国家に挑戦する可能性のある人間が含まれているかもしれないにしろ――異なる．というのも，CNDは非政治的なるものにより政治を拒否しているわけではなく，むしろ政治的領域において紛らわしく不適当な代替案を主張しているからである．その限りでCNDは，いくつもの首がある化け物の首のひとつに過ぎない．

　自然法の倫理がもつ活力は，市井の人々が支配者に対して批判を向けるよう勇気づけるという側面においてのみならず，支配者をも政治の決まりごとから解き放ち，人間のつくりだした制度の終極性を否定するよう勇気づけるという側面においても，求めることができる．被治者が良心に則って反対することに比べれば，政治家が良心に則って反対することは，おそらく，政治哲学者によってあまり研究されてこなかった．だが，われわれの視点からするならば，健全な社会にとってそれが必要ないとはけっして言えないのである．われわれがここで関心を寄せているのは，自然法の教義（それがいかなるものであれ）ではなく，むしろ自然法教義の残存物ないし遺物とみられる，ある種の倫理的な性向である．キケロが掲げた永遠不変の法，すなわち，アテナイでもローマでも変わらず，未来においても今と変わらぬ法は，古代の想像力の産物であり，あるいは真なるものの古代的な表現かもしれない[69]．だが，「神々の前に，君達が己を低くするからこそ (*dis te minorem quod geris imperas*)」という表現は，なお永続する力を持ち続けてきた[70]．それは，バークの次の言葉と照応する．

　　「野望を警戒するならば，**自らの野望も警戒する**に越したことはなかろう．まさしく言っておかなければならない．怖れるべきは，**自らの力，自らの野望**だ．怖れるべきは，過剰に怖れられることだ」[71]．

それはリンカーンの第二期就任演説と照応する．それはキプリングの『聖歌隊退場の歌』に直接的な霊感を与えた．それは，ビスマルク，グラッドストン，ソールズベリ，チャーチルなどそれぞれに異なる政治家に共通する感覚，彼らのさまざまな流儀と神の摂理の道具としての謙譲のさまざまの度合いに，反映

されている．

　自然法の倫理は，すべての政治的行動にともなう道徳的な意義と道徳的な状況を自覚するなかで，生き延びてきたと言えば十分であろう．しかし，道徳的な状況にまさに注目が集まるのは，政治的行動に対して何らかの禁止が課されるとみられるところ，すなわち，政治的に好都合なものと道徳的に許されるものとが対立するような地点である．そのため，正戦の教義（それは，われわれが考察しつつある思考の複合体と本質的に結びついている）にしても，軍事上の必要性はそれ自らが道徳的限界に従う，という原則を内包しているわけである．〔では〕政治的な必要性も同様に制約を受けるのであろうか？　そしてもしそうならば，ここでいう制約は具体的な事例のなかで描き出されうるのか？「君の言うところの自然法の倫理によって，政治的にみて都合のいい行動を政治家が慎んだ例を，ひとつでも見せてくれないか」と露骨に尋ねる懐疑論者に対しては，なんと答えればよいのであろうか？

　この問いかけは，古代の例を振り返るとき，いっそう先鋭なものとなりうる．ローマの教育における徳目は，政治的行動に対して倫理が拒否を突きつけた，著名で歴史に基づくとされた事例を含んでいた．プルタルコスの伝えた話がある．それは，テミストクレスとアリステイデスの生涯を語ったものである．〔ペルシャ王〕クセルクセスと敗退したペルシャ軍がギリシャから撤退したのち，ギリシャ同盟軍の船団はテッサリア海岸のパガサエへ北上した．テミストクレスは民会のアテナイ人たちに対して，彼らの利益と安全保障へ大いに資する半面，事の本質上，公にすることができないような案があると述べた．民会は彼に対して，アリステイデスへこの話をするよう命じ，もしアリステイデスがよしというならば案を実行しようといった．テミストクレスはアリステイデスへ，湾内に停泊する同盟軍の船に火を放つことが自分の計画であること，またそうすれば，アテナイ人がギリシャの指導者たる地位を手に入れるであろうことを説いた．アリステイデスは民会へ戻り，テミストクレスの計画が〔アテナイにとって〕並外れて有利である半面，極めて不名誉なものでもあることを伝えた．「アテナイ人は，テミストクレスに対してこの案についてこれ以上考えないよう命じた」[72)]．ローマの将軍ファブリキウスに関しても似たような話が存在する．キケロが言うに，ファブリキウスは「アリストテレスがアテナイのために

第5章　国際関係における西洋的価値　　　　　　　　　　　133

存在したように，ローマのために存在した」人間であった．ファブリキウスは，侵略者たる〔ギリシャのエペイロス王〕ピュリスに毒を盛るという，彼の陣営からの脱走兵の提案を軽蔑とともに斥けて，脱走兵をピュリスに引き渡した．これについてキケロは，低俗な方便に従えば，この一人の脱走兵によって無益な侵略を終わらせえたであろうが，そうなれば彼は永遠の不名誉という対価を支払うことになっただろう，と付言している[73]．これらの物語はいずれも，近代の現実主義からは批判の対象となった．ヒュームはテミストクレスの話を取りあげて，一般的な理念が個々の理念に比べていかに想像力へ及ぼす力がないか，と論じた．もしもテミストクレスの提案が，それが有利であるという一般的観念だけでなく，内容を公にされていたならば，民会がそれを棄却したと想像することは難しかっただろう[74]，とヒュームはいう．マキャベリは，ファブリキウスの物語に対して，大雑把な（きわめて非歴史的な）意見を述べている．ファブリキウスの素晴らしい寛大さによってピュリスはイタリア侵略を中止した．これは，ローマ軍の軍事力では達成できなかっただろう．すなわち，倫理が政治的な利益をもたらした，というわけである．さらに対照的な例として，ローマ人はハンニバルを死に追いやったが，彼らはピュリス以上にハンニバルを憎んでいた，とマキャベリは付け加えている[75]．

　近代の歴史は，国際関係における公正さを描いたこのような模範的な事例を，伝説としてすら，提供していないようにみえる．思い起こされるのは，二つの似た事例のみである．ひとつはフォックスの例であり，〔英国〕外相を務めていた1806年，ナポレオン暗殺の話が持ち込まれるや，すぐさまこれをタレーラン〔仏外相〕へ報告した．フォックスの頭の中にファブリキウスの故事があったことは，ほとんど疑いえない．もうひとつは，チャーチルの回顧録に描かれたテヘラン会談での出来事である．

　「スターリンは，ホプキンスが述べているように，私を『からかう』ことをおおいに楽しんでいたが，私はスターリン元帥がドイツ人に科すべき，重い，破滅的とすら言える処罰について，楽しげに話しはじめるまでは，けっして怒っていなかったのである．スターリンは，ドイツ参謀本部は解消されねばならない，といった．ヒトラーの大軍隊の力は，約5万の将校

と技師とにかかっていた．もしこれらが戦争の終結とともに，ひとところへ集められ射殺されるならば，ドイツの軍事力は根こそぎされることになろう．これについては，私は，当然つぎのようにいうべきものだと考えた．すなわち，『英議会および世論は大量処刑をけっしてゆるさないだろう．たとえ，戦争の激情にかられた国民が処刑開始を認めたとしても，最初の屠殺が行われた後は，彼らは責任者に暴力的に向かっていくことになろう．ソ連はこの点についてなんらかの思わく違いがあってはならない』と．

しかしスターリンは，おそらく単なるいたずら心から，この話題をおしすすめていった．「5万人の者は射殺されねばならない」と彼はいった．私は深いいきどおりをおぼえた．「そのような蛮行によって私自身と自分の国の名誉に泥を塗るくらいなら，私はここで今庭へ出て，自分自身が撃たれよう」．

ここで〔ローズヴェルト〕大統領が割ってはいった．彼は妥協案を出した．5万名は射殺さるべきでないが，4万9千だけが射殺されるべきである，というのであった．これで，大統領がいっさいの問題をお笑い草にしてしまおうとしたのは，明らかだった．イーデンもまた，まったくの冗談であることを私にさとらせようと，合図や身ぶりをした．ところが，そのときエリオット・ローズヴェルトがテーブルの端の彼の席から立ち上がって，彼はスターリン元帥のプランと心底から同意見であること，米国陸軍はこの案を支持すると信じるものであるなどと述べ立てた．この出しゃばりな言葉に，私は立ち上がってテーブルからはなれ，半ば暗いつぎの部屋に歩いていった．私がそこにはいって1分もしないときに，背後から肩を手でたたかれた．そこにスターリンがモロトフとならんで立っていた．二人はにやにや笑いながら，ただ戯れにいったのであり，深刻なことはまったく意図していなかったのだ，と熱心に弁明した．スターリンと言う人物は，自らそのつもりになったときは，非常に人の心をとらえる態度を示す人であって，この時ほど彼がそのような態度をみせたのを私は見たことがなかった．万事からかいのネタであって重大な罠が潜んでいたのではなかったかどうか，私はそのとき，そして今でも，十分に確信したわけではなかったけれども，テーブルに戻ることを承知した．そして，のこりの夕べ

は楽しく過ぎていったのである」[76].

 政治的行為に対する道徳の拒否という点で,いにしえのように明瞭な事例を近代の歴史の中では見つけることができないということがかりに本当であるならば,その理由は,政策の概念が変化した,というものによるのかもしれない.おそらく近代ヨーロッパは,より単純な文明にはみられない道徳に対する敏感さと政治の複雑さに対する自覚を獲得したのであろう.ギリシャ人やローマ人は,政治倫理に対してわずかしか考えをめぐらすことがなく,国際倫理についてはなおさらそうであった.政治哲学と政治の科学とを発明した文明が,国家間関係に対してかくも注意を向けてこなかったことは驚くべきことである.国際社会という概念を有していた限りにおいては,近代ヨーロッパと比べてずっと単純だったのである.ギリシャ人にとってヘラス〔古代ギリシャ〕とは,血と,言葉と,宗教と,生き方にかかわる共同体であった[77].しかしギリシャ人は,法律上の権利義務によって相互に拘束される諸国家の社会についての理論は発展させなかった.グロティウスのような人間はギリシャにはいなかった.またローマの国際的な経験について言えば,はじめはイタリア統合,続いて地中海世界全体における征服者,好戦的な同盟国および被保護国の保護者としてのそれであり,対等な国家同士の交際ではまったくなかった.共和制ローマにおける真の「国際法」とは〔宣戦と和平の権限を与えられた〕軍事祭官法(fetial law)であった.しかし,その原則は防御的な性格のものであったため,怯える被保護国に対して宣誓されたローマの信義(*fides Romana*)という拡張主義的原則によってまず限定を受け,やがてそれに取って代わられた[78].もしもローマ帝国の歴史が内戦の終結ではなく対外的覇権をもって始まったとするならば,それは〔オクタウィウスが海戦でアントニウスとクレオパトラを破った〕アクティウムではなく,(ポリュビオスが言うように)〔ローマ軍がマケドニア軍を破った〕ピュドナの戦いから始まる.共和制ローマの最後の1世紀半の間,外交上対等の相手はいなかったし,その対外政策も1798年以後の英国がインドに対して有したものに類似して,近代ヨーロッパの大国に対して有したものと比肩されるものではなかったのである.万民法(*jus gentium*)は自然法と同一視されるようになり,やがて近代国際法の起源となった諸伝統の最高位を占める

ものとなったが, それは, ローマと, ローマへ移民を送りだすイタリアの諸部族に共通する規則や原則の集積であり, 新たな属州を手に入れるたび絶え間なく拡張されていった. 万民法は主に商法と契約法の領域に関わっていた. 近代の用語でいえば国際私法であり, 普遍的帝国における慣習法へと発展した. 国家間関係をとりもつ国際公法の段階を万民法が経験することはなかったのである.

古代の人間が国際倫理に与えてきた考え方においては, 一方における統治者の個人的名誉と, 他方における純粋な方便による人間的行為とでもいうべきものの正当化との間において, 中庸の立場を見出すことがほとんどできなかった. 純粋な方便による人間的行為とは, トゥキディデスがディオドトスの口を通して反対させた, ミティレネを破壊しつくし男を皆殺しにして女子供を奴隷にするよう定めたアテナイの決定を実行するようなことである[79]. 古典文明とは対照的に, 中間にあるこの土壌を耕し, 個人道徳からも現実政治(レアルポリティーク)からも同等に距離をおいた政治道徳という概念を発展させたことは, おそらく中世および近代ヨーロッパの特徴なのであろう. キケロはたしかに, 政府の行う行政を, 信を託された者の利益ではなく, 信を託した者の利益のための後見人 (*tutela*) として描き出すところにまで至っていた[80]. しかし, 彼が考えていたのは一国内における階級闘争であり, バークが信託統治という観念を拡張して考えた空間ではなかったし, ましてや対外関係ではなかった. ローマ帝国後期において, 信託の思想はパターナリズムへと変貌した. 王は臣民にとって父であり, 自身のために生きるのではなく臣民の利益を斟酌しなければならない, とする考え方である. 政府が人民とその将来世代の管理責任者として受託者に類似した義務を負うという教義は, 探究すべき課題として中世の思想家に残されることになったと, おおよそ言ってよいであろう. そして, それらの義務は, それぞれの政府がその臣民に負っているだけでなく, ある政府が別の政府に, ある国民が別の国民にも負っている, という教義を探求することが, 近代の思想家にとっての課題となった.

中間にあるこの土壌を耕して政治道徳を発見することは, 西洋的価値と特異な形で結びついていると思われる. 信託を受けた者が負う道徳的義務と自らのために自分自身が負う義務とは違うように, 政治道徳と個人の道徳は別物であ

る．大戦回顧録のもっとも深遠な一節においてチャーチルは，大臣は山上の垂訓に基づいて国家統治の責任を引き受けるわけではない，と（彼以前の人々と同じように）回想する[81]．しかし，テヘランでの出来事が示すように，政治倫理は政治家の個人倫理によって最終的な裁可を受けるわけであり，国家の名誉が，その国を代表する者の個人の名誉よりも高いものになることはありえない．だが同時に，政治道徳は国家理性（raison d'etat）とは異なる．なぜならば，政治的領域における倫理の有効性を政治道徳が支えているからである．それは，政策概念が全体として拡大しながら，道徳的価値によって覆われうることへと発展する．政治的方便はそれ自体において，影響が及びうる人びとの道徳感覚を考慮しなくてはならず，その政治家自身の道徳感覚と結びつきさえする．かくて方便は賢慮（prudence），すなわち道義的徳（moral virtue）へと緩和されていく．そこでは良心が反抗することは少なくなる．政策形成に際して議論するなかで，良心がすでに発言の機会を得ているからである．

　したがって，自然法倫理が近代政治にもたらした特有の成果とは，政治行動に対して道徳上の拒否権を行使するというような劇的なものではなく（ただし，この拒否権は常にいわば保留の状態にあるのだが），むしろ拒否権の発動を避ける現実的な代替策を見つけだしたことにある．**代替策**というのは，道徳上の必要性と実践上の要請の狭間で許容される中庸の観念を表しているからである．最悪の場合，代替策は自己欺瞞の上に安住し，それを追求すればある種の融通をきかせたこじつけになる．イエズス会士やクロムウェルやグラッドストンがその敵から糾弾されたとき言われたように，利益への情熱に支配されていることを覆い隠そうとして道徳的主張を見つけだす，というわけである．かくしてハリファクス卿が1938年5月の国際連盟101回会合において，エチオピアに対するイタリアの主権を認めることを提案した際の彼をロバート・デルは次のように苦々しく描きだした．

「ハリファクス卿は，ジュネーヴにおいてよい印象を与えなかった．そこでは彼を不誠実な人間とする風潮がみられた．これは正しくない，と私は確信する．神を畏れる高潔な典型的英国紳士と，道徳的なイエズス会神学者とが，彼には混在しているように私には思える．私はこう言うべきだろ

う．彼は，賛否双方の議論を斟酌して道徳神学の原則によって正当化されることを確信するまではいかなる行動にもでないが，自分たちがとりたいと思っているあらゆる行いに対して普通は道徳的な正当化を見つけだすことのできる，几帳面過ぎるタイプの人間のひとりなのだ，と」[82]．

しかし，最善の場合，代替策というのは本当に代わりになりえる建設的な策であり，正義，寛容，自制を実現する．中世・近代の政治においては，権力の行使に際してこれを抑制し，利益搾取を拒否した例がいくらでもある．その場合の動機は，道徳的な自責を避けるためでも，厄介な結末を避けるためでもなく，よりよい関係を実現することにあったように思われる．1259年のパリ条約で聖ルイ〔ルイ9世〕がヘンリー3世に寛容さを示し，ナポレオン戦争の末期にカースルレーやウェリントンがフランスに対して寛容さを示したこと，また，グラッドストンが〔南アフリカの〕マジュバ〔・ヒル〕の戦いの後トランスヴァールに対して独立を与え，あるいはおそらくアトリーがインドへ独立を与えたことが，このような例である．こうした政策を道徳的に評価するにあたっては，まず政策が〔政治家個人によって〕私的に形づくられた際に用いられた言葉を精査することが，求められる[83]．そうすれば，〔オーストリア-プロイセン戦争のあった〕1866年，ニコルスブルクでビスマルクがオーストリアに厳格な講和条件を強要しないようプロイセン王に求めた理由が，自然法倫理ではなく，ミティレネをめぐる論争でディオドトスがなしたものと類似する議論から導かれていたことが，わかったであろう[84]．

政治の世界で道徳的に何かを禁じようとする論議が行われる時には，常に「正義はなされよ，たとえ世界が滅びようとも (Fiat Justitia et Pereat Mundus)」という格言の誘惑がある．もしもこの言葉が，皇帝フェルディナンド1世〔神聖ローマ帝国皇帝フェルディナンド1世（在任1558-64）を指す〕のモットーとして本当に最初に記録されたものであれば[85]，近代における国際的アナーキーについてのもっとも深遠な逆説を表したものとして理解されるだろう．この格言は，多くの異なる状況下で用いられ，「正義」と「滅びつつある世界」の両者に関して，多くの解釈を伴ってもきた．しかし全体としてみるなら，この言葉は，私たちが考察している伝統の代表的論者から自然に出てくるような

第5章　国際関係における西洋的価値　　　　　　　　　139

文句ではない．1791年5月，フランス領における白人の優位をめぐる論争のなかで，ロベスピエールは，「もし植民地が，われわれの名誉と自由を代償とするのなら，そんなものは滅ぼしてしまえ」と叫んだ．他方，オールドセーラムのトーリー党国会議員であったジョージ・ハーディングは，1793年の反逆文書法（Traitorous Correspondence Bill）についての論争で，「商業を滅ぼし，憲法を生かせ！」と述べた．1909年の予算審議においてミルナー〔英国の政治家．のち植民相〕は「結果など知ったことか」と発言した——これらの発言は，おそらく拒絶の規準自体が暗黙のうちに政治的であるため，倫理的に異なった形をとっている．あるいは，格言のもう一つの意味に十分な注意が払われないまま，格言が修辞学的に用いられている．歴史家のフリーマンは1876年，ロンドンで開かれた集会の席上「悪しき者のために，正しき者に対して一撃を加えて一言でも語るくらいならば，イングランドの利益やインドでの支配などなくなってしまえ」と叫んで，トルコに反抗するバルカンの叛徒たちへ共感を寄せた．そのとき彼はその結果がどうなるか思い描いていたと考えるべきではない．なぜなら，彼はその後で，コンスタンティノープルがインドへ向かう途上にはないし，いずれにしろロシア人はコンスタンティノープルを脅かしてはいない，と論じているからである[86]．1956年8月，スエズ危機のさなかに開かれたカクストン・ホールでの会合で，フリーマンを引用して自らの言葉としたA.J.P.テイラーも，結果を思い描いていたわけではない．なぜならば彼は続けて，適切な理解をすれば英国の利益はエジプトの利益と衝突していたわけではないことがわかるから，英国の利益をご破算にする必要もない，と論じていたからである[87]．実のところ，正義を実現するにあたっての対価が，文字通り世界の破滅になりかねないと想像できるようになったのは，1945年以降のことにすぎない．サー・ルウェリン・ウッドワードは，1955年，ロンドンで開かれたスティーブンソン記念講義の席上，この格言を修辞的にではなく，現実的な意味で解釈することに触れ，次のように述べている．「この変化は何を意味するのか？　人類は残されたみじめな期間の間は，正義をうちたててそれを維持することをあきらめなければならない，ということか？　世界が堕落によって崩壊するまで，何世紀にもわたって天上にいる悪霊の勝利を甘受しなければならないという意味なのであろうか？」[88]．

「正義はなされよ，たとえ世界が滅びようとも」という格言は，極端な立場を示している．その対極には，メロス対話におけるアテナイの事例から，ハーグ〔平和〕会議におけるフィッシャー〔英国海軍軍令部長〕の「もし，イングランドの福利がそれを求めるなら，国家間で交わされる諸々の合意は悪魔に渡してしまえばいい」という見解や，サランドラによる「イタリアの畏敬すべきエゴイズム」に至るまで，目印になりそうなものが数多く存在する．われわれが考察する道徳感覚は，その中間に横たわっている．それは，政治において道徳的な禁止が口をついて出るような地点へも届きうる．しかしそこでは，世界を滅ぼすことなく道徳の規準が支持されうると考えられている．その維持のためなら何をやっても許されるとする教義を甘受しなくとも，社会的・政治活動の構造は保持されるであろうと考えられている．なぜならば，道徳規準を支持することそれ自体が，将来における政治活動の構造を強める傾向をもつとみなされるからである．本論が目指した目的がなんであったにしろ，これらの想定は，歴史哲学，あるいは神の摂理に対する信仰という領域に関わっているように思われる．

注

1) *De Jure Belli ac Pacis*, Prolegomena, para. 29.
2) Charles de Visscher, *Theory and Reality in Public International Law* (Princeton University Press, 1957), p. 129.〔ド・ヴィシェール（長谷川正国訳）『国際社会における理論と現実』成文堂，2007年，136頁〕思考がどう配置されているかは，ジョン・ストレイチーの近著，*On the Prevention of War* (Macmillan, 1962) のなかにみることができよう．「しかし，現実の状態と完成された国際的権威機関とを結びつけるものは何もない，と考えるのは大変な間違いである．以下に説明するように，米ソ両国政府の間に，極めて限られた範囲で初歩的な共同目的意識を育むことはなおも可能なのである」(p. 195)〔笹川正博訳『生き残りの可能性―戦争の防止について』朝日新聞社，1964年，189頁をもとに，一部表現を改めた〕．
3) *Die Grosse Politik*, vol. ii, p. 87.
4) J.Y. Simpson, *The Saburov Memoirs* (Cambridge University Press, 1929), p. 136.
5) P.E. Corbett, *Law and Society in the Relations of States* (New York, Harcourt, Brace, 1951), pp. 51-2.〔コーベット（一又正雄訳）『国際関係における法と社会』日本外政学会，1957年，77-78頁〕
6) Dante, *De Monarchia*, book i, ch. 4, ad init〔ダンテ（中山昌樹訳）「帝政論」

第5章　国際関係における西洋的価値　　　　　　　　　　141

『ダンテ全集（復刻版）』日本図書センター，1995年，14頁〕; Kant, *Idee*, first paragraph (*Werke*, Academy edition, vol. viii, p. 17). 〔カント（篠田英雄訳）「世界公民的見地における一般史の構想」『啓蒙とは何か　他四篇』岩波文庫，1974年，24頁〕

7) Robert Ward, *An Enquiry into the Foundation and the History of the Law of Nations in Europe* (1795), vol. i, p. 161n.

8) *De Legibus*, book I, ch. vi, section 19, アクィナスの *Summa Theologica*, 1^{a}2^{ae}, qu. 90, art. 2, と，アリストテレスの *Politics*, book I, ch. 1, section 8 に続くものである．

9) *De Legius*, book II, ch. xix, section 9.〔スアレス（山辺健訳）「法律についての，そして立法者たる神についての論究」上智大学中世思想研究所監訳・編集『中世思想原典集成（第20巻）』平凡社，2000年，836頁〕

10) Vitoria, *De Potestae Civili*, section xxi, para. 4 を参照：「ある仕方で一つの国家である全〔体〕世界（totus orbis, qui aliquo modo est una respublica）」，〔ビトリア（工藤佳枝訳）「国家権力についての特別講義」『中世思想原典集成（第20巻）』平凡社，2000年，153頁〕(*Relecciones Theologicas*, ed. Fr. Luis G. Alonso Getino (Madrid, La Rafa, 1933-35), vol. ii, p. 207). ブライアリーは，バルシア・トレレス教授に従い，スアレスの著作にある，準政治的かつ道徳的な人類の統一体と，完全な共同体（communitas perfecta）としての国家とは，まったく相容れない二つの概念であることを示唆している (*The Basis of Obligation in International Law* (Clarendon Press, 1958), p. 362).

11) 1852年4月3日，道徳政治科学アカデミーにおける演説 (*Oeuvres*, vol. ix, pp. 120-1).

12) *Theory and Reality in Public International Law*, p. 92.〔長谷川，前掲訳書，97頁〕

13) House of Commons, June 27, 1850 (Hansard, 3rd Series, vol. cxii, col. 589).

14) Burke, *Works*, ed. H. Rogers (Holdsworth, 1842), vol. ii, pp. 298-9.〔バーク（中野好之編訳）『バーク政治経済論集』法政大学出版局，2000年，913頁〕

15) *Basis of Obligation in International Law*, pp. 251-3.

16) *Works*, vol. i, p. 564; vol. ii, p. 299.

17) *The Collected Papers of John Westlake on Public International Law*, ed. L. Oppenheim (Cambridge University Press, 1914), p. 124.

18) Robert Phillimore, *Commentaries upon International Law* (Benning, 1854), vol. i, p. 435.

19) G.F. Kennan, 'America and Russian Future', *Foreign Affairs*, April 1951, reprinted in his *American Democracy 1900-1950* (University of Chicago Press, 1952), pp. 136-7, 138-40, 143.〔ケナン（近藤晋一・飯田藤次・有賀貞訳）『アメリカ外交50年』岩波書店，2000年，203-204, 206-208, 212-213頁〕マクミランは，1960年2月3日，ケープタウンにある南アフリカ議会での演説で，同様の教義を主張した．すなわち，「対内的政策事項に関して，われわれが相互の主権を尊重す

ることが，近代コモンウェルスにとっての基本原理である．同時に，日々小さくなる世界，われわれが今日住まうこの世界において，各国のとる対内的政策がその外部へも影響を及ぼしうることをも，われわれは認識しなければならない．われわれは互いに，「自分の仕事に専心せよ」と言いたくなる気持ちに駆られる．しかしこ こ最近，私は，自身でこの古い表現をふくらませ，次のように言うようにしているつもりである．つまり，『自分の仕事には専心せよ．しかし，それがいかに私の仕事へ影響してくるかにも気をつけよ』」（*Guardian*, February 4, 1960）．

20) *The Principles of International Law* (Macmillan, 7 th edition, 1925), pp. 76-7. A. Pearce Higgins, *Studies in International Law and Relations* (Cambridge University Press, 1928), ch. iv も参照．
21) Oppenheim, *International Law*, vol. i, para. 167c ; W.E. Hall, *A Treatise on International Law* (8th edition, 1924), pp. 32, 72.
22) *Principles of International Law*, p. 47.
23) *Collected Papers*, p. 78.
24) *De Jure Praedae Commentarius* (Clarendon Press, 1950), ch. i.
25) Sir Arthur Salter, *Security* (Macmillan, 1939), p. 155.
26) C. van Vollenhoven, *The Three Stages in the Evolution of the Law of Nations* (The Hague, Nijhoff, 1919), pp. 17-22 を参照．
27) *The Struggle for Mastery in Europe 1848-1918* (Clarendon Press, 1954), p. 112. H. Temperley and L.M. Penson, *Foundations of British Policy* (Cambridge University Press, 1938), pp. 226-9 も参照．
28) たとえば，J.L. Brierly, *The Basis of Obligation in International Law*, pp. 262-3 and ch. 20, and *The Outlook of International Law* (Oxford University Press, 1944), pp. 73-4 ; W.K. Hancock, *Survey of British Commonwealth Affairs*, vol. i, (Oxford University Press, 1937), pp. 314-5, 492-3 ; Salter, *Security*, p. 135 ; Sir Alfred Zimmern, *Spiritual Values and World Affairs* (Clarendon Press, 1939), pp. 112-3 を参照．
29) J.W. Headlam-Morley, *Studies in Diplomatic History* (Methuen, 1930), pp. 184-5.
30) *Moral Man and Immoral Society* (Scribner, 1932), p. 111.〔ニーバー（大木英夫訳）『道徳的個人と非道徳的社会』白水社，1998 年，129 頁〕
31) *The Children of Light and the Children of Darkness* (Nisbet, 1945), p. 123.〔ニーバー（武田清子訳）『光の子と闇の子』聖学院大学出版会，1994 年〕
32) *Discerning the Signs of the Times* (S.C.M. Press, 1946), p. 46.
33) *Diaries and Correspondence of the First Earl of Malmesbury* (2nd edition, Bentley, 1845), vol. iii, p. 11.
34) Speech at West Calder, November 27, 1879 (*Selected Speeches on British Foreign Policy* (World's Classics, 1914), p. 372).
35) *Fragments upon the Balance of Power in Europe*, p. 62.
36) Speech at Edinburgh, November 25, 1879 (*Political Speeches in Scotland*

(Elliot, 1880), vol. i, p. 53).

37) Sir Arthur Salter, *Recovery* (Bell, 1932), p. 278 ; *Security*, pp. 106, 128 も参照。同じ考えは，二大核大国による基礎的な世界共同統治を支持するジョン・ストレイチーの議論にもある。「反抗する国家に対して自らの意志を……強制するため，米ソ両政府は，実際にいかなることをなすだろうか，と尋ねることができよう。両国が共同意志をもつという，重要でありながらも目下達成されていない条件が一端実現されてしまったなら，双方が多大な困難を抱えることなど，私には到底考えられない……米ソが，核という恐るべき最終兵器の剣を，実際にさやのなかでかたかた言わせる必要が生じるということすら，まずありえないことである。否，むしろ真の難しさは，共同意志を実現するなかにある。実現した後の履行ではないのだ」(*On the Prevention of War*, p. 167n. pp. 282-3, 314-5 も参照)。

38) P.H. Winfield, in Lawrence, *Principles of International Law*, pp. 119-20.

39) *Jus Gentium Methodo Scientifica Pertractatum* (first published 1749), sections 255-7.

40) E.g. 1823 年 3 月 31 日のメモランダム (*British and Foreign State Papers*, vol. x, p. 66).

41) *International Law*, pp. 343-4.

42) Junius Brutus, *A Defence of Liberty against Tyrants*, ed. H.J. Laski (Bell, 1924), p. 217.〔ブルトゥス（城戸由紀子訳）『僭主に対するウィンディキアエ』東信堂，1998 年，204 頁〕

43) 'Non-intervention', *Life and Writings of Joseph Mazzini* (Smith, Elder, 1870), vol. vi, pp. 305-6.

44) U.N. General Assembly, 469th meeting, December 8, 1953 (*Plenary Meetings*, 8th session, p. 438).

45) 1953 年 3 月 12 日，ダートマス・カレッジにおける演説 (*New York Times*, March 13, 1953).

46) 1954 年 3 月 8 日の演説 (*New York Times*, March 9, 1954).

47) Thomas Raikes, *A Portion of the Journal* (Longmans, 1856), vol. i, p. 106.

48) Sir Charles Webster, *The Foreign Policy of Palmerston* (Bell, 1951), vol. i, p. 99.

49) *De Jure Belli ac Pacis*, book II, ch. xx, section xliv. 1.〔グローチウス（一又正雄訳）『戦争と平和の法』酒井書店，1972 年，748-749 頁〕

50) Sorel, *L'Europe et la Revolution Française*, vol. I, p. 66.

51) 1818 年 10 月 19 日のメモランダム：Temperley and Penson, *Foundations of British Policy*, p. 44.「これはプライベートな文書であり，公にやりとりされること，ましてや活字化されることをけっして意図しなかったものである。ゆえに，カースルレーがもっとも正直な見解をあらわしたものと理解できよう」(*Ibid.*, p. 38).

52) Sir Chalers Webster, *The Foreign Policy of Castlereagh 1815-1822* (Bell, 2nd edition, 1934), pp. 322-3.

53) *Collected Papers*, p. 125.

54) 1919年以後に版を重ねたオッペンハイム『国際法』では，干渉の基礎としての勢力均衡に触れた節が他のものに取って代わられた．そこでは，連盟規約，また後には国連憲章のもとでなされる集団的干渉が取り扱われている．
55) A.J. Carlyle, *Political Liberty* (Clarendon Press, 1941), p. 95.
56) *De Jure Belli ac Pacis*, book II, ch. xxv, section viii. 3.
57) *Le Droit des Gens*, book II, ch. iv, section 56.
58) Temperley and Penson, *Foundations of British Policy*, pp. 223-4.
59) 1827年ロンドン条約前文．
60) Hall, *International Law*, p. 344, n. 2.
61) Principles of International Law, p. 128.
62) De Visscher, *Theory and Reality in Public International Law*, pp. 122-3.
63) Kenneth W. Thompson, *Political Realism and the Crisis of World Politics* (Princeton University Press, 1960), p. 137.
64) Hans J. Morgenthau, *In Defence of National Interests* (Knopf, 1951), p. 34.〔モーゲンソー（鈴木成高・湯川宏訳）『世界政治と国家理性』創文社，1954年，35頁〕
65) *International Affairs* 誌に掲載された彼の手紙を参照．1959年11月，p. 502．
66) *Republic*, 361-2, 496 C-E.
67) R.H. Tawney, *The Western Political Tradition* (S.C.M. Press, 1949), p. 16.
68) 本書 p. 86〔本訳書85頁〕を見よ．
69) *De Republica*, book iii, ch. 22.
70) Horace, *Odes*, iii, 6.〔ホラティウス（鈴木一郎訳）『ホラティウス全集』玉川大学出版部，2001年，401頁〕
71) *Remarks on the Policies of the Allies* (*Works*, vol. i, pp. 602-3). Wordsworthが1811年3月28日付ペイズリー船長に宛てた手紙も参照．in *Tract on the Convention of Cintra*, ed. A.V. Dicey (Milford, 1915), p. 237.
72) Plutarch, *Vita Themistoclis*, ch. 20; *Vita Aristidis*, ch. 22も参照．ここでの物語は，テミストクレスが，アテナイの要塞をめぐってスパルタを陥れた策略を劇のかたちにしたものであろう．Diodorus, book xi, ch. 42; Grote, *History of Greece*, ch. 44 (Everyman Edition, vol. v, p. 346, n. 3); A.W. Gomme, Historical Commentary on Thucydides, vol. i (Clarendon Press, 1945), p. 260.
73) *De Officis*, book iii, ch. 22. Livyの book iii も参照．
74) *A Treatise on Human Nature*, book II, part iii, section vi.
75) *Discourses*, book iii, ch. 20.
76) *The Second World War*, vol. v, ch. xx, *ad fin.*〔チャーチル（毎日新聞翻訳委員会訳）『第二次大戦回顧録（第19巻）』毎日新聞社，1954年，82-84頁をもとに，一部表現を改めた〕
77) Herodotus, book viii, ch. 144.
78) E. Badian, *Foreign Clientelae* (Clarendon Press, 1958), pp. 31, 35, 68.
79) Thucydides, book iii, chs. 42-8.

第5章 国際関係における西洋的価値   145

80) *De Officiis*, book i, ch. 85.
81) *The Second World War*, vol. i, ch. xvii, *ad fin*.
82) Robert Dell, *The Geneva Racket* (Hale, 1941), p. 137.
83) もちろん，おそらく予見しない，あるいは予見しえない政策の結果を考慮することが求められよう．だがこれは，別の問題を引き起こす．
84) *Gedanken und Erinnerungen*, ch. 20.
85) Johannes Manlius, *Locorum Communium Collectanea* (Basel, 1563), vol. ii, p. 290 ; Julius Wilhelm Zincgref, *Der Teutschen Scharpfsinnige Kluge Spruch, Apophthegmata genant* (Strassburg, 1628), p. 107. レックス・ワーナーは，ジュリアス・シーザーの生涯を描いた二つの小説で，この格言を小カトーによるものとし，ストア的であると呼んでいる．この説について，筆者は証拠を見つけられない．
86) W.R.W. Stephens, *Life and Letters of Edward A. Freeman* (Macmillan, 1895), vol. ii, p. 113 ; vol. i, p. 151 も参照．
87) 1956年8月14日の演説（*Arab News Letter*, Issue Nos. 12, 13, 日付なし）．
88) E.L. Woodward, 'Some Reflections on British Policy, 1939-45', *International Affairs*, July 1955, p. 290.

訳注
1〕 原文では引用されているフランス語は，正しくは以下のようになる．
Qui panle de l'Europe a tort de la prendre pour une notion géographique
2〕 原文の le même chose は la même chose の誤り．

第6章
勢力均衡(バランス・オブ・パワー)

H. バターフィールド

　勢力均衡(バランス・オブ・パワー)の理念は，われわれの欧州世界における近代の歴史と関わりがあり，欧州大陸の政治的単位がかつていわゆる「欧州国家システム」を形成していたことを体現している．この理論によれば，欧州の秩序全体は，ニュートンの天文学体系に対応するような地上の体系であった．大国であれ小国であれすべての多様な政治体(ボディ)は，他の政治体すべてに対して引力のような力を及ぼして互いに釣り合いを保っていた．そのような引力の効果は，他の政治体との距離が遠ければ大幅に減少するが，個々の引力はそれぞれの質量(マス)に比例するものとされた．それゆえ，このような政治体の一つが力(マス)を増加させたとすれば，すなわち，たとえばフランスが何らかの理由で過度に国力を増大させたとすれば，他の政治体が平衡(エキリブリウム)を回復できるのは，バレエの踊り手たちがするように，自分たちのグループを再編し，相互の距離に必要な調整を加えて，新しい組み合わせを形作る場合だけであろう．そうしなければ，大きくなりすぎた国家は近くの小国を呑み込んでいっそう強大になってしまうだろう．それは，重力の影響を相殺する反対方向の力がなくなったら月が地球に落ちてくるのと同じである．

　デイヴィッド・ヒュームは，勢力均衡の古典的な事例を見事な一覧にして「勢力均衡」に関する論考を始めた．それゆえ彼は，勢力均衡の原理が古代世界でも通用していたと主張した権威者だとみなされることもあった．その一方で彼は，自分の見解が同時代においてさえ強い異議申し立てを受けることは分かっていた．その命題を立証するために頻繁に引き合いに出される事例が満足のいくものでないことも，私には明らかであるように思える．このことは，彼が例として挙げたポリュビオス〔古代ギリシャの歴史家〕の書いた一節につい

ても言える．それは，勢力均衡の要素の一つをきわめて巧みに定式化しているので，勢力均衡に関する最も有名な歴史的原典の一つとされているものである．その一節においてポリュビオスは，シラクサの統治者がローマの台頭に抵抗するカルタゴ人を支援したことを賞賛したうえで，以下の格言を提示する．「ある国を支援して優勢な立場に立たせ，結果としてその国に抵抗できないまでの優越的地位を得させるのは，まったく正しくない」[1]．今日の観点から近代的な勢力均衡の理念をポリュビオスの中に読み取るとするならば，控え目に言っても，彼はその論述を通じて，力(パワー)を配分すべきものとして求めた，といえる．だが，それまで勢力均衡の理念に馴染みのなかった人々にその理念を理解させるだけの力をこの一節は持たなかっただろう（また歴史を振り返ってみれば，実際，持たなかった）．

　ヒュームは，古代世界の国家について論じたときに，争いの際に時折り見られる「寝返り」の仕方に言及している．しかし，国家が嫉妬心や危機感にかられて変節することも，また，そのような〔裏切り〕政策を安易に勢力均衡の教義と言い換えるのはわれわれの後知恵に過ぎないことも，彼には分かっている．古代世界は勢力均衡の教義を知らなかったではないかと言われると，ヒュームは，ローマ人はこの教義を知らなかったものの，ギリシャ人はその知識があったのであって，〔誤った理解が生まれたのは〕近代人がローマの歴史ばかり研究してギリシャの歴史を無視してきたからだ，と応酬した．〔ところが〕彼は，ローマが卓越した地位に昇りつめることが出来たのは，古代ギリシャ世界の諸国家が勢力均衡の原理を知らなかったお陰だとも言っている．古代の文筆家が自分たちの無知さにまったく関心を示していないことに気付いて，ヒュームは驚いたようだ．これまでの考察から，勢力均衡の理念は古代世界に存在しなかっただけでなく，近代における古代史研究から生じたものですらなかったと推論できよう．われわれの知っている基本的な政治的定式のほとんどがそうである以上に，勢力均衡の理念は，近代世界が自分自身の経験に基づいて考察した中から生じたものであろう．

　ルネサンス期のイタリア諸国家は，古代ギリシャの諸国家と同様に，勢力均衡の原理の発展が予見できるような適度に閉鎖的な地域を形成していたと一般に理解されている．この地域が小さな闘技場(アリーナ)——小規模な国家システムのよう

第6章　勢力均衡

なもの——を提供した．外から隔絶した闘技場の多くでは，力(フォース)の相互作用が見られることになった．この闘技場の中では，諸国家が，自国にとってより大きな脅威となる国家に対抗するために，あまり脅威に感じない国家を支援するだろうことは間違いない．その結果，国家の間に興味深い連携が生み出されることになる．時にルネサンス期のイタリア諸国政府は，近隣諸国を秤にかけて，錘と釣り合い錘を操作しながら，天秤の傾きを計算しているかのようであった．（ハンス・バロン〔ドイツの歴史家〕によると）フィレンツェとミラノが長い間争った後になってわかったことは，ヴェネチア人が両交戦国の間に立ち，初めは両国が十分に弱体化するよう紛争を長引かせるようにしたあと，次には両国の力をおおよそ対等にすべく仕組んでいたことである．「均衡(バランス)」という用語にときおり出くわすことがあってさえ，均衡とはどういうものかの連想やそれに続く観念がわかっていないかもしれない．理念というものは，時にその否定形を研究することによってその意味が明らかになることがあるので，勢力均衡の教義がないとどのような結果がもたらされるかを例示することが有効かもしれない．それは，未熟な初期段階であれ，国際政治の科学と呼べるものを開始したとされるマキャベリとグイッチャルディーニ〔イタリアの歴史家〕の事例に見ることができる．

　マキャベリは，当時のイタリアの国際的地位の脆弱さに慣慨していた．彼が政治の科学を探究しようとした理由の一つは，〔イタリアに対する〕外国の侵略がもたらす悲劇だった．彼自身の公務経験については，主として外交使節としての経歴から知られている．彼は研究と省察の大半を戦争に関する問題に捧げた．したがって，外務分野においてこそ彼の政策についての教示が優れていたことが期待されたかもしれない．しかし，彼が近代的な軍事科学を創始したことで知られるのは正当だとしても，彼の外交分野に関する研究はとりわけ弱いように私には思われる．彼は古典古代の例に倣うことが重要だといつも主張していたが，他の人々にも彼にとっても，古代世界は国際政治の原理にとっての源泉であるよりは軍事教育のよき源泉である．マキャベリは，イタリアを外国の侵略者から守ろうとしたら，当時の状況下では独裁者のようなものが必要になるかもしれないと考えていた．私は，彼の友人のグイッチャルディーニの方が外交的感覚に富み，国際情勢を的確に判断できる優れた眼をもっていたとつ

ねづね感じている．グイッチャルディーニは，イタリアを侵略から守る方法は，イタリアの周囲にある強大な国民国家がイタリア以外の所で互いに相手にかかりきりになるように，うまく取り計らうことだと述べた．

　勢力均衡の原理に関するマキャベリの議論は説得力に欠ける．先入観にとらわれたために，議論の弱点がいっそう顕著になり，その欠陥がいっそう浮き彫りになった．この原理に関連する問題の一つ（ポリュビオスが論じていた，とすでに私が述べたことに類似した問題）に対して示した彼の関心は尋常なものではなく，強迫観念に駆られているかのように見える．この特殊な問題に人びとの大きな関心が向けられた——それは16世紀の間中続いた——原因は，マキャベリにある．この問題はおそらく検討に値する．なぜならば，それは現在のような勢力均衡の教義が登場する前のある種の思想であって，その後はほとんど不可能になったものだからである．

　この問題と当該の論争は，次の論点に関わっている．すなわち，隣国が交戦状態にある場合，および，どちらかの隣国が戦争の結果として国力を増大しつつある場合に，わが国は何をなすべきかという問題である．近代になると，勢力均衡の論点の全体を取り上げることなしに，このような問題に取り組むことは不可能になったと言ってよい．マキャベリにもその後継者にも，上のような事例が勢力均衡の観念と関連しているという発想はなかったし，論点全体に関わる議論が最終的には均衡の議論に包摂されるだろうという着想もなかった．だがマキャベリは，隣国が交戦状態にある場合に中立を維持するのがよいか否かという思慮分別の問題としてこの問題を取り上げるにすぎない．じつのところ，彼はそのもっとも知られた著作〔『君主論』〕の中で，あからさまに本心をさらけ出している．彼はこの問題を，「尊敬され名声を得るために君主は何をなすべきか」[2]という奇妙な章見出しの下で論じる．他の箇所でも，この論点をおおむね単なる名声の問題として繰り返し取り上げようとしている．ときには，勝者は究極的には恩を仇で返すかもしれないけれども，それでも勝者側に確実に付いたほうがよいと忠告する．しかし，勝者がいつも忘恩の徒であるわけではないとも考える（そのような幻想を抱くのは彼に似つかわしくないのであるが）．マキャベリが心からの確信をもって主張したいのは，いずれの紛争当事国も，自分たちの交戦中に中立国であることをひたすら押し通した隣国に

対して，嫌悪を抱きあるいは軽蔑するだろうということである．(あるときには，フランスと同盟を結ぶよう彼は助言する．何はともあれフランスがこの同盟を受け入れるならば，フランスが勝つ見込みがあるからである．ところが彼は，フランスは，勝利したとしても他の交戦国よりはましな戦勝国になるだろうと付け加える.)[3] 彼は「君主は，やむをえない場合でなければ，他の君主を害するために自分より強力な君主と提携することは決してするべきではない」とある箇所で述べているが，この場合の彼の立場はポリュビオスにきわめて近くなる．このような彼の変化に富んだ多様な見解が賢明であるのか確かでないし，互いに整合性がありうるのかどうかもきわめて疑わしい．対外政策についての古代の議論と現代の議論が区別されるような論点からみると，マキャベリは両足を古代世界においていると見なすべきであろう．それゆえ，マキャベリが少なくとも一度はイタリアにおける均衡の存在に言及したという事実があったとしても，そのことをあまり重要視してはならないだろう．

マキャベリよりも若い同時代人のグイッチャルディーニも，マキャベリと同様に，隣国が交戦中の場合に中立を維持することが賢明かどうかという問題に関心を寄せている．彼はこの問題についてマキャベリよりも緻密で，常のごとく，広い視野に立って考察しなければならないと考える．たとえば，彼は以下のように記述する．

> 「他国が交戦中であるときに中立を維持することは強国にとって良いことである．なぜなら，強国はいずれの陣営が勝利しようとも恐怖を抱く必要がないからである．強国は苦もなく自国を守ることができるし，他国を苦しめる無秩序から利益を得る立場にあるのである」．

その一方で，グイッチャルディーニは弱国にとっては中立は危険であると言う．弱国は，中立の立場をとることによって最終的には他国の意のままにされてしまう．中立が不決断の結果である場合には，中立はもっとも危険なものとなり，意見の分裂が生じやすい共和国の場合には，そうした不決断が頻繁に生ずる．その場合には，交戦国がある国に中立を期待してもその国が中立国になるかどうか確信が持てないから，結果としてどちらの側も不満を抱くことにな

るだろう[4]．彼はあるところで次のように述べる．ある国家が交戦国の一方と同盟を結ぶ場合には，その国家が抱くいくつもの恐怖が少なくとも一つに減ることになる．なぜなら，憂慮すべきことは，〔同盟の相手国ではない〕もう一方の交戦国が勝利する可能性だけになるからである．〔しかし，〕マキャベリもグイッチャルディーニも，この問題について人の関心をひきつけるような深みのある議論を展開しているとは思われない．また，この問題に対する研究手法も古めかしいように感じられる．なぜならば，考察の対象としている時代も場所もきわめて限定されているからである．彼らが考察するのは，戦争勃発時の特定の決定についてであって，継続性の視点や長期的な視点から外交が言及されることはない．それだけでなく，世界における軍事力の全般的な配置といった国際舞台の全体像を検討することもできていない．

しかし，最終的に勢力均衡の議論に重要な進展をもたらしてそれを初めて鮮明に叙述したのは，グイッチャルディーニだった．彼は，ロレンツォ・デ・メディチが死亡した1492年より前のイタリアの政治状況を説明する中でそれを成し遂げた．その一節は彼の『イタリア史』の冒頭の数ページに現れるが，それは彼の晩年の1537年の作であることがごく最近になって明らかになった．グイッチャルディーニによれば，フィレンツェの統治者ロレンツォ・デ・メディチは，イタリアの大国の一つがさらなる拡大に成功したらフィレンツェが危険に晒されると確信していた．それゆえ彼は，イタリアの政治情勢を均衡状態に保つこと，すなわち，ある陣営が他の陣営よりも強力にはならないことが必要だと判断し，そのためには平和の維持が必要だと考えた．ナポリ国王も平和を希求し，イタリア半島で変化が起こらないことを欲した．ミラノの統治者も，現状がかき乱されると利益よりも恐怖のほうが大きくなることが分かっていた．それゆえ，これらイタリアの有力国は団結して連合を結成した．この連合は，外国の侵略を思い止まらせるためにも，当時ひどく恐れられていたヴェネチアを抑制するためにも，十分な力を持っていることがわかった．イタリアの有力国が互いの親交を深めることを真剣に考えていなかった事実に注意することは重要であるが，この連合システムは有力国の求めた目的は達成したのである．実際，イタリアの小国（プリンシパリティ）のほぼすべてが加わったことで同盟は巨大になったといわれる．この事実は，同盟が力（パワー）の「均衡（バランス）」を本当に表しているのか，いささ

かの疑問をわれわれに投げかける．〔しかし〕掘り下げて考えてみれば，これこそがグイッチャルディーニが描き出そうとした均衡であり，その決定的な証拠が彼の叙述の重要な一節にある．彼はイタリアの諸国家に関して以下のように著述した．

「なぜなら，彼らは嫉妬と競争心に駆られ，絶えずお互いの動きを監視し合い，そのいずれかがその力，あるいは名声を拡大させようとすると，必ずその計画を阻止するからである．しかし，結果として平和が不安定になることはなかった．むしろ，それぞれが以前にもまして，新しい突発事の原因となるような火の粉を即座にもみ消そうと努めたからである．物事の状態はかくのごとくであり，イタリアの平和の基盤もかくのごとくであった．それは極めて整然と釣り合いが取られていたため，差し迫って，事態が一変するようないかなる恐れもなかったばかりでなく，いかなる陰謀によっても，いかなる偶然の突発事によっても，あるいはいかなる武力によっても，このような静寂さが破壊され得るのかを想像することさえ容易ではなかった」[5]．

このような15世紀末のイタリアにおける特定の状況を歴史に即して正確に記述することは，ここでの関心ごとではない．おそらく勢力均衡の問題に関するすべての文言の中でもっとも有名な上記の一節からは，諸　力（フォース）を平衡に保ってきたあるシステムの痕跡が明瞭に読み取れる．フランシス・ベーコンが理由としてあげたことは，完璧とは言えないものの，力のシステムを的確に描写している．すなわち，システム全体を貫く神経質な緊張への着目であり，さまざまな小国が実際には互いを信頼せず，油断なく互いの動きを監視し，絶えざる駆け引きを活発に行うが，それでいてシステム全体としては平和の維持に役立つ，というものである．グイッチャルディーニはこの点を強調する．フィレンツェが「どんな些細な事態の進行をも監視するために最大限の努力を」払うことを怠ったら，均衡のシステムは維持できなかっただろう，と彼は言う．後年，フランシス・ベーコンはとくにこの点に着目し「見張り番を十分に配置している」君主について語った[6]．

グイッチャルディーニは，15世紀も末に近いイタリアに見られた特定の状況について興味深い情景描写をしたのであるが，このことから，彼が均衡の一般理論について詳しく説き明かしたとか，あるいはその教義がいまや世界の流行になった，などと思い込んではならない．実際には，ルネサンス期以降，国際問題における「均衡」が言及されるとき，概してそこでは何かが欠けていた．すなわち，勢力均衡の教義に対する真正の評価が単にまったく欠如しているか，その定式化が過っていたのである．ルネサンス期のフランスの外交官で回顧録を著したフィリップ・ドゥ・コミーヌは，フランスはイングランドと対決し，イングランドはスコットランド人と対峙し，スペインはポルトガルの対抗者であり，バイエルンはオーストリアと張り合っていると記した．彼は怠りなく対抗者に注意を払っていた国家や王朝のひとつひとつに言及しているが，その記述に欠けているのは，諸力(フォース)の一般的な場についての観念，すなわち国家システムと呼ばれる理念である．彼は，あるところでは，神はイタリアの国家や王家に控えめな態度をとらせるために，それぞれに対立する「対抗者」を配置した，と述べている．フィレンツェ人に対してヴェネチア人を，ナポリではアンジュー家に対してアラゴン家を，ミラノではヴィスコンティ家に対してオルレアン家を，という具合である[7]．〔イングランド王〕ヘンリー8世は，1520年にフランス王フランソワ1世と金襴の陣で会談した際に，自分の側が均衡を保持する計画を持っていたが，欧州の諸国家が釣り合い(エキポイズ)をとるべきだとは決して主張しなかった．ヘンリー8世の座右の銘は「朕付きたる者つねに勝れり（Cui adhaereo prae est）」であったが，それは彼の加担した側が有利になることを意味したに過ぎない．その後においてすら，釣り合い(エキポイズ)とは実際何であるのか十分に考えることなしに，人々は均衡(バランス)を否定する考え方をすることが可能であったという感じを受ける．それは「無視した結果としての肯定」（neglected positives）とかつて呼ばれたもの——「uncouth」（ぎこちない）や「unkempt」（だらしない）といった〔ある状態を否定することから成り立つ〕言葉とは対極にある——事例である．すなわち，平衡(エキリブリウム)という観念そのものを吟味したことがなかったとしても，優越する国が不均衡な状況を創りだしていることは知られているという状態である．今日では，歴史家がかつて勢力均衡の教義をテューダー朝イングランドの時代にまで遡って読み込んだことが安易すぎたのだ，

第6章 勢力均衡

という理解で一致できるだろう．いずれにしろ，1台の天秤を頭に浮かべてそれを単に比喩として用いている限りは，勢力均衡の理論を構築することはまったく不可能なのである．

16世紀末ごろ，著名な〔フラマン人の文献〕学者ユストゥス・リプシウスが政治的手腕(ステイツマンシップ)の教師として非常に大きな影響を与えた．その影響力の大きさは，どれほど著作が翻訳され改訂を重ねたのか，どのようにその学説が大学で取り上げられたのか，どれほど名声の聞こえた君主や指導者が助言を求め助力を得ようとしたのか，いずれを基準にして測ってみても分かる．明らか過ぎるくらい反倫理的なマキャベリの教説から科学的な側面を分離することによって，マキャベリの評価を回復させることに多大な貢献をしたのは，リプシウスだった．リプシウス自身は明らかに道徳心に富む人物であったが，その彼が，政治研究を古代世界から始める着想だけでなく，国際政治における力(フォース)の重要性に関する教義についても，マキャベリから受け継ぐことを強く主張したのは，重要なことだった．しかし，私の見るところでは，リプシウスは勢力均衡については何も理解していなかった．リプシウスはマキャベリの言葉を語り，他国が交戦状態にある場合に中立を維持することは誤りであるという教義を提唱したに過ぎない．〔他方で〕フランシス・ベーコンは近代的な勢力均衡の理念にもっと近づいている．なぜなら，彼はヘンリー8世，フランソワ1世，カール5世〔神聖ローマ皇帝〕について語ったとき，三人の支配者のうちの誰か一人が世界の端の部分でも獲得しようものならば，他の二人の支配者が即座に均衡の回復に取りかかるだろうと述べているからである．

私の経験から言えることだが，歴史研究者として勢力均衡に関する文献を収集，または専門家が収集した文献を調査すると，そうした文献は16世紀には比較的わずかしかなかったのが，1600年以降になると数が多くなるだけでなく，文献の意味も次第に曖昧さがなくなってくる．しかし，驚くほど膨大な数の文献が出てくるのは，17世紀中葉以降のことである．このことから判断すると，勢力均衡の教義が顕著な発展を遂げるのは，そのころにすぎないといえよう．

1640年代のマザラン〔フランスの政治家・枢機卿〕の公文書の中には，勢力均衡への言及が見られる．勢力均衡の理念はこの時代には特にヴェネチアと結

びついていた．フランス語の文献でもフランスの外交文書でも，ヴェネチア人が勢力均衡教義の推進者として描かれていたことが分かる[8]．しかし，この理論がひときわ通用性を増したのは，ルイ 14 世〔フランス王〕の治世につづく数十年間の事態の推移の結果である．フランスがスペインに代わって欧州の脅威となったことから，それまで世界に脅威を与えてきた原因がスペイン人特有の邪悪さにあったわけではないことが理解されるようになった．ある時代にはスペイン人を侵略者にし，別の時代にはフランス人を侵略者にしたのは，力（フォース）に本来的に備わった性質であった．この新時代においてフランス人はしばしば均衡の教義を軽んじた．ルイ 14 世が領土拡張の事業を推進するにあたっては，当然のことながら，この教義がフランス人に対抗するための有力な武器になったからである．さらに，各国政府がプロパガンダの重要性に注目するようになったので，勢力均衡の理論全体のもつ重要性がいっそう大きくなった．ルイ 14 世による戦争は多くの国々で大量の宣伝文書と時事評論を生み出させることになった．スペイン継承戦争は，欧州諸国家の政策が勢力均衡の教義の影響を受けるようになってゆく道筋を示す格好の事例だった．そのころになると勢力均衡の教義は，外交上の公文書，政府関連書類，同盟条約，平和条約の中に繰り返し登場している．

　この新時代を迎えても，理念は当初かなり曖昧だった．フランスとスペインの間の均衡に言及するときに，その均衡を支えたのはオランダ人だと言った文筆家もいたし，それはイギリス人だと言った文筆家もいた．このような物の言い方は隠喩を場当たり的に使ったにすぎないとも指摘されてきた．勢力均衡の教義がルイ 14 世と対立するようになったので，フランスの支配層はこれを好ましく思わない傾向があり，フランスにおける教義支持者は政府批判派から来ていた．その中には有名なフェヌロン〔神学者・作家〕がいて，彼はブルゴーニュ公爵の教育のためにきわめて精緻な論理を盛り込んだ著作を書いた[9]．彼は第一に，ある国が支配的地位に昇ることをいったん認められると，これまでにどれほど節度をもって行動してきたとしても，その国家に善き行動は期待できなくなるだろうと述べた．大国が咎められることなく自由に行動できるとしたら，自らの野心を通常の経路に閉じ込めようとはしないだろう．実のところ君主の一世代の治世を超えると，節度ある行動は期待できなくなるだろうとフ

第6章　勢力均衡

ェヌロンは述べた．第二にフェヌロンは，ある時には侵略者の阻止を支援していた国家であっても，侵略を阻止する行動の過程でいつのまにか征服の道に進むこともあると指摘した．言い換えれば，昔からの侵略国に対抗してより一層たしかな安全を確保しようとしていた国が，ふと気がつくと，世界全体の支配に向けて動き出している，ということが突如として起こる．第三に，フェヌロンは，勢力均衡を支配的な法と見なすべきだと考えた点で卓越した人物である．ある国の国内法――たとえば王位継承に関する法――は，「数多の国々が安全保障に関して有している権利」に道を譲るべきだ，という．

　勢力均衡の理念がこの段階に到達して意識的に定式化されるようになると，それは単に外交目標にされるにとどまらず，外交目標の中でも最高のものにまで高められた．国家政策においては，自国中心主義という要素がたえず明確に意識されていた．しかし，自分勝手だと思われない限り，それは今や国際秩序の保持すなわち勢力均衡の維持を目指していると受け止められた．勢力均衡の原理が実際に自国中心主義と野望に限界を設けたのであり，そのような抑制が現実に機能した．勢力均衡が機能したのは，正しい知識に基づいて自国の利益を主張したから，自国の長期的な利益のために短期的な目的を制限したからである．ビスマルク〔プロイセン宰相〕と同様に，おそらくフリードリヒ大王〔プロイセン王〕も，征服者の典型例とは言えないのではないか．彼らはナポレオンと違って，長い目で見れば国際秩序が重要だと考え，国際秩序に多少なりとも配慮を加え，保守的な政治家に転身することで，自己規制の原則を受け入れたからである．当然のことながら，勢力均衡システムのもとでは自国中心的になるだろうが，利己的な国家であっても少なくとも勢力均衡の原則に従っているように見せかけなければならず，そのことは，いずれにしても一般に認められた基準が存在することを示すものであった．

　欧州の平衡という教義が流行となり，それが深い意味をもつことが分かった時期が，世界が力の平行四辺形の法則に慣れ親しむようになり，天体が美しい釣り合いを保っていることを人々が理解し始めたまさにそのときであったのは，偶然とは思えない．この理論は，力学的な類推や遠回しの比喩によって説明されることがあった．そのような比喩表現あるいは分析が，奇妙にもベーコニアン・リング（訳注1）のようなものと一緒に現れることもある．これは18世紀が進

むにつれて一般的傾向になった．最近読んだ未公刊の論文は，ギボン〔イギリスの歴史家〕にとって均衡の理念がどれほど重要であったのかを論じており，彼にとっての特別のお気に入りは振り子であった．17 世紀には勢力均衡の理念と並んで，貿易収支均衡の概念やイギリス憲法の均衡理論も盛んになったようだ．フランシス・ベーコンは貿易の「健全な均衡」に関してかなり特異な見解を持っており，ときには，適正な割合の貴族階級を配置することによって社会を構成する諸部分を平衡させるという発想に立ち戻ることもある．さらに彼は，貿易関係が変われば勢力の均衡が変わりうることも認めている[10]．

　18 世紀が勢力均衡の教義にかくも大きな重要性を付与したのはなぜか，その理由は容易に理解できる．18 世紀の人々は，絶えずルイ 14 世の侵略を思い出しては，その再来を決して許してはならないと考えた．また，いまや支配的地位をもつとされる国で欧州大陸に君臨する国が一つも存在しなくなったことを喜ばしく思った．同様に，17 世紀に広大なスウェーデン帝国がバルト地方全体を包囲し，スウェーデンの弱体後にはロシアが台頭してこの地域で支配的地位を占める国になったことも想起された．これに対して，18 世紀はさしずめすべてが順調であった．18 世紀の人びとは，バルト地域がいまや五つの異なる国家に分割され，支配的地位を保持している国が一つもないと見られる現実を誇りに思っていた．18 世紀思想の背景には，繰り返し思い出される過去の記憶があった．過去とはいってもまだごく最近のことだが，他のどの時代にも増して陰鬱なもの，残酷な宗教戦争であった．そのときはヨーロッパ全体が一方の陣営はカトリックに，他方の陣営はプロテスタントに分かれて戦ったのだが，いずれの側も勢力の均衡に配慮することは一切なかった．この時代の人々が執心したのは，欧州におけるカトリックの秩序でもプロテスタントの秩序でもなく，それ自体として守るべき一つの国際システムであった．この新しい秩序は，君主国と共和国の双方から構成されていただけでなく，カトリックとプロテスタントの双方を包含していたからである．

　だが，さらに遡れば，ローマ帝国を振り返って，その再来を決して許してはならないと 18 世紀の人々は考えた．20 世紀の人々は忘れがちであるが，選択肢が二つしかないことを，この時代の人々は十分に理解していた．一つは平衡を生みだす力の配分であり，もう一つは古代ローマ帝国のような単一の普遍的

第6章 勢力均衡

帝国への屈服である．勢力均衡の理論は，ナポレオンが均衡を放棄して新たなローマ帝国を構築しようとしているかに見えたまさにその時に発展を遂げた．言い換えると，勢力均衡の理論家は，ほどほどの広さの領域があるに過ぎない諸国家に分割されている欧州という理念と，欧州大陸がキルトのパッチワークのような状態にあることを擁護することが必要だと認識していたのである．彼らは，統一的文化を有する統一的帝国という観念に対抗して，基本的には一つであるが様々な色彩のガラス片に分かれている文明という理念を広めて，それぞれの地方の多様な特質を生かしてより大きな豊かさを達成しようとした．一般的な，そして根本的な意味においては，彼らが言うように力(パワー)の配分はたしかに重要であったが，そのこととは別に，小国がそれ自体固有の価値を有していることも事実であった．勢力均衡は一つのシステムであり，力(フォース)に大きく左右される世界の中で夥しい数の小国がともかくも存続できるようにするシステム——唯一のシステム——だった．欧州秩序をそのようなものであると仮定すると，さまざまな国家が力(パワー)に関して平等であることはおろか，おおむね平等である必要さえまったくなかったし，そもそも，諸国家が平等な力(パワー)を持つことは不可能であった．現に〔ドイツの政治家で〕文筆家のゲンツは，欧州がまったく同一の面積を有する国々に分割されたなら，勢力均衡の類いを確立するのは容易ではなく実際にはきわめて困難だろうと主張した[11]．ゲンツは，ある国が領域を拡大したとしても必ずしも他国が同じように領域を拡張する必要はないと指摘した．通常は，同盟を再編することによって均衡の調整が図られる可能性があるからである．さらに，均衡は小国の存続を保証しただけでなく，小国にある程度の自治つまり独立して行動する権力(パワー)をも約束した．均衡は，小国の独立性を決定的に重要な分野すなわち対外政策の分野において保証した．言い換えれば，小国は均衡を通じて単なる衛星諸国家(サテライツ)としてではなく一つの国家として存続できたのである．リシュリュー〔フランスの宰相・枢機卿〕は，現在のシステムのもとでは大国よりも小国の方がより大きな行動の自由をもっており，同盟関係においては小国よりも大国の方が相手国に見放されやすいとかつて指摘したことがあった[12]．そして実際に勢力均衡システムは，同盟国の一つがあまりにも強大になると忠誠の対象を転じて反対側の勢力に加担するという小国の自由な行動によって維持されていたのである．

以上から，勢力均衡が 18 世紀には壮大な概念として理解され，国際関係の全体的理論へと精緻化させられていったことが理解されるであろう．しかし，システムの詳細に関しては不一致も見られたのである．イギリス（Great Britain）を勢力均衡の永続的支援者であり保護者と見なす傾向が，ハノーヴァーの研究者の一部にはあった．海洋国家が決して自由を脅かさないという立場を，彼らはとっていたからである．フランス人は異なる見解に立っていて，イギリスが攻撃的な侵略者であって実際には同盟システムの外に位置する存在だと論じることも時にはあった．その言い分によれば，イギリスは欧州における勢力均衡を語る一方で，ヨーロッパの外の世界ではこの原則を尊重する姿勢を見せない．フランス人は同じように，ロシアと同盟を結んでいるあらゆる政府に対しても不満を漏らして，むしろ団結して排除すべきアジア的国家とロシアを見なした．〔他方，〕トルコに関してはかなり異なる見解とならざるをえず，1790 年代にはイギリス議会においてトルコがシステムの内か外かという問題が取り上げられた．トルコはフランスとの伝統的な同盟国であったので，この観点から判断すれば，均衡システムの内側にあると見なされなければならなかった．

　欧州秩序の力学は，機械全体のデザインのような複雑なものとなることもあった．それを歯車の中の歯車と描出する著述家もいた．ヨーロッパ内の各地方における多くの勢力均衡システムを想定し，それらすべてを内包するより広範なシステムとして欧州の均衡を理解することもできた．ある著述家は，ヨーロッパ南部‐西部諸国家間に第一の平衡（エキブリウム），北部‐東部諸国家間に第二の平衡，ドイツ域内に第三の平衡を見出したうえで，最後にこれらすべてを包含し欧州大陸全体に広がる包括的な均衡をとらえた．ロシアとプロイセンが大国として浮上した 1763 年以降，オーストリア，ロシア，プロイセンの三国が相互に平衡を保ちながら，いつでも飛びかかれるよう身をかがめる 3 頭の虎のように向かい合うという，興味深い力（フォース）の三角形状況が東ヨーロッパで生じた．ある国が有利になれば，他の二国は均衡を回復し損失を相殺するために互いに接近するだろう．三人のバレエの踊り手の間では，絶えず交代と交換が行われる．これは，歴史上観察しうるなかでもっとも勢力均衡の原則が集約的に適用された例である．しかし，これらの**三つの国**がある政策についていったん合意すれば，

第6章 勢力均衡

西ヨーロッパ諸国——たとえばイギリスやフランス——は，東ヨーロッパにおける三国の行動を止めることは決してできなかったであろう．ポーランド分割が可能となったのも，このような状況においてであった．その結果，東ヨーロッパには均衡がうち立てられたかもしれないが，欧州全体の均衡システムには欠陥が生じた．他方，オスマン・トルコ帝国は，自国を防衛する力を失った後も，勢力均衡システムの一部として長期に亘って存続することができた．こうして西ヨーロッパ諸国は東ヨーロッパ諸国に対して釣り合いを取ることができた．すなわち，イギリスとフランスはロシアを抑制することができた．これは疑いもなく，部分的には〔トルコとの同盟によって得られた〕海洋交通によるものであった．

勢力均衡の原則には明らかに現状維持の傾向があり，領域的変更の歯止めとなっていた．フリードリヒ大王は政治的遺書の一つで将来獲得しようとする領域を提示したが，そのような拡張の試みがその時点では実現可能でないとも警告もしている[13]．どれほど完璧な奇襲に成功しても，他国が干渉して，二つの陣営は僅差で拮抗することになるだろう，と彼はいう．闘争は苛烈なものとなり，最終的には割に合わないものとなるであろう．彼の政治的遺書から数年も待たずして，エドマンド・バークは『アニュアル・レジスター』誌に次のように書いた．

「近代の政策の誇りとされる勢力均衡は，当初，一般的平和と欧州の自由の両方を維持するために作り出されたが，実際には欧州の自由を維持しているに過ぎない．この理念は，無数の無益な戦争の原型であった．〔戦争という〕政治的拷問において，ある基準に基づいて力(パワー)が拡張されたり縮小されたりするが，その実態はいまだかつて正確に想像されたことはなく，今後も果てしない闘争と殺戮の原因であり続けることが懸念される．すべての宮廷に諸外国の大使が恒常的に滞在し，交渉が絶え間なく継続される中で，国家間の連合と対立があまりに広範囲に波及するために，敵対行為が始まるときにはいつも交戦圏は驚異的な範囲に広がってしまうのである．このような拡散的な戦闘においては，すべての当事者が必然的に強い側面と弱い側面をもつ．ある部分で獲得したものは，他の部分で失われる．結

果として，戦況があまりに均衡したものとなるために，すべての当事国が確実に大規模な損失を被ることになる．もっとも幸運な者さえほとんど利益を得ることはできず，その利益が費用と損失に見合ったものであることは決してない……現代の平和条約（においては），……正しい意味で征服者あるいは被征服者と呼べる者は存在しない」[14]．

ギボンはほとんど同じ内容を述べながら，より肯定的な評価を加えている．彼は「ヨーロッパの戦争における武力行使は，控えめでなかなか決着のつかない抗争を通じて行われる」と著述した[15]．しかし，勢力均衡は，小国を擁護するというまさにその理由から，平和よりもむしろ自由を維持する機能を果たすと理論家に認められることもあった．このことは，ヨーロッパ秩序の特徴の一つ，すなわち，自由を安寧よりも重視する秩序であるということ，と一致している．これを言い換えれば，普遍的帝国の原則と権力分配の原則のいずれかを選択しなければならないということである．

　1802年の『エディンバラ・レヴュー』誌のある論文は，勢力均衡の理念が科学の進歩と近代世界の特殊な状況の結果であると言明している．それは，古代ギリシャ人や古代ローマ人にとって，ケプラーやニュートンの学説と同じくらい未知のものであった．この論文は，勢力均衡のシステムが必要とする柔軟性，すなわち，定期的な監視，小さな変化に対する注意深い観察，そして世界地図の反対側で起こっていることに対する不断の関心，を強調した．この論文は，侵略国が実際に出現する前に潜在的な侵略国を抑えるべきだという立場を取っている．実際のところ，攻撃するべき対象は侵略を生み出す状況であり，回避するべきはあらゆる国家（パワー）による行き過ぎた拡張であった．事後的に行動を取るのでは遅すぎるのだ．侵略者が実際に手の内を見せるまで待つのは誤りである．『エディンバラ・レヴュー』誌は，諸国家には相互に制御し合う権利，すなわち，列国のうちの一つが危険な存在になることを防止する権利があるという立場をとった．ある国家の権力が強大になり過ぎる傾向にある場合，その国家が攻撃的な行動に移る前であっても，その国家の弱体化を試みることには正統性があるという主張に出会うことがある．しかし，この点については意見が分かれる．フランシス・ベーコンは，ある国家が打ち破りがたいほど強大化

した場合に，その国家が取りうる行動に対する恐怖を理由にして戦争を十分に正当化できると考えた．しかし，グロティウスは，過度に強大な国家自らが攻撃しようとしない限り，その国家に対する戦争は誤りであると主張した．また，国際秩序を国際秩序たらしめている理知的な認識とでも呼べるものをシステム全体が必要としていることを付け加えてもよいだろう．イギリス人がフランス人を毛嫌いするあまり，侵略者になるのはフランス人以外にありえないと思い込んだら，すべてが崩壊することになる．われわれは概して，古くからの侵略者とあまりにも長く戦い続けた結果，新たな侵略者の登場を容易にしてしまうという誤りを犯してきた．もしもイギリスが〔ウィーン会議が開催された〕1814年から1815年の期間のように，プロイセン人を愛するあまり，彼らがつねに友人であり続けるという前提に基づいてプロイセンの過度な拡張を承諾するとしたら，同様の危険を犯すことになるだろう．

　実際のところ，こうした硬直した態度はつねに深刻な危険となり，深く根ざした偏見を通じてシステムを絶えず脅威に晒してきた．〔スペイン継承戦争の和平条約である〕ユトレヒト条約締結以降，システムを差し当たり安定的なものと見なす傾向が生まれ，現状維持をよしとする想定が生じた．勢力均衡をあたかも欧州の「憲法」であるかのように表現する，硬直化しがちな教義解釈さえあった．その憲法は，部分的には（たとえば，条約などの形での）成文憲法であり，部分的には（均衡のとれた英国憲法のように）不文憲法であるとされた．ゲンツはナポレオン時代のシステム全体を擁護して，以下のように述べた．

　　「一般に勢力均衡として知られるものは，隣接してある程度相互に結びつきのある諸国家の憲法である．この憲法によって，いかなる国家も他国の独立と本質的権利を侵害することはできなくなるし，それをすれば何らかの形で制約を受け，つまりは自らを危険に陥れることになる」[16]．

現実においては，政治家も著述家も多くの場合，勢力均衡をヨーロッパ諸国の現状の勢力分布図とみなし，現在の同盟の編成再配分を引き起こすいかなる変化も毛嫌いする傾向がある．あるいはさまざまな国が，それぞれ自分自身の勢力均衡システムとみなすものを維持しようとする．諸国家は感傷的な愛着から

同盟を継続するかもしれないし，同盟が婚姻関係や商業利益のため長期的に固定されていることもあるかもしれない．フランス人が18世紀に均衡の維持に言及した際は，多くの場合，力(パワー)の配分における変化に対応して迅速な調整を行うことではなく，既存の同盟関係を維持することを意味した．実際，スウェーデン，ポーランド，トルコとの同盟への愛着のあまり，フランスは柔軟性を失ってしまったかもしれず，その間にロシアが台頭することになった．他方，国益のために一方の同盟システムに属したとしても，他陣営に属する特定の国家との間に継続的な婚姻関係や規則的な商業関係を維持することになれば，それは，敵対する同盟グループ相互の橋渡しや，戦争の緩和や，他の**陣営**に属する国家を引き込む試みを促したりするのに役立つかもしれない．

　勢力均衡の原則は，一つの選択肢を示す指針，すなわち，ある行為を別の行為のかわりに行うことを求める命令とみなされることがある．18世紀には，この原理はむしろ法とみなされた．この法は，国際秩序と国家システムが存在すれば必ず作動するとみなされ，政府が長期的な国益に敏感であることを前提とした．〔この見方によると〕勢力均衡の原則は，諸国家が局地的な優位性を追求するだけでなく，長期的な国益をも追求すると想定されるという意味においてのみ命令であるといえる．近代の歴史的著作は勢力均衡に関する文献から発展してきた．ゲッティンゲンの歴史家たちは「欧州国家システム」の概念を政治評論家や政治家から引き継ぎ，採用した．彼らもまた，このシステムに多少類似した条件が古代ギリシャやアレキサンダー大王の帝国を継承した君主国家において見られたとはいえ，欧州国家システムは近代における西洋の創造物であるとみなした．ゲッティンゲンの歴史家の一人，ヘーレンは，当時絶頂期にあったナポレオンが欧州国家システムを完全に覆したときでさえ，このシステムを賞賛し続けた．ヘーレンはこの幸先の悪い時期にさえ，この国際秩序，すなわち欧州国家システムが，全地球を覆うまで徐々に発展するであろうと示唆した．ランケはゲッティンゲンの歴史家から欧州国家システムという考え方すべてとともに，勢力均衡の観念と，結果として生じる秩序における力(フォース)の作用についての認識を引き継いだ．20世紀のイギリス人は，ランケの学説のこの側面をプロイセン的であるとして非難したが，ランケが参照したハノーヴァー学派がまさにイングランドとの結びつきの結果発展したものであったことを認識

第6章　勢力均衡

していなかった．

　以上のことから，国際秩序は自然から授かったものではなく，洗練された思索，綿密な計略，そして精巧な技巧の所産であると推論したい．国際秩序とはせいぜいのところ不安定なものであり，ごく抽象的なもののように見えるにもかかわらず，人々が自分の国家や他の私的な目標に対して抱くのと同様の忠誠心や継続的関心——それ自体国際秩序があってこそ追求できるのだが——を求める．私はさらに，1919年に世界が下した判断，それまではすべてが自然状態にあり，国際関係の場にはアナーキーしか存在せず，外交関係や国際システムに関するすべての考え方を再び最初から作り直さなくてはいけないという考え方は間違っていたと推論したい．私が個人的に知りたいのは，これまで考察してきたような国際関係に関する思想が，恒久的な制度化を試みるかわりに，過去150年間単純に発展を続けたとしたら，何が起こっただろうかということである．

　実際のところ，国際関係に関する思想は，フランス革命以来世界に多大な影響を与えるようになったイデオロギー的な対外政策の観念と交錯してきた．革命主義者と自由主義者が19世紀に活発な対外政策と戦争を通じて自らのシステムの普及をいかに企てたのか，観察するのは興味深い．1793年，1830年，1848年のフランス人の多くは，19世紀末にはフランス共和国がロシア帝国と同盟を締結することになると知ったら衝撃を受けただろう．世界は戦争が宗教戦争であるべきという観念から定期的に乳離れをさせられ，国際秩序を創造するための戦争——そのようなものが存在するとして——の渦中へ放り出される運命にあるようにみえる．

　最後の推論になるが，若者たちに彼らの生存を支える秩序の基礎にある深遠な理念や原則を教えない目下の教育システムは奇妙なものであると言いたい．

注
1) Polybius, book i, ch. 83, 4.
2) *The Prince*, ch. xxi.〔マキアヴェッリ（河島英昭訳）『君主論』岩波書店，1998年，163頁〕
3) Letter to F. Vettori, December 1514 (*Opere* (Firenze, Conti, 1818-21), vol. x, pp. 199-211).

4) *Ricordi politici e civili*, no. lxviii ; cf. nos. ccxxxvii and ccxxxviii (*Opere Inedite di Francesco Guicciardini* (Firenze, Barbèra, Bianchi, 1857-58), vol. i, pp. 110-1, 170).
5) *Storia d'Italia*, book I, ch. i.〔F グイッチァルディーニ（末吉孝州訳）『イタリア史 I』太陽出版，2001 年，42-43 頁．訳文では，引用部分はバターフィールドの示した第 1 巻第 1 章の末尾部分だけでなく第 2 章の冒頭部分も含まれている〕
6) 'Of Empire', first published 1612 in the second edition of *Essays* (*Works of Francis Bacon*, ed. J. Spedding, R.L. Ellis and D.D. Heath, vol. vi, p. 420).
7) *Memoirs*, book V, ch. xviii ; see below, p. 149.
8) 1646 年のマザランからダヴォ伯爵への手紙を参照のこと．「この点に関してヴェネチア人たちの主な動機は，事態を〔ヴェネチア〕共和国の頭を大きく占めているこの均衡下に置くことである」(quoted in G. Zeller, *Les Temps modernes, I. de Christophe Colomb à Cromwell* (*Histoire des Relations Internationales*, ed. P. Renouvin, vol. ii, Paris, Hachette, 1953), pp. 203-4)．他の側面については，1645 年 11 月 25 日のフランスとデンマークとの間の同盟条約第 12 条を参考のこと．「商業の自由は大西洋，北海，バルト海においてこれまでと同様の状態が維持されることによって存立することから，両王国は平和と秩序の基礎として役立った，その古くからの有益な均衡形態が一切の変更なしにすべての国家により保持されるように行動し尽力するであろう」(J. Dumont, *Corps Universel Diplomatique* (Amsterdam, 1726-31), vol. vi, part i, p. 329).
9) 「明らかに普遍的な君主制を熱望する列強国に対抗する攻撃的ないし防衛的な同盟を形成する必要性に関しては」．Supplement à *L'Examen de Conscience sur les Devoirs de la Royauté* (*Oeuvres*, Paris, Lebel, 1824, vol. xxii, pp. 306-15).
10) 'Of Seditions and Troubles' and 'Of Empire' (*Works*, vol. vi, pp. 410, 420).
11) F. von Gentz, *Fragments upon the Balance of Power in Europe* (London, Peltier, 1806), p. 63 note.
12) 「力をもつ者は誰でも通常理性を有するというのが一般的な意見であるにもかかわらず，それでも，条約によって結び付けられた力の不均衡な二つの国のうち，力の強い方がもう一方の国よりも当該条約を破棄する危険を冒すことになるのが実際である」．Richelieu, *Testament politique*, ed. L. André (Paris, Laffont, 1947), p. 354. See Rudolf von Albertini, *Das politische Denken in Frankreich zur Zeit Richelieus* (Marburg, Simon, 1951), p. 188.
13) *Politische Corespondenz Friedrich's des Grossen*, Erganzungsband, *Die Politischen Testamente Friedrich's des Grossen* (Berlin, Hobbing, 1920), p. 48.「力の均衡が確立され，侵略者や攻撃者に対抗する力の平等を構成することになった．……そのような政策が欧州でひとたび確立されれば，超大国により行われる戦争であって避けがたい運命でない限り，大規模な征服を阻止して戦争を実りのないものにすることになる」．49 頁では，シレジアに対する奇襲攻撃のために「美事な一撃」を食らわせることを宣言しているが，これは二度と起こりえないことである．1752 年の政治的遺書(テスタメント)に対するフリードリヒ大王の平和と戦争の問題に対する態度に関

第6章　勢力均衡

しては以下の文献を参考のこと．E. Bosbach, *Die 'Rêveries Politiques' in Friedrichs des Grossen Politischem Testament von 1752* (Köln Graz, Böhlau, 1960), pp. 64-7.
14)　*Annual Register* for 1760, pp. 2-3. Cf. *ibid*. for 1772, pp. 2-3.
15)　*The Decline and Fall of the Roman Empire*, 'General Observations on the Fall of the Roman Empire in the West', following ch. xxxviii.
16)　*Fragments upon the Balance of Power in Europe*, ch. i, *ad init*.

訳注
1]　観察者はデータを選択し，これを順序立てて分類することで系統的な比較を可能とし，これから法則を発見しようとするが，ベーコニアン・リングとは，事実や経験が法則を生み出すのではなく，観察者によるデータの法則的な選別が法則を生み出しているという矛盾のことである．

第7章
勢力均衡(バランス・オブ・パワー)

マーティン・ワイト

　国際政治の理論分析というのは，表層から深層のレベルへと移行しながらその両方のレベルにおいて，政治的活動の「法則」ないし規則を見つけ出していくもののようである．表層のレベルでは，隣国はふつう敵であること，共通の国境はふつう争われること，および自国の本来の同盟国は隣国の後方に位置する国であること，というのが規則である．これらの規則を，他にふさわしい言葉がないので，勢力様式（pattern of power）概念と呼ぶことにしよう．この概念は，カウティリヤによって『実利論』の中できわめて綿密に展開されたが，勢力均衡（balance of power）の理論が提起されるまでには至らなかった．コミーヌの『回想録』における有名な章——近代ヨーロッパの文献の中でもっとも早く勢力均衡を説明したものとして通常評価されている——は，勢力様式をさらに鮮明に解説しており，隣接する諸国が普遍的に対立することは「幾人かの君主たちの獣性と……他方の君主たちの邪悪さ」を抑制すべく，神によって定められたにちがいない，と論じている[1]．ネイミアは，勢力均衡を忘れようとした世代のために，国際的な同盟における「奇数・偶数体系」と適切に言い換えたうえで，これを「国際政治のサンドウィッチ体系」と呼んだ[2]．

　勢力様式という考え方は，地理的な枠組みとの関わりにおいて国際政治を一般化することを可能にする．勢力均衡という考え方は，より高度な抽象化を伴う．勢力均衡は，諸国をチェス盤の駒としてよりも天秤の錘として考えることを意味する．すなわち，道徳的な重みと物質的な強さを調和させるという考え方を基本に，心の中で国々を地理的な位置から切り離して，同盟や親近性に沿って整理するのである．勢力様式は戦略の考察を導き出す一方，勢力均衡は軍事的潜在力，外交イニシアティブ，経済力の考察を導き出す．

勢力均衡という観念は，勢力様式と比べて周知のとおり混乱に満ちているため，一般に受け入れられるような勢力均衡の「法則」や原理を記述することは不可能である．混乱の原因は少なくとも三つある．

第一の原因は，「均衡」という隠喩自体が両義的であり，可塑的だという点である．国際的な力の均衡という観念においては，優勢よりも釣り合い(エキポイズ)という考え方のほうが論理的に優先するように思われる．そのわけは，『オクスフォード英語辞典』をみても「均衡」の比喩的な意味の初期の歴史にも示されていない．均衡は，正義あるいは理性の基準という意味から，運ないし機会の揺らぎ，主観的不確実性（躊躇），客観的不確実性（リスク）をへて，早くも1393年に書かれたガウアーから引用すれば「決定力もしくは決断力：権威的支配」という意味へと変化してった．これはおそらく，いかなるヨーロッパ言語における国際政治を表現する隠喩としての使用例よりも100年早く，また英語で国際政治に適用された記録に残る初めての使用例よりも200年早かった．そしてここでの使用例は，ちょうど「権威的支配」という意味を示している3)．もしも勢力均衡の維持が国際社会を舞台とする政治家にとって常に究極的な任務であり続けてきたのであれば，その任務の難しさは隠喩それ自体の可変性と非一貫性によって予告されているといえよう．ごく単純にいうならば，「均衡させる」という動詞の根本的意味は「重さを比較する」ということになるだろう．しかし重さというものは，重さが同等であることを明らかにするため，ないしは重さの違いを見つけて測るために比較されうるものであり，あるいは（その重さが人や社会の重要性である場合は）バランサーの権威感覚に役立たせるためである．これらすべての意味が「勢力均衡」という言葉に共存している．

第二の混乱の原因は，規範と記述の重複である．「勢力均衡」という言葉を含むほとんどの文章には，規範的意味と記述的意味が含まれている．それらは，対外政策で何を追求すべきかだけでなく，国際的な同盟を規定する傾向，法則もしくは原理についても説明している．勢力均衡には二つの意味があるからである．第一は，対外政策のシステムである．そのシステムは国際政治における主体によって，支持され，無視され，あるいは他の想定されるシステムが選ばれた結果，否定される．第二に，国際政治の目撃者（政治評論家，ジャーナリスト，研究者）が，国際政治を推論する際の，もしくは国際政治に関する自ら

第 7 章　勢力均衡　　　　　　　　　　　　　　　171

の考えを適用する際の，一つの歴史的法則ないし分析上の理論的原理である．だが，主体と目撃者は別個の集団ではない．すべての主体は，ある部分では（他の主体の）目撃者であり，すべての政策は何らかの理論を前提としている．そして，すべての目撃者は，（とりわけ政治的に自由な社会の中では）不満を抱いた主体である．

　第三の混乱の原因は，均衡を測ることは推定を含意しており，裁判官のような超然さを求められることである．ところが，勢力均衡を推定する国際的な主体は，自らが推定する事象に関与しているため，超然とした立場に立つことができない．その判断は客観的なものとして表明されるが，必然的に主観的となる．こうした洞察力の偏りは社会生活には内在するものであるが，国民の生存や破滅が問われるときほど声高に叫ばれる．

　本論では，国際政治において，「勢力均衡」が以下のような異なる意味を有してきた，ということを明らかにしようと努める[4]．

1. 勢力の均等な配分．
2. 勢力は均等に配分されるべきであるという原則．
3. 既存の勢力配分．それゆえ，あらゆる勢力配分の可能性．
4. 弱国の犠牲のうえに成り立つ大国の均等な拡大という原則．
5. 勢力が不均等に配分される危険性を回避するために，自国側が力の余裕を有すべきとする原則．
6. （「保持する」という動詞に準拠する場合）勢力の均等配分を維持するうえでの特別な役割．
7. （同上）既存の勢力配分における特別な利点．
8. 優勢．
9. 国際政治に内在する，勢力の均等配分を生み出す傾向．

これら異なる意味の絡み合いをほぐすことは困難であり——おそらく本稿が熟慮のすえというよりは図らざるも示すように——勢力均衡に関するほとんどの文章が二つ以上の意味を同時に含意することが多いことは，この問題の面白い点である．

均衡という隠喩をその本来の意味で国際政治へ適用すると，**勢力の均等な配分**という意味になる．つまり，いずれの国もそれほど優勢にはないため，他国を脅かしえないという状況である．これを意味1と呼ぶことにしよう．これが「勢力均衡」の第一の意味であり，常にこの意味に回帰しやすい．三つまたはそれ以上の錘が存在し，それゆえに均衡していると考えられる場合は（1454年から1494年にかけてのイタリアにおける五強，または19世紀の欧州協調を形成した五大国のように），多角的な均衡（multiple balance）と呼ぶことができる．二つの錘のみが考慮される場合は（16世紀と17世紀におけるハプスブルクとフランス，18世紀のイギリスとフランス，1914年以前の三国同盟と三国協商，もしくは1945年以降のアメリカとロシアのように），それを単純な均衡（simple balance）と呼ぶことができよう．単純な均衡という概念は，多角的な均衡と比べてより抽象的である．それは大国への選択的集中を意味する．だが，西欧国際社会の歴史において，単純な均衡が実際に存在し続けたことはまだない．対立関係にある支配的な大国が存在する場合には，必ずそれらの大国の周辺もしくはその狭間にあって，多角的な均衡に寄与すると考えられる力の弱い国々が存在していた．ローマとペルシャの事例のような二つの世界帝国が対立したときでさえ，あてにならない従属国や御しにくい緩衝国によって均衡は変動し活性化されていた．アルメニア，オスロエネ，パルミラといった国々がそうである．また〔ビザンティン皇帝〕ヘラクレイオスと〔ササン朝ペルシア王〕ホスロエスの深刻な対立は，アヴァール，ブルガリア，スラブ，ゲピド，カザールによる自立的行動によって，おそらく決定的な影響を受けていた．

　しかし，均等な配分という意味での勢力均衡概念にとって，多角的な均衡と単純な均衡との区別は重要ではない．多角的ならびに単純な均衡の双方には，平衡状態という考え方が存在している．マキャベリが1494年のフランスの侵攻以前には「イタリアはある程度まで均衡を保っていた」と記したとき，また，グイッチャルディーニが，ロレンツォ・デ・メディチは「注意深く，イタリアの状況が一方の側にのみ有利にならないよう，均衡が保たれるように努めた」と記したとき，彼らは勢力均衡概念を勢力の均等配分という意味で表現しようとしていたのである[5]．そのため，100年後の1609年に，スペインによる支配的優越の試みが打ち砕かれた際，サー・トーマス・オーヴァベリーは国家シス

第 7 章　勢力均衡

テムを以下のように説明した．

「キリスト教世界のこちら側はスペイン・フランス・イングランドの三人の王の間で，あちら側はロシア・ポーランド諸王・スウェーデン・デンマークの間で均衡している，とまず考えることができる．ドイツはというと，かりに単一君主制のもとにすべてが支配されることになれば，残りすべての国にとっては恐ろしいことになるだろう．そのためドイツは同じ力を備えた数多くの君主の間で分割されているのである．それは，ただ自らの均衡を保つためだけであって，トルコとの安易な戦争を行っている．一方で，ペルシャは自らをより強い立場に留めている」[6]．

同様の隠喩を用いて，ロカルノ条約によってもたらされた欧州の状況をチャーチルは描き出した．「こうして一つの均衡が作り出され，その中で独仏間の争いを停止させることに主要な利益を見出したイギリスは，大いに審判官と調停者の役をつとめることになった」[7]．また，イーデンは「朝鮮での戦争は力の均衡をつくり上げ，これがそれなりに認められ，尊重された」と記した[8]．均等な配分に関する同様の認識は，レスター・ピアソン〔カナダ首相〕の「恐怖の均衡が勢力均衡にとって代わった」という寸言にも表れている[9]．この用法では，「均衡」という言葉は「平衡（エキブリウム）」という意味を保っており，おそらくは，維持すると保持する・覆すと転覆する・矯正すると回復する，などの動詞の目的語としてよく出てくる．

ほとんど自覚しないままに，均衡という表現は記述的用法から規範的用法へと変化する．やがてそれは，(2)**勢力は均等に配分されるべきである**という原則を意味するようになる．アメリカ独立戦争中，ジョージ 3 世がエカテリーナ 2 世の支援を求めていた際，エカテリーナ 2 世は「勢力均衡に関する私の考えは陛下の考えと完全に一致しています．わが国は，欧州のどの国であれその勢力の拡大ないし縮小が本質的なものであれば，無関心なままにそれを眺めていることはできません」と返答した[10]．1954 年に『マンチェスター・ガーディアン』紙は次のように書いている．「共生しなければならないなら，勢力を均衡させなければならない．なぜならば，勢力が不均衡であるとき，共産主義は

聖戦を再開しようという抗いがたい誘惑にかられるから」[11]. これらいずれの引用文においても，意味2は意味1から派生しているとみなすことができる．1713年，フランスとスペインの王位の永遠の分離を正当化するために，ユトレヒト条約〔スペイン継承戦争を終わらせた講和条約〕に一文が挿入された．「最後に，すべての懸念および疑念は人々の心から取り除かれ，また，キリスト教世界の平和と静謐が（相互の友好および永続的な一般的約定のための最善にして最も強固な基礎である）正しき勢力均衡によって定められ安定させられるように」という一文である[12]. それ以降の200年にわたって，勢力均衡は国際社会の憲法原則であるかのように一般に語られ，法律家はそれを国際法にとって不可欠の条件であると述べた[13]. それは皮肉にも個人の繁栄の条件として強調されもした．

　　「**勢力均衡？**　ああ，それ回復せざれば
　　隠遁いかなる確たる喜びを与え得るや？」

と，アイザック・ホーキンス・ブラウンはポーランド継承戦争中に歌った[14]. バークは，『フランス国王弑逆の総裁政府との講和商議についての一下院議員への手紙』において，「欧州において勢力均衡は，よく知られた普通法（コモン・ロー）と見なされてきた．（起こるべくして）起こる問題とは，多かれ少なかれバランスの傾き具合についてだけであった」と記している[15]. その65年後に，ジョン・ラッセル伯爵は，「欧州における勢力均衡は，実際上いくつかの国家の独立を意味する．いかなる国の優位もこの独立を脅かし破壊する」と述べた[16]. 欧州協調は，はじめから，また本質的な意味で，勢力均衡の原則に関する共通の合意であった．

　しかしながら，国際政治で問題になるのは，勢力の配分が長期間一定に保たれることはないということ，また，均等な配分についての国々の意見が通常は一致しないことである．勢力の配置はおおむねいくつかの国に有利なものとなっているから，これらの諸国は**現状**を維持しようとし，現状を平衡という意味での真の均衡だとして正当化する．これは他の国々にとっては苛立たしいことであるため，これら諸国の政策は現状修正派的となる．国内政治において「世

第7章 勢力均衡

襲制度」や「財産」という言葉が独立独行あるいは無産階級の人々にとって神聖な響きをもたなくなったのと同様に,「勢力均衡」も不利な立場に置かれていると考える諸国の代表者たちにとっては道徳と法に根拠を置いているという含意を失っている。このような言語的プロセスは, 1940 年 7 月にモスクワで行われたクリップスとスターリンの議論にみることができる。クリップスは, ドイツによる西欧侵攻がイギリスと同様にロシアをも脅かすことをスターリンに説得する任務をもって, イギリス大使としてモスクワに派遣された。「したがって両国は, ドイツに対する共通の自己防衛政策, および欧州における勢力均衡の再建について, 合意すべきです」とクリップスは述べた。スターリンは, 欧州がドイツに呑み込まれる危険はないとして次のように答えた。「いわゆる欧州の勢力均衡は, これまでドイツのみだけでなくソ連をも圧迫してきた。したがってソ連は, 欧州における古い勢力均衡の再構築を妨げるためにあらゆる措置を講ずる」[17]。同様に 1936 年, ヒトラーはチアーノ〔イタリア外相〕に向かって,「地中海の勢力均衡のどのような将来的な変更もイタリアにとって有利なものでなければならない」と述べた[18]。ここでは勢力均衡という語句は, 勢力の均等な配分という意味を完全に失って, 単に(3)**既存の勢力の配分**だけを意味している。この用法は, 現状修正派諸国だけに限定されるものではない。1951 年, 海軍省政務次官が下院に対して,「海軍力の均衡はこの 10 年の間に劇的にわれわれに不利になってしまった」と語った際[19], 勢力均衡は中立的にかつ無感情に使用されている。そして自然の勢いとして, 勢力均衡は現在または過去と同様に未来の**勢力のあらゆる配分の可能性**を意味するようになる。それゆえチャーチルは, 1942 年にイーデンに宛て「勢力均衡がどのような状態にあるのか, あるいは, 勝利した軍隊が戦争の終わりにどのような立場に置かれているのか, 誰も予見できない」と書いた[20]。ここでの勢力均衡とは, ある特定の時点で存在する勢力関係を意味する。用語の使われ方としては, これがいちばん多いかもしれない。「均衡」という言葉は,「平衡」という意味を完全に失っている。そこでは安定という観念が弱まり, 意味 1 と比べて永続的な変化という考えがより強くなっている。そして, あたかも人間の統制がほとんど及ばないかのように(勢力均衡が「変化した」ないし新たな勢力均衡が「生じつつある」などといった)文章の主語となることが多い。

これまで，われわれはおおよその状況を説明するものとして「勢力均衡」を考察してきた．今やそれを政策として検討する必要がある．ただし，〔状況と政策という〕二つの概念は切り離すことができないということは明らかだ．勢力は均等に配分されるべきであるという原則は，それが誰によってなされるのか，という疑問を提起する．それに対しては三つの答えがあるであろう．(a) 関与するすべての国の政治的手腕と努力の組み合わせによって，また単純均衡の場合は関与する**双方**の国もしくは同盟諸国の政治的手腕と努力の組み合わせによって，均等な勢力の配分が生じるかもしれない．(b) 均等な勢力の配分は，「均衡を保持している」とされるある特定国の責任である，とみなせるかもしれない．この答えは多角的な均衡を前提としている．真の単純均衡では，均衡を保持しているものは除外される．均衡の保持者は第三の勢力だとする仮説にたっており，それが漁夫の利（*tertius gaudens*）を得るかもしれない．(c) 政治的な諸力は平衡に向かうという基本法則ないし傾向を通じて，広範囲かつ長期的にみれば，勢力の均等な配分が生じるかもしれない．以下，これらの答えを順番に検討しよう．

　まず，すべての国の政治的手腕の結合によって勢力の均等な配分が維持されうる，という議論についてである．もし勢力が均等に配分されているか否かが，世界的な君主国を目指す強国に対する大同盟の不在によっておおよそ判断されるのであるならば，ルイ14世の敗北からフランス革命まで，またナポレオンの敗北から第一次世界大戦までは，そのような均等な配分が存在していた（アメリカ独立戦争における反英同盟，クリミア戦争における部分的な反ロシア同盟については，適切な但し書きが必要だ．そしてポーランド継承戦争，オーストリア継承戦争，七年戦争といった規模の紛争は，勢力の均等な配分を維持しようとしての係争であったと——厳格に言わなければ——おおよそ判定されなければならない）．これらの期間における多角的な均衡の維持の幾分かは，関与する諸国の政治的手腕によるものであったことは間違いない．しかしながら，外部状況，特に欧州外部への拡大の機会も考慮しなければならない．そして，多角的な均衡が存在したこれらの時代は，領土の分割——18世紀末のポーランドとトルコ，19世紀末のトルコ，アフリカ，中国——が中心的な問題であったことを過看することはできない．勢力均衡は，事実上，(4)**小国の犠牲の**

第 7 章　勢力均衡

うえに成り立つ列強の均等な拡大の原則を意味するようになったのである．

> 「平衡は諸大国間の均衡の存在を必要とする．その検討は配分を含んでいる．平衡させる錘が必要であり，その錘を提供するのは弱者と敗者であって，その操作は必然的に強国，野心を有する国，抜け目のない国の利益へと向けられる．プロシアの出現は，この制度における当然の帰結であった．プロシアは，天秤皿を自国の側に回し平衡を傾けるための十分な動機を感じるまで，平衡をとる錘としての役割を果たした」[21]．

欧州史において，ポーランド分割という犯罪を必然的に導き出した信念以上に，勢力均衡という考え方に対する信頼を損ねた出来事はない．

> 「この邪悪な計画〔ポーランド分割〕を考案した者たちは，その事業の全過程において，均衡システムという原則に導きの星として北極星のごとくに依拠し，また戦利品の分割においては状況の許すかぎり実際その原則を用いた．だが，その形態や専門用語すら借りつつ，このシステムの精神と存在自体には致命的な傷を負わせたのである．最良のものの堕落は最悪である (*Corruptio optimi pessima*)．欧州共同体の知恵がその安全と繁栄のために考案したこの崇高な制度がかく悪用されるのを目撃することは，おぞましい光景であった」[22]．

同様に，1897 年から 98 年にかけての中国の租借をめぐる争いは，均衡の調整として行われた．イギリスにとって威海衛を獲得する唯一の目的は，「ロシアによる旅順征服によって脅かされた渤海における勢力均衡を維持する」ためであった[23]．

　利害対立が列強間に決定的な分裂を生じさせない限り，多角的な均衡は続く．〔しかし〕遅かれ早かれ利害対立による分裂は生じ，諸大国は対立陣営に分かれる．多角的な均衡は今や単純な均衡へと変化するに至るのである．それは，もはやメリーゴーランドではなくシーソーとなる．18 世紀の多角的な均衡は直接的な戦争状態に，1778 年から 79 年にかけては全面戦争に近い状態に，ま

た 1792 年から 93 年にかけては全面戦争状態へと変容していった．19 世紀の欧州協調は平和を長続きさせるのにより巧みであった．多角的な均衡から単純な均衡への転換は，1892 年の露仏同盟を発端に，あるいはもっと正確にいえば 1890 年の再保障条約の失効により始まった．そして，その後の 20 年間，平和は単純な均衡によって維持された．世界大戦間期における多角的な均衡から単純な均衡への類似の転換は，1936 年の国際連盟諸国に対する独伊枢軸の形成により生じた．

単純均衡の状況において，両国もしくは両陣営が，軍備競争や外交努力を通じた同盟によって両国・両陣営間の勢力の均等配分を維持しようとするとき，平等な拡大という意味における勢力均衡という考え方は，別の見方による勢力均衡（それは多角的な均衡状況にも現れうる）によって（消滅はしないであろうが）霞みがちになる．それは，(5)**勢力が不均等に配分される危険を避けるため，こちらの側が力の余裕をもつべきとする原則**である．ここにおいて，均衡（バランス）という言葉は，「貿易収支（バランス）」や「銀行預金残高（バランス）」という表現における意味を獲得する．つまり，資産と借方が等しいことではなくて，一方の他方に対する余剰という意味になる．さらにここでは，勢力均衡に対する主観的見方と客観的見方との矛盾，内部からみた政治的立場と外部からみた政治的立場の矛盾は先鋭化する．ディーン・アチソンが「強い立場で交渉に臨む」政策を初めて考案した際，それはロシアの力と等しくなるようアメリカの力の増強に努めること，つまり平衡の回復を明らかに意味していた．だが，その表現は当初から曖昧であり，すぐに力の余裕をもつことを意味するようになった[24]．それは，1963 年の『タイムズ』紙の見出しにはっきりと示されている．「マクナマラ，西側いまや優勢と発言：平和のための適切な均衡に米軍近づく」[25]．

「均衡」にたいするこうした考え方が展開していったすえの論理的帰結は，ノーマン・エンジェル〔1933 年のノーベル平和賞受賞者〕がかつて語った話に示されている．青年エンジェルは，若手閣僚のチャーチルが 1913 年にオクスフォードで演説しているのを聞いた．「自分の国を安全かつ平和にすることができる方法はただ一つです．それは，予想されるいかなる敵も敢えて攻撃しようとしないほどに，自分の国が敵よりもはるかに強力になることです．誰が考えても当然の案として，これを提示したい」．エンジェルは立ち上がって発言し

た.「今私たちに与えくださった助言を大臣はドイツにも与えるおつもりですか」[26].しかし,均衡のこのような解釈に最大の有効性を認めさせるものは,単なる愛国主義や国粋主義ではなく,「こちらの側」に国際的な徳と合法性をみる同盟体制である.国際連盟のもとでの集団安全保障は,以下に記すように,法を順守する国はいかなる潜在的侵略国よりも常に優位にあるという前提のもとに成り立っていた.

勢力均衡という考え方の完全な変換は「均衡を保持する」という観念から生まれるように思える.「均衡を保持する」国とは,どちらか一方に決定的な強さをもたらすことに寄与する立場にある国である.

その端的な象徴は,カムデンによる女王エリザベス1世の有名な描写にみることができる.

> 「彼女は高貴な王女として,またスペイン人,フランス人,およびさまざまな階級の間の審判者として君臨した.それは,朕付きたる者つねに勝れり(Cui adhaereo, praeest),すなわち「自分の支持する側が優勢に立つ」という父親〔ヘンリー8世〕の格言を活用したかのようであった.実際,誰かが記したように,フランスとスペインはあたかも欧州における均衡の天秤皿であり,イングランドは天秤の指針もしくは均衡の保持者のようであった」[27].

この隠喩には若干の混乱がある.というのも,天秤の指針は天秤皿がどちらに傾いているのかを指し示すものであって,安定装置ではないからである.こうした考え方は,1832年にパーマストンがウィリアム4世に宛てた手紙のなかにもそのままの形で登場する.彼は,ベルギーに独立をもたらす条約をめぐって,フランスを一方とし,オーストリア,プロイセン,ロシアをもう一方とする争いを次のように説明している.

> 「これらすべての要求をめぐって,イギリス政府は三国がフランスに圧力を加えるようにし,そのすべてに対してフランスは屈した.後には今度は三国側が法外かつ信義を欠いた不当な要求によって自らが批准した条約を

破り，自らが保証した取り決めを損ねようとした．そこでイギリス政府はフランスが三国に圧力を加えるようにし，それは決定的な成功を収めることが期待されている．フランスと三国側は軍事上の競争相手なのだから，イギリス国王陛下が欧州における均衡の天秤皿を実質的に保持しているといえるであろう．フランスは，イングランドに敵対することになるなら，三国を敢えて攻撃しようとはしない．そして三国側は，フランスがイングランドの支援を当てにすることができると考えれば，フランスへの攻撃をしばしためらう．かくてイギリス国王陛下は全体の平和を維持する力を特別にもたれることになり，どちらかの天秤皿の側が侵略もしくは不正義の精神を露わにするのに応じて，もう片方の天秤皿にグレート・ブリテンの道徳的影響を及ぼすことによって，国王陛下は多くの場合……欧州で起こる出来事の仲裁者となりうる……ように思われる」[28]．

これが，均衡の恩恵を受ける側にふさわしい簡単な言葉で表された，伝統的な勢力均衡概念である．ここで，勢力均衡を保持することは，(6)**勢力の均等な配分を維持するうえでの特別な役割を有していること**を意味するようになる．

均衡の保持者は勢力均衡概念に不可欠であるということは，イギリスの伝統的な教義の一部となった．スウィフトは，独特の明快さをもってその隠喩を詳細に説明した．

「今後も自由な国民の間では，一国の内部はもちろん近接する諸国間においても，権力の均衡の入念な維持こそが政治の恒久的な規則であるに違いない．

　国家の外部もしくは内部の権力均衡の真の意味は，均衡なるものの本性の考察から最も正しく理解されよう．均衡には三つの前提がある．第一に均衡をはかる秤の竿とそれを支える支柱であり，最後に秤の二つの皿とそれにのせる物体である．今たとえば隣り合ういくつかの国を考えよう．これら諸国間の平和の維持のためには，それらが均衡状態に置かれることが，つまりその中の一，二の国が指導的に他の諸国間に均衡状態を作り出し，時には一方の側から他方へその重みを移したり，時には自分が進んで一番

第 7 章　勢力均衡　　　　　　　　　　　　　　　181

弱い側に加担することが必要である．同じように一国内の均衡の維持は第三者がその他の権力をきわめて厳密に分配する努力に依存する．ただし権力がこの三要素へと平等に分割される必要性は必ずしもない．なぜならば，その中の最も弱い部分も自らの策略もしくは実際行動を通じて，二つの勢力の間での決定権の行使で均衡を正しく保つ手段を有するからである」[29]．

　この点について，スウィフトの編者の一人は独断的に異議を唱えている．「スウィフトは，均衡の調整が誰かに委ねられるやいなや均衡は真実ではなくなることを見落としている．均衡はそれ自体の平衡によって維持されるべきであり，そうでなければ力の恣意的適用によってのみ維持される，みせかけのものになる」[30]．この批評は，19 世紀のイギリスの世論において，勢力均衡政策への嫌悪感が増大していたのみならず，均衡の保持という考え方にある不明瞭さも示している．不明瞭さは，二つの質問をすれば明らかになる．すなわち，ある与えられた状況において，**誰が**均衡を保持するのか？　そして，もし均衡を保持する機能が，どちらか一方に決定的な力を与える能力であると定義されるのであれば，**決定的な力**という認識には何が含意されているのか？

　誰が均衡を保持するのか？　欧州の均衡を保持することはイギリス特有の役割であるという，イギリスの伝統的な信条にはもっともな根拠がある．1727 年から 1868 年まで（1～2 回の切れ目をはさんで）年次軍律法は，イギリス軍の役割を「欧州における勢力均衡の維持のため」とした．均衡を保持することは島国の国に適した政策であり，大陸の敵対する諸国からある程度の距離を置くことができた．しかし，ある程度の地理的な距離を保った他の国，とりわけロシアも存在した[31]．オーストリア継承戦争の終焉時にはエカテリーナ 2 世が欧州の均衡を支配した．アメリカ独立戦争においては，エカテリーナ 2 世がイギリスとフランス・スペイン・オランダの反イギリス同盟との間の均衡を保持していた．バイエルン継承戦争においても，彼女は同様の立場にたち，オーストリアとプロイセンの双方から求められて，それまでフランスが担っていたドイツ政体の保護者としての役割を果たした．同様に，1939 年 3 月から 9 月まで，スターリンは西側諸国と枢軸国との間の均衡を保持した．言い換えれば，当事者でない限りにおいてのみ，ある国は均衡を保持することができる．自身

が当事者である場合には，均衡がおそらく別の国によって保持されるという新たな状況が生じる．

実際，勢力均衡の保持には，〔均衡保持の役割を〕次に担う順番の国という問題がある．勢力均衡保持の役割を担いたがるのは大国だけではない．時に小国は，偶然がもたらした戦略的な位置や支配者の尽力によって，決定的とはいえないにしろ有益な力を一方の側にもたらしうる．たとえば17-18世紀のサヴォイはアルプス地方の均衡を保持していたし，今日の〔旧社会主義〕ユーゴスラビアは，共産陣営と西側陣営との間にあって欧州南東部の均衡を保持している．小国が勢力均衡を保持できると考えることは，衰退する大国の自尊心をなだめるかもしれない．第二次世界大戦直後にドゴールは，ライン，アルプス，ピレネーに接する諸国家をひとつにまとめて，この組織をアングロ・サクソンとソビエト陣営との間の仲裁者とする構想を述べた．1959年にドゴールは「核兵器を装備したフランスは世界の平衡に役立つであろう」[32]と述べた（その平衡とは，西側陣営と共産陣営の平衡か，あるいはNATO内部の平衡を意味したのだろうか）．多くの日本人と少数のドイツ人も，自国について同様の考えをもっていた．アクトンは，宗教改革に際して教皇優位制に代わるものとしての勢力均衡システムを考案したのは，教皇権そのものであると論じている．「教皇権は，教皇と皇帝の下におけるキリスト教共同体 (respublica Christiana)[訳注1]というものとは反対の考え方，すなわち，一つの権力にすり寄るのではなく，それが優位になるのを**防げる**自らの領域の自立を通じて，その精神の自由を維持しようとした．そこで教皇権は，かつて帝国の絶対的権力が霊的優位のための手段であり安全装置であったように，自らの世俗的権力の安全保障としての勢力均衡システムを構築したのであった」[33]．他の人びとは，この政策の起源がヴェネチアにあるとしている．イタリア諸国は，早くもヘンリー8世の時代からスペイン王とフランス王の均衡を保とうとした．1553年，オランダ摂政のメアリーはイングランド駐在神聖ローマ帝国大使に対して手紙を送り，スペインとトルコの同盟がイタリアにもたらす危険性を述べたうえで，イタリア諸国が自らの利益を理解すればフランス王に対抗するための連合を組むだろうと付け加えた．「しかし，あなた方は，これら二人の君主［カール5世とアンリ2世］の偉大さに対して恐れを抱き，二人の勢力を均衡させるべく配慮するこ

第7章 勢力均衡

とを知っている」[34].

　時に均衡は国際社会という囲いの外の未開人によって保たれた．18世紀前半の北米におけるイングランドとフランスとの均衡は〔先住民の〕イロコイ人が保っていた．双方の側からすり寄られた国はつねに幾分かは両者の勢力均衡を保つ．第二次世界大戦におけるトルコの政策は，二つの交戦中の陣営の間，および西側諸国とロシアとの間で，精妙な均衡を保持することであった．多くの小国は，せめて自国の同盟諸国の間においては自らが均衡を保っていると考えたがる．（意味2における）勢力均衡は，アフリカ・アジア諸国が公言する教義とは相いれない．天秤皿に乗せる軍事力を欠いているがゆえに中立諸国は勢力均衡を維持する第三勢力とはなりえないし，軍事的領域ではなく道徳的領域に基づき団結してのみ第三圏域として調停に努めることができる，とネルーは主張した．だが，これは政治における道徳の要素を低く評価していることを示しており，アフリカ・アジア諸国の教義の多くと矛盾しているようにみえる．朝鮮戦争の捕虜送還に関するインドの仲裁，1954年のジュネーヴ会議におけるクリシュナ・メノン〔インドの政治家〕の役割，中印停戦の監視をする三つの国際委員会におけるインドの議長ぶりは，多くのアフリカ・アジアその他の諸国に，インドが仲裁者としてふるまえることを示した．1953年初頭の『マンチェスター・ガーディアン』紙は，インドの姿勢を次のような言葉で表現している．「アジアにおいて自国が果たすべき義務についてのインド人の認識は，18世紀欧州の政治家が有したそれと似ている．それは，常に変化する状況において，一定の安定が達成されるような諸国の組み合わせを企てる，という義務である」[35]．この時点において，勢力均衡を「維持すること」（意味2と関連する機能）と勢力均衡を「保持すること」を明確に区別することは困難になる．なぜならば，一定の状況下ではどの国にしろ，勢力の均等配分を維持するという特別な役割を担っていると考えるかもしれないからである．われわれはここで客観的推測と主観的推測の混同に直面する．国際政治状況においては多くの場合，当事国と，当事国と比較的距離を置いた国が，均衡を保持する責任からそれぞれ自国の政策を解釈する．均衡を保持するという観念は，それが決定的であろうがなかろうが，いくぶんかでも力を寄与したいという希望へと容易に変わりやすい．それが，ある程度の行動の自由を有しているということとほと

んど同じだからである．

　このことは，二つ目の疑問をわれわれに提起する．均衡を保持することの意味とその結果とは何か？　天秤皿を保持している主体が，天秤皿を構成するいずれかの国もしくは同盟諸国より弱い場合，その役割はせいぜい仲介者程度にとどまる．しかし，もしもその主体が一方の側と同じくらい強いか，ないしはより強い場合には，仲裁者になる可能性が高い．答えは，前述したチャーチルによるロカルノ条約についての説明，および「国王陛下は欧州で起こる出来事の仲裁者となりうる」というパーマストンの最後の一文に隠れている．仲裁者の役割を果たす国は，他の者が公正だと見てくれるようにその役割を必ずしも果たしうるわけではない．均衡保持者の関心が，勢力の均等配分維持よりも自分自身の立場の強化のほうにあるかもしれないからである．1803 年の『オブザーバー』紙は次のように記している．「あらゆる緊急時にロシアを仲介者に招いてそれが習い性となった場合，大いに危惧されるべきは，ロシアがついには自らを欧州の支配者でもあると自覚し始めることである」[36]．均衡を保持する行動は，(義務という意味での) 特別な役割から，特別な利点を有するに変化しやすい．同様に，勢力均衡という概念は，**均等な配分からあらゆる配分に**変化しやすい．16 世紀から 19 世紀にかけて勢力均衡を保持したというイングランドの主張のほとんどは両義に取れる．これは，もっとも早い時期に記録されたこの語句の英語での使用例に表れている．それは，フェントンによりエリザベス女王に献上された，彼の手になるグイッチャルディーニの翻訳である．「そして，ついに［神は］高き土地あるいは聖なる地のうえに玉座を建たれ，陛下に御代におけるすべてのキリスト教国の行為と分別を陛下が御心のままに鎮め考量するため，陛下の手に勢力均衡と正義を委ねたのであります」[37]．ここでは「均衡」は「支配」を意味する．1655 年のウォラーによる「護国卿への賛辞」と比較せよ．

　　　「天よ（この島に法をもたらし，
　　　　欧州を均衡させ，国々を畏怖させ）
　　　　しこうしてイギリスを微笑ませり
　　　　もっとも偉大な指導者，もっとも偉大な島として！」

第7章 勢力均衡

イギリスの政治家が1704年にブレナムの戦い〔オーストリア継承戦争で, イングランド・オーストリア連合軍がフランス・バイエルン連合軍を破った〕は「〔イギリスのアン〕女王の手に欧州の均衡をもたらした」と喜んだとき, イングランドが他の国よりも大きな行動の自由をもつ大陸でもっとも強い国となったことをそれは意味した[38]. イギリスは大陸で対立するイデオロギーの均衡を保持すべきというカニング〔イギリス外相, のち首相〕の教義も, これに類似している. カニングが, モンロー主義が宣言された直後, サンクトペテルブルグ駐在イギリス大使である友人のバゴットに書いたように「われわれの協力者であるヤンキーの超自由主義は, アーヘン同盟国〔1818年のアーヘン列国会議に参加したイギリス, フランス, オーストリア, プロシア, ロシア五国〕による超専制政治に対して, まさに私の望むような均衡を与えてくれた」[39]. しかしこれは, カニングが後に「旧世界の均衡を正す新世界の登場」と公式に表現したことに対する私的なコメントである. それは, 自分の側が力の余裕を有するべきであるという意味5の意味合いがおそらく含まれている. イギリスは伝統的に右手で欧州の均衡の維持を主張しつつ, 左手で海上覇権を確立し平衡原則を認めることを2世紀にわたって拒み続けてきた, と大陸諸国は常に見なしてきた. このように均衡の保持はいつの間にか, 勢力の均等な配分を維持するうえでの特別な役割を担うという意味から, (7)**勢力の既存の配分に特別な利点を有する**, という意味へと変わる. コーラル・ベルは次のように記している.

「冷戦期の西側の諸国がとった政策に絶えず向けられた, いくぶんかは正当な批判とは, これらの国が, 潜在的な現状修正派であるドイツと日本に対して勢力均衡を明け渡す傾向をしめしてきた, というものであった」[40].

ここでの勢力均衡は, 一番目〔勢力の均等な配分を維持するうえでの特別な役割〕の意味よりも, 二番目〔勢力の既存の配分における特別な利点〕の意味を指している.

〔こうして〕状況の叙述としての勢力均衡という考え方は, 均等な配分という意味から勢力配分のあらゆる可能性という意味になる傾向を示す. また, 政策としての勢力均衡という考え方は, 均等配分維持の義務ないし責任という意

味から，力の余裕もしくはなんらかの特別な利点を有することという意味に変化しやすい．こうした傾向によって，勢力均衡は，決定的な利点があるということ，または，(8)**優位性を有する**ということを意味するようになる．上記の意味で，チェスター・ボウルズ〔米国下院議員〕は1956年に，「低開発大陸に住む世界の三分の二の人々が……最終的には世界の勢力均衡を形作る」[41]と書いた．さらに上記の意味で，〔ナポレオン・〕ボナパルトは，1797年に総裁政府に対して，「われわれが欧州の均衡を保持している．われわれはその均衡をわれわれの望むように変えるつもりである」[42]と述べた．そしてより劇的に，カイザー〔ドイツ皇帝ヴィルヘルム2世〕は，1901年にヴィクトリア女王の葬儀のためイギリスを訪問した際，勢力均衡保持という伝統的なイギリスの政策は粉砕されてしまった，すなわち「欧州における勢力均衡とは朕である」と，ランスダウン卿に語った[43]．ついに，均衡という言葉は，その当初の外交的な理念とは反対の意味に変わってしまった．すなわち，平衡は優位を意味するようになり，均衡は不均衡を意味するようになった．あるいは別の言い方をお望みならば，均衡という言葉は，権威的支配というまだ初期の外交以前の意味に戻った．そして，この語句を規律する動詞も，所有から識別へ，すなわち，「保持する」から「傾斜する」を経て「構築する」および「存在する」へと変わったのである．

　誰によって勢力は均等に配分されるのかという疑問に対して，なお三つ目の答えを検討することが残っている．「勢力均衡」がときに含意していることは，諸国のグループはたえず変化しつつも，信頼できる平衡状態へと常に落ち着く，という点である．それゆえ，勢力均衡は(9)**勢力の均等な配分を生み出すという国際政治固有の傾向**を意味することになる．これは，国際政治における「法則」を主張するもので，意味2における勢力均衡の「原理」を強調ならびに補強する．このため諸国がこの原則を無視もしくは拒絶したとしても，法則は国々を凌駕していく．この観点からルソーは，以下のように理解していた．

「あれほど誉めそやされたこの均衡がだれかによって定められたとか，均衡を保持するつもりでだれかがなにかを行なったのだなどとは考えるのはやめよう．均衡が存在することがわかっているだけだ．そして自分自身の

第7章　勢力均衡

心のなかにこの均衡を破るに十分な力量を感じない連中は，その個人個人の意見をこの均衡を支持する口実で覆い隠してしまうのだ．だが均衡のことを考えようと考えまいと，この均衡は存続するので，わが身を保持するためには，自分自身のほかは必要でないし，だれも口を出すには及ばない．しかもこの均衡が一方で一瞬破れるとしても，まもなく他方で回復するに違いない．それゆえ，世界君主政の夢を抱いていると非難された統治者たちが，もしも現実にそうした帝国を夢見ていたとすれば，その場合に天賦の才能よりはむしろ野心を誇示して見せたのだ」[44]．

A.J.P. テイラーはいう．1848年から1914年の間，勢力均衡は「経済法則に対応する政治的法則であり，ともに自動制御されているものと見なされていた．〔経済法則によれば〕各人が自己利益を追求すれば，みなが繁栄するだろう．〔同様に，勢力均衡原理によるならば〕各国が自国の国益を追求すれば，すべての国が平和で安全になるだろう」[45]．トインビー曰く「勢力均衡は，社会がいくつかの互いに独立の地方国家に分化するときにかならず活動しはじめる，政治力学の一つの系統である」．それは，「一般に，国家の平均規模を，政治的勢力を測るいかなる基準から見ても，低い水準にとどめておくように作用する．その規模を平均以上に増大するおそれのある国家は，ほとんど自動的に，付近の他の国家から寄ってたかって圧力をかけられるからである」[46]．現代政治学の著書では，このような社会学的法則としての勢力均衡は，道徳的および法的原則としての勢力均衡に取って代わる傾向にある，とさえいえるだろう．

しかし，この用法においてさえも，勢力の均等配分という観念は，天秤皿が休むことなく永遠に揺れ動くように，勢力のさらなる永続的移行や再グループ化といった意味へと変わりやすい．ロストフツェフが，「ギリシャ文明諸国間の勢力均衡を構成した複雑な政治状況は，ほぼ絶え間ない戦争状態を引き起こした」[47]と記したとき，その長期的展望によって，勢力が繰り返し平衡になるという見方はほぼ消えた．そして，勢力均衡という語句は，国家システムそのものとほぼ同義語となったのである．

勢力均衡の法則は，16世紀初頭以降，西欧の国際史において一定の魅力と信用を有してきた．1880年にスタッブズは言った．「勢力均衡をいかに定義し

ようと，すなわち，そのような平衡の維持を必要とした勢力がどのようなものであったにしろ，弱者は強者の連合によって壊滅されるべきではないということを説く勢力均衡は，近代欧州史の政治的策略における一致した原則であった」[48]（ここでの用法は，意味2ではなく意味9に近いようである）．しかしながら，これとは逆の指摘を考慮する必要がある．しばしばよく述べられることであるが，国際社会は西欧から全世界へと及んだ一方で，1914年以前に八つあった大国は今日二か国となり，その数は着実に減少している．勢力均衡の領域は拡大しているにもかかわらず，それに決定的な影響を与える錘の数は減少しているのである．秦王朝成立以前の古代中国やローマ帝国以前のギリシャ世界といった，初期国家システムの前身についても指摘されてきた．デヒオを受けてバラクラフは，勢力均衡の法則は欧州にはよいが「欧州外部では，優越国による支配の原則がしっかりと確立されている」[49]と論じた．これは単純化しすぎであろう．一方で欧州においては（欧州それ自体で考察するとして），いずれも欧州外の残存二超大国によって大陸が分断される1945年まで勢力均衡はそのものとして機能していた．他方，欧州外部では勢力均衡の作用は十分に明白であった．北米では，誕生間もない合衆国が優勢となる前の200年間，ある種の勢力均衡がスペイン・イングランド・フランス・インディアンの間に存在していた．インドではイギリスの優越が確立する以前の100年間，イングランド・フランス・ムガール帝国を継いださまざまな国との間で勢力均衡が保たれていた．中国では，日本によってそれが覆されるまで，すべての西欧列強諸国——オーストリア-ハンガリーとイタリアを除くが日本を含む——の間に勢力均衡が存在した．中東では，イギリスが1919年にオスマン帝国での最大の取り分を得るまでの100年以上にわたって勢力均衡が存在した．東方問題は，勢力均衡についてもっともよく知られた論文のテーマの一つであった．そしてアフリカではフランスとイギリスの間で勢力均衡が保たれており，それは最近数年の間におけるアフリカ諸国の解放まで続いた．これらのすべての地域においても，世界全体としても，勢力均衡を認めることができる．だが，**同じく認められるのは「優勢の原則」である．したがって，この**〔均衡と優勢という〕二つは相互補完的ではないかと問うてみることができるかもしれない．本稿において論じてきたのは，勢力均衡という考え方と言語そのものがいわば勢力均

第7章 勢力均衡

衡自体の当初の目的を覆すような流動性を有しているため，その言葉で表現されるものが平衡よりも優勢を意味するようになる，ということである．そして，〔勢力均衡の〕政治的「法則」を問うのならば，勢力均衡よりも緩やかに作用して最終的には勢力均衡を覆す別の国際政治上の法則，すなわち力の集中ないし独占という法則がありえないか，考えてみることであろう．

勢力均衡という概念は，対立しあう側からともに否定されてきた．優勢をもくろむ国からは常に否定されてきた．また過去200年にわたり自由主義，社会主義いずれの急進的な意見集団からも否定されてきた．だが，双方の批評家とも最後には，自分たちが信じようとしないものに絡めとられていることに気づく．

優勢を企む大国は，平衡システムに基づいて安全を確保したうえでの諸国家の独立ではなく，連帯や統一といった理念を主張してきた．スペインのフェリペ2世によるトリエント宗教会議でのカトリック教義からヒトラーの欧州新秩序，そして世界ソビエト共和国同盟——その構成単位はすでに一つ存在しているが，その当のソビエト連邦（USSR）の支配者にとってはいぜん世界ソビエト共和国同盟が長期的目標になっていると思われる——などである[50]．ヒトラーの言った次の言葉にはある真実がある．「イギリスが勢力均衡と呼んだものは，大陸の分裂と解体以外の何ものでもない」[51]．ジャコバン党についてバークは次のように述べた．

>「勢力均衡に関して言えば，フランスがそれを認めるはずかなく……公認された，あるいは推奨されたすべての報告や外交システムの理論に関する議論では，勢力均衡という考え方そのものが常に否定され，そうした考え方こそが欧州を苦しめてきたあらゆる戦争と災厄の真の原因であると見なされることになった……したがって，これらの報告や議論ではあらゆる種類の均衡が論破された．そこでは，いかなる均衡にも基づかないが，フランスを首座に据えて守護者とするある種の非宗教的な階層秩序(ヒエラルキー)を形成する，帝国についての新しい解釈を立案することが主張されたのである」[52]．

アメリカ合衆国がはじめのころ勢力均衡を否定したのは，それが同盟国を巻き

込むからということとともに，単なる理想主義以上のものがそこにはあった．ハミルトンが明確に見通したように，合衆国は独立の瞬間から，新世界における優勢国であった．ハミルトンは1787年に次のように書いている．「やがてわれわれが，アメリカにおけるヨーロッパの仲裁者となり，世界のこの地域におけるヨーロッパ各国の競争を，われわれの利益の命ずるままに均衡を傾けることができるという日を待ち望んでもかまわないであろう．……われわれをとりまく情勢とわれわれの利害が，アメリカにかかわるシステムにおいて頂点をめざすようわれわれを促し，駆り立てているのである」[53]．

にもかかわらず，同盟による敗北に直面した場合，優勢国はそれまでは無視してきた原則を大急ぎで守ろうとするかもしれない．ジョージ3世は，アメリカ独立戦争の際に，エカテリーナ2世に支援を求める手紙をしたためた．女帝による海軍の示威行動だけで「わが国に対抗するために形成された同盟を解散させ，かつ，その同盟が破壊しようと努める均衡システムを維持することで，全欧州の平和を回復し，守ることができるでありましょう」[54]．スターリングラードの戦いの後，ドイツのプロパガンダは，ロシアの圧倒的な力に対して勢力均衡原則を訴え始めた．それはまさしく，セント・ヘレナに流刑されたナポレオンが，自らの政策は同じロシアの圧倒的な力という脅威に対して同じ勢力均衡原則を目指していたと，時おり論じたのと同じである．それゆえホーランド・ローズは，アメリカ独立戦争でのイギリスの敗北について次のように書くことができた．

> 「かくして東洋，ドイツ，オランダにおける欧州政治の趨勢は，イングランドにとって非常に不利となり，またいずこの国も自然，敗北国への友好を求めることに躊躇することが多くなった．そのような時こそ，勢力均衡という思想がみせかけに過ぎないということが看取できるのである．どの国も，イギリスが世界において正当な立場を回復することに対して，いささかの関心も示さなかった」[55]．

ローズの言葉は，自らの国が覇権を奪われた時には勢力均衡の原則に訴えることができるとする信念を，〔しかし〕勢力均衡は結局のところ役立たずである

第7章　勢力均衡

という信念とともに，率直に示している．
　一方で，勢力均衡は望ましいかもしれないが，その代償は大きすぎるのではないか，考える人々もいた．

　　「いまや欧州均衡せり．いずこも優勢たらず．
　　天秤の二皿，何も残らじ」

と，スペイン継承戦争の終わりに，真実よりもウィットを用いて教皇は記し[56]，勢力均衡に対する政治家の訴えが公衆に対する説得力を次第に失いつつあることを示した．勢力均衡の維持に徴税と戦争が必要だと教えられた人々は，徴税と戦争に疲弊した時に，当然のことながら勢力均衡を非難する．1758年に『欧州における勢力均衡という妄想（キメラ）』という題の一冊の著書がアルトナで出版され，終わりなき相互干渉の口実になっていると勢力均衡を非難した．

　　「もし平衡が本当に現実となったとして，すべての国が近隣諸国の虜になる——その場合，すべての国が，他国の内政に干渉する権利をもつことを認識する必要があろう——ということより恐ろしいものはない．世界的な単一君主制になるほうが実にましというものだ．なぜならば，一つの国に従属するよりも複数の国に同時に支配されるほうが厳しいからである」[57]．

この議論は国際連合を批判する者によって蘇ってきた．カントの勢力均衡に対する扱いは，勢力均衡を確立するという考えそれ自体に対する知的な拒否をおそらく示している．『世界公民的見地における一般史の構想』（1784）のなかでカントは，隣接する国々から生じた対立は，あたかもそれらの国々が自由であることから生じたものであるかのように健全とみなしたうえで，そうした対立を規制するためのものとして，また自らが提唱した国際的な連邦に向かう中間点として，「相等の原理」を見ていたようである[58]．『国際法における理論と実践との関係』（1793）において，カントは次のように述べている．

　　「いわゆるヨーロッパ列強間の力の均衡に基づく恒久的な全般的平和のご

ときは，スウィフトの家屋さながらで一個の妄想にすぎないからである，——この家屋は，一建築家が何もかも平衡の法則通りに建てたものであるが，たまたま雀が一羽その屋根に止まっただけでたちまち崩壊したというのである」[59]．

アメリカとフランスの革命教義は，友愛的で非競争的で何よりも単純であり，国際社会に一つの代替原則を提示しているように思われた．これらの教義に触れたすべての人々にとって，勢力均衡とは，旧体制（アンシャン・レジーム）の時代遅れの原則であり，絶対君主制の名残をとどめる外交的片割れとして非難されるべき存在であった．対外政策の一般的基準から静かに距離を置いていた合衆国の事例は，19世紀のイングランドの急進派に強い影響を与えた．勢力均衡政策は，コブデンとブライト〔いずれも英国の自由主義的政治家〕によって，絶え間ない戦争と不必要なもつれの要因となるという主として現実的な理由から，また多くの異なることを意味するがゆえに全く何も意味しなくなった有害な思い違いという説得力のある知的理由からも，批判された．コブデンは次のように述べた．「われわれが主題を理解できる限りにおいて，勢力均衡とは妄想（キメラ）である！ それは，政治屋の頭脳の創造物——明確な形や実体のない幻影——意味のない音を伝える言語を作り上げる音節の単なるつながり，である」．コブデンは勢力均衡の概念全体について，嘲笑とともにイギリスの政治的著書としてもっとも力強く理にかなった批判を行った．

「まず第一に，勢力均衡は**妄想**として容易に片付けられるだろう．なぜなら，ヴァッテル，ゲンツ，ならびにブルーアムによって，勢力均衡システムの基礎は欧州の諸勢力の『配置』，『憲法』，または『同盟（ユニオン）』であるといわれているが，そのような状態はかつて存在したことがないからである．第二に，その理論は他方で**虚偽**のものとして放棄される．というのも，勢力均衡の理論は，諸勢力を均衡させる過程において各国を評価する基準——それが領土の広さであれ，住民の数であれ，あるいはその富の大きさであれ——の定義を行っていないからである．最後に，勢力均衡の理論は，不完全であり，実際には使えない．なぜなら，同理論が，向上と努力から

第7章　勢力均衡　　　　　　　　　　　　　　　　193

生ずる静かで平和的な〔国力の〕強化に備えることを軽視あるいは拒否するからである．これら三つの根拠によって，勢力均衡の問題はこれ以上の検討から退けられる」[60]．

　コブデンの時代から現在に至るまでの勢力均衡に関する後述の議論の要点が，ほぼすべてここで言い尽くされている．
　理想主義的国際主義という英国的伝統と勢力均衡を否定するアメリカ合衆国の伝統が第一次世界大戦によって一つにまとまり，国際連盟の創設となった．ウィルソン〔大統領〕のみるところ「勢力均衡という今では永久に信用を失ってしまった偉大なるゲーム」は廃止された[61]．「勢力均衡(バランス・オブ・パワー)ではなくて諸国共同体(コミュニティ・オブ・パワー)を，組織化された競争関係ではなくて組織化された共通の平和が必要である」[62]．勢力均衡はもはや国際社会の憲法原則ではないということが，一般に教義として認められることになった．おそらく，英語で最も影響力のある国際法の教科書は，オッペンハイムのものであろう．第一次世界大戦前に出た1905年と1911年の版においては，勢力均衡は国際法の存在にとって不可欠な政治的原則であると説明されていた．戦後版，とりわけローターパクトが編集を引き継いだ後では，勢力均衡は新しい国際組織への言及に取って代わられた．1920年代——疲弊した平和主義的なフランス以外の強国が大陸に存在しなかったという外交史上特異な中間期であり，アングロ・サクソンの二つの強国が自給自足に引き籠った時期——に，勢力均衡は現代国際関係に関する書物から消えた．歴史家もその役割を果たした．1923年の有名なチャタム・ハウス〔英国王立国際問題研究所〕の演説で，ポラードは学識に満ちた鋭さで勢力均衡の概念を葬ろうと模索した[63]．勢力均衡は「18世紀の政治家が好む話題」[64]であり，時代遅れの法則として言及されることが通例となった．
　だが，1930年代には，この時代遅れの法則についての解釈を抑制することがだんだん困難になってきた．たまたま1932年に勢力均衡という言葉を表題に入れた二冊の書物が刊行された．『諸大陸の均衡』は，勢力を構成する要素が潜在意識下で変化を遂げたものとして均衡を説明している．「諸大陸は，財政的ないし政治的な無責任によって危殆に瀕した，経済利益と司法理念によって平衡を確立するように促される．それは協力の均衡，すなわち普遍的な反復

運動を求める精神的に浄化された社会的諸要素の間の均衡である」[65]．こうした状況のもとでは背理法（reductio ad absurdum）によって〔勢力均衡の〕新たな正統性が遅れて開花したとみることができるかもしれない．二冊目の本では勢力均衡原則が再度自らの教義を主張するさまが示された．『欧州における新たな勢力均衡』は，欧州の進展に関するまっとうな政治研究である．「二つの政治集団が軍事的優位を達成するために争っている．一方は欧州の政治構造を維持しようと努めており，他方はそれを変えるために戦っている」[66]．

ウィルソンは，そのリーダーシップのもとにあった合衆国が均衡システムに引き込まれたというだけで，1918-19年にあのような強大な権限によって勢力均衡概念を否定することができた．国際連盟の元々の考えは，勢力の一時的な優勢を改変させて，新たな国際連盟規約を破るいかなる国に対しても法を遵守する国が常に優勢を保てるようにすることであった．敗北したドイツにとってみれば，この考え方は意味8における勢力均衡と類似していた．つまり，アングロ・サクソンによる平和（Pax Anglo-Saxonica）という優勢である．戦勝国にとってこの考え方は，意味5における勢力均衡の改変との類似を暗に（というのもこの用法はめったに使われないので）含意していた．すなわち，集団システムを維持する者は，スマッツが述べたように「（民族自決という原則によってもたらされる）分権を安定させ，それによって弱国を強国から保証する」[67]ために，力の余裕を有すべきだということである．「この集団安全保障といったシステムに必要不可欠な一つの条件は，同システムに忠実であることを信頼できる諸国家が，同システムを非難するかもしれない諸国家よりも力の面で勝っているということ，それは明らかである」[68]．それゆえ，大国と小国との関係，平和解決で想定される不正，平和的変化にとっての不十分な条件などをめぐるあらゆる議論の中心において，連盟を支持する者は，連盟を大国協調に代わるものではなくそれを完成させるものとして，また集団安全保障の原則を勢力均衡の代替ではなくそれを改善し規制し制度化するものとして理解するようになる．それは，「ピット，カースルレー，パーマストンによって言明された勢力均衡という教義のさらなる科学的な発展にすぎない」[69]．連盟の決定的な崩壊は——局地的ながらもアフリカで現に起きているイタリアの拡大を阻止するほうが大事か，それとも欧州におけるドイツの潜在的ではあるが全面

第 7 章　勢力均衡

的な拡大に対抗すべくストレーザ戦線〔1935 年，イタリアのストレーザでの会談で，ドイツの再軍備宣言に対してイギリス，フランス，イタリア三国が共同行動をとることに合意した〕を維持するほうが大事なのかを問わず――最終的には，勢力均衡をめぐる解釈についての争いとして起きたのである．

　第一次世界大戦は，アメリカ合衆国を勢力均衡の保持者へと変えた．第二次世界大戦は，合衆国を関与させて単純均衡における一方の錘とした．しかし同時に，国際連合憲章は，国際連盟よりも勢力均衡から距離を置いた制度を提案した．安全保障理事会の投票手順は，均衡原則の否定であった．すべての大国に天秤皿の動きを意のままに止めることができる権利を与え，諸国共同体かアナーキーかの二者択一を提示した．安全保障理事会が機能しえなかったこと，諸国共同体という考え方が 1919 年以後よりも 1945 年以後のほうで長続きしなかったことは，意図せざる祝福というものであった．共産主義者によるチェコスロバキアの占領までのベヴィン〔英国外相〕の演説に，それは見ることができる．以後，勢力均衡は再び高い評価を受けることになり，実のところ不可欠な外交用語の一つとなり，戦略分析家たちにとっては形而上学的考察の対象同然となった．

　それでは，勢力均衡は諸国家の独立を保証するのであろうか？　それとも，戦争に機会を与えるのであろうか？　唯一の答えは，その両方であるということである．国際政府の欠如が，国々はなによりも自らの生存に心を奪われるということを意味する限り，国々はある種の均衡を絶えず求めることになるであろう．均衡を調整する最終的な手段が戦争であった例を挙げることはたやすい．勢力均衡がどれぐらい戦争を防止してきたかを振り返ること，あるいは立証することのほうが難しい．なぜなら勢力均衡は，戦争の「原因」ではないからである．戦争の原因を何と特定するにしろ，勢力均衡によってある程度まで秩序が調整されたり悪化させられたりする政治状況に戦争の原因はある．勢力均衡に代替するのは諸国共同体ではない．諸国共同体が連邦を意味しないかぎり，それは幻想である．国内において個々人が平常拘束されることに匹敵するほどの，個々の利益よりも優先される共同体の利益が国家間に存在するという不断の認識を，国際政治はこれまで明らかにしてこなかったし，今日においても明らかにしていない．そして，組織化された集団間における利益の衝突を克服で

きない場合，唯一の秩序原則は，永続的な監視という代価を払いつつ，勢力の均等な配分を維持しようと努めることである．それに代替するものは，世界的なアナーキーか，あるいは世界的な支配(ドミニオン)かのどちらかである．勢力均衡は世界的なアナーキーより好ましいと一般的にみなされている．そしてほとんどの人々は，勢力均衡よりも世界的な支配のほうが好ましく容易に受け入れられるとまでは納得していないのである．

注
1) Book V, ch. xviii (ed. Calmette (Paris, Champion, 1925), vol. ii, p. 211).
2) L.B. Namier, *Conflicts* (Macmillan, 1942), p. 14 ; cf. *Vanished Supremacies* (Hamish Hamilton, 1958), p. 170.
3) 164 頁〔本書182-183 頁〕に引用．
4) ここでは，国内政治における勢力均衡をめぐる思想を取り上げない．国内政治における勢力均衡の思想は，アリストテレスやポリビウスから，ハリントン，モンテスキュー，さらには多元論者に至るまで独自の歴史があり，国際政治のそれと並行している．
5) Machiavelli, *Il Principe*, ch. xx (ed. Burd, p. 329)〔マキアヴェッリ（河島英昭訳）『君主論』岩波文庫，1998 年，157 頁〕; Guicciardini, *La Storia d'Italia*, book I, ch. i.〔グイッチャルディーニ（末吉孝州訳）『イタリア史 I』太陽出版，2001 年，39 頁〕
6) Sir Thomas Overbury, *Observations in his Travels, in Stuart Tracts 1603-1693*, ed. C.H. Firth (Constable, 1903), p. 227.
7) *The Second World War* (Cassell, 1948), vol. i, p. 24.〔W.S. チャーチル（佐藤亮一訳）『第二次世界大戦 上』河出書房新社，1972 年，28 頁をもとに一部表現を改めた〕
8) *Full Circle* (Cassell, 1960), p. 28.〔イーデン（湯浅義正・町野武共訳）『イーデン回顧録 I－運命のめぐりあい 1951-1955』みすず書房，2000 年，23 頁〕
9) Speech at San Francisco, June 24, 1955 (*Commemoration of the Tenth Anniversary of the Signing of the United Nations Charter* (U.N.P. Sales No.: 1955. I. 26), p. 215.) Cf. John Strachey, *On the Prevention of War* (Macmillan, 1962), p. 25.
10) *Diaries and Correspondence of the First Earl of Malmesbury* (2 nd ed., Bentley, 1845), vol. i, p. 344.
11) Leading article, August 21, 1954.
12) As translated in Sir Geoffrey Butler and Simon Maccoby, *The Development of International Law* (Longmans, 1928), p. 65.
13) 以下のように法律家の区別がなされるべきである．

第 7 章　勢力均衡　　　　　　　　　　　　　　　　　　　197

(i) ユトレヒト条約の宣言に主眼を置く法律家は，勢力均衡自体が基本的な法原則であると認識している．たとえば，Sir Travers Twiss, *The Law of Nations considered as Independent Political Communities* (new edition, Clarendon Press, 1884), pp. 187-8 ; Robert Redslob, *Histoire des Grands Principes du Droit des Gens* (Paris, Rousseau, 1923), pp. 160-2, 251-3.

(ii) 勢力均衡を法原則ではなく，国際法の政治的条件として説明する法律家．たとえば，L. Oppenheim, *International Law* (1st edition, Longmans, 1905), vol. i, pp. 73-4 ; A. Pearce Higgins, *Studies in International Law and Relations* (Cambridge University Press, 1928), pp. 138-42 ; Charles de Visscher, *Theory and Reality in Public International Law* (Princeton University Press, 1957), p. 157.

(iii) 自己保存の権利に基づき，勢力均衡の維持を国際法の法的権利と説明する法律家．たとえば，Vattel, *Le Droit de Gens*, book III, ch. iii, sections 47-8 ; G.F. von Martens, *A Compendium of the Law of Nations* (translated by William Cobbett, 1802), p. 127 ; Henry Wheaton, *History of the Law of Nations* (New York, Gould, Banks, 1845), pp. 20, 80-2 ; John Westlake, *Collected Papers on Public International Law* (Cambridge University Press, 1914), pp. 121-3 ; T.J. Lawrence, *The Principles of International Law* (Macmillan, 1925), pp. 128-31. W.E. Hall, *A Treatise on International Law* (Clarendon Press, 8 th edition, 1924) は，勢力均衡という表現を厳格に避けているが，その代わりに，複数国の自己保存の権利は脅威国の自己発展の権利に優先すると指摘することで，勢力均衡の説明を実質的に行っている (p. 51)．

14) 'The Fire Side : a Pastoral Soliloquy, on the Earl of Godolphin's taking the Seals', 1735 (*Oxford Book of Eighteenth Century Verse*, p. 300).

15) *Letters on a Regicide Peace*, No. 3 (*Works*, ed. H. Rogers (Holdsworth, 1842), vol. ii, p. 333).

16) H. Temperley and L.M. Penson, *Foundations of British Foreign Policy* (Cambridge University Press, 1938), p. 205.

17) *Nazi-Soviet Relations 1939-1941 : Documents from the Archives of the German Foreign Office* (Washington D.C., Department of State, 1948), p. 167.

18) *Ciano's Diplomatic Papers* (Odhams Press, 1948), p. 57.

19) L.J. Callaghan, March 12, 1951 (485 H.C. Deb. 5 s, col. 1093).

20) Churchill, *The Second World War*, vol. iii, p. 616.

21) Sorel, *L'Europe et la Révolution Française*, vol. i, p. 34.

22) F. von Gentz, *Fragments upon the Balance of Power in Europe*, p. 77, as translated in Wheaton, *History of the Law of Nations*, pp. 279-80.

23) *British Documents on the Origins of the War*, ed. Gooch and Temperley, vol. i, No. 47.

24) Coral Bell, *Negotiation from Strength* (Chatto and Windus, 1962), ch. i.

25) *The Times*, November 19, 1963. ワシントン特派員は次のように書いた．「本日

(11月18日)の政策演説の中で，ロバート・マクナマラ米国務長官は，西側はソビエト陣営に対して，戦略・戦術核兵器と同様に通常戦力においても軍事的優位に立っていると語った．この戦力状況のもつ意義は多種多様である．……同氏は，ソビエト陣営が絶対的優勢を得られること，したがって新たな技術開発によって将来的に重大な支出を求められることになってもさらなる軍備競争を始めえるという見解を否定した．同氏は，米軍が平和維持に必要な適切な均衡状況に急速に近づいていると考えていた」．

26) この出来事は，次に記録されている．C.E.M. Joad, *Why War?* (Penguin, 1939), pp. 71-2. Cf. Norman Angell, *Preface to Peace* (Hamish Hamilton, 1935), p. 122.
27) William Camden, *History of Elizabeth* (translated 3 rd edition, 1675), p. 223.
28) C.K. Webster, *The Foreign Policy of Palmerston* (Bell, 1951), vol. ii, pp. 801-2.
29) *A Discourse of the Contents and Dissentions in Athens and Rome* (1701), ch. i (*A Tale of a Tub and other Early Works*, ed. Herbert Davis (Blackwell, 1957) p. 197).〔ジョナサン・スウィフト（中野好之/海保真夫訳）「アテネとローマにおける貴族・平民間の不和抗争およびそれがこれら両国に及ぼした影響について」『スウィフト政治・宗教論集』法政大学出版局，1989年，3-4頁〕
30) Henry Craik, *Selections from Swift* (Clarendon Press, 1892), vol. i, p. 367.
31) 「西側および東側の外側地域は，直接的または間接的に，中央に集中する対抗勢力として機能するというのが基本的法則である」．L. Dehio, *The Precarious Balance* (Chatto and Windus, 1963), p. 102.
32) Statement on November 10, 1959 (*Guardian*, November 11, 1959).
33) F.N. Gasquet, *Lord Acton and his Circle* (Allen, 1906), p. 250. Cf. Ranke, *History of the Popes*, book I, ch. iii (Bohn Library, Bell, 1913, vol. i, p. 67).
34) Letter of October 8, 1553 (*Papiers d'Etat du Cardinal de Granvelle* (Paris, Imprimerie Royale, 1843), vol. iv, p. 121).
35) Leading article, February 18, 1953.
36) *Observer*, July 17, 1803, quoted in the issue of July 19, 1953.
37) Geffray Fenton, *The Historie of Guicciardin...reduced into English* (1579), epistle dedicatorie to the Queen, p. iv.
38) G.M. Travelyan, *Blenheim* (Longmans, 1930), p. 419.
39) Letter of January 22, 1824 (*George Canning and his Friends*, ed. J. Bagot (Murray, 1909), vol. ii, pp. 217-8).
40) Coral Bell, *Survey of International Affairs 1954* (Oxford University Press, 1957), p. 10.
41) 'Why I will vote Democratic', *Christianity and Crisis*, October 15, 1956, p. 137.
42) Sorel, *L'Europe et la Révolution Française*, vol. v, p. 185.
43) *Die Grosse Politik*, vol. xvii, p. 28.「勢力均衡とは，イギリス海軍ではなく22のドイツ陸軍兵団であった」．H. von Eckardstein, *Ten Years at the Court of St James's* (Butterworth, 1921), p. 194.「ソールズベリー卿は時代遅れである．同卿

は，欧州に勢力均衡があるという考えに取りつかれている．欧州において，私以外に——私と私の25の兵団以外に勢力均衡はない」．H.H. Asquith, *Genesis of the War* (Cassell, 1923), pp. 19-20.
44) Rousseau, *Projet de Paix Perpetuelle* (with translation by E.M. Nuttall, Cobden-Sanderson, 1927), pp. 26-8. 〔ルソー（宮治弘之訳）「サン=ピエール師の永久平和論抜粋」『ルソー全集　第四巻』所収，白水社，1978年，321-322頁〕
45) *The Struggle for Mastery in Europe 1848-1918* (Clarendon Press, 1954), p. xx.
46) A.J. Toynbee, *A Study of History* (Oxford University Press, 1934), vol. iii, pp. 301-2.〔A.J. トインビー（長谷川松治訳）『歴史の研究　1』社会思想社，1975年，389-390頁〕
47) M. Rostovtzeff, *Social and Economic History of the Hellenistic World* (Clarendon Press, 1941), vol. i, p. 36 ; cf. p. 43. Cf. D.M. Bueno de Mesquita, *Giangaleazzo Visconti* (Cambridge University Press, 1941), p. 60.「これらの国家の対立が，イタリア政治の主な内容を形成した．すなわち，小都市やより弱い支配者は，五大国の束の間の均衡に素早く適応することで，不安定ながらも生存した」．
48) W. Stubbs, *Seventeen Lectures on the Study of Medieval and Modern History* (Clarendon Press, 1887), p. 258.
49) G. Barraclough, *History in a Changing World* (Blackwell, 1955), p. 176. Cf. L. Dehio, *The Precarious Balance*, p. 123.
50) Elliott R. Goodman, *The Soviet Design for a World State* (Columbia University Press, 1960).
51) Speech in the Berliner Sportpalast, January 30, 1941 (*The Times*, January 31, 1941).
52) *Letters on a Regicide Peace*, No. 3 (*Works*, vol. ii, pp. 333-4).
53) *The Federalist*, No. xi (Everyman edition, pp. 50, 53).〔ハミルトン，ジェイ，マディソン（斉藤眞・中野勝郎訳）『ザ・フェデラリスト』岩波文庫，1999年，71，76，77頁〕
54) *Diaries and Correspondence of the First Earl of Malmesbury*, vol. i, p. 228.
55) J. Holland Rose, *William Pitt and National Revival* (Bell, 1911), pp. 300-1.
56) In 1711. Alexander Pope, *Minor Poems*, ed. Norman Ault and John Butt (Twickenham Edition, vol. vi, Methuen, 1954), p. 82.
57) Quoted in Butler and Maccoby, *Development of International Law*, p. 68.
58) Seventh principle (Kant, *Werke* (Academy edition), vol. viii, p. 26.〔カント（篠田英雄訳）『智豪とは何か——他四篇』岩波文庫，2003年，40頁〕; Hastie, *Kant's Principles of Politics*, pp. 19-20).
59) Werke, vol. viii, p. 312.〔同上訳書，186頁〕
60) *The Political Writings of Richard Cobden* (Ridgway, 1868), vol. i, pp. 263, 269.
61) Address to Congress, February 11, 1918 (*The Messages and Papers of Woodrow Wilson* (New York, Review of Reviews Corporation, 1924), vol. i, p.

478).
62) Address to the Senate, January 22, 1917 (*ibid*., p. 351).
63) A.F. Pollard, 'The Balance of Power', *Journal of the British Institute of International Affairs*, March 1923. Cf. his *Wolsey* (Longmans, 1929), pp. 119-20, and his letter to *The Times*, July 24, 1939, with the letter in reply from Sir John Orr, August 29, 1939.
64) たとえば，A. Aspinall, reviewing Guedalla's *Palmerston* in *History*, July 1929, N.S., vol. xiv, p. 166.
65) M.H. Cornejo, *The Balance of the Continents* (Oxford University Press, 1932), p. 206.
66) Valentine de Balla, *The New Balance of Power in Europe* (Johns Hopkins Press, 1932), preface.
67) *The League of Nations-Practical Suggestions*, December 16, 1918. このパンフレットの抜粋は，*The History of the Peace Conference*, ed. H.W.V. Temperley, vol. iii (Frowde, 1920), pp. 52-4 で刊行されている．勢力均衡と国際連盟の形成については，*History of the Peace Conference*, vol. vi (Frowde, 1924), pp. 575-7 ならびに A.J. Toynbee, *The World after the Peace Conference* (Oxford University Press, 1925), pp. 47-51 を参照のこと．
68) A. Salter, *Security* (Macmillan, 1939), p. 108. Cf. his *Recovery* (Bell, 1932), p. 278：「連盟規約および［ケロッグ］条約の『集団』システムを支える世界の軍事力」への，「アメリカの影響の一定の追加」は，「均衡を連盟にとって決定的に有利なものとしよう」．Cf. J.L. Brierly, writing in 1942：「きわめて重要なのは，平和を維持しようと決意した者の手に軍事的優勢があることである」(*The Basis of Obligation in International Law* (Clarendon Press, 1958), p. 272).
69) C.K. Webster, *The Art and Practice of Diplomacy* (Chatto and Windus, 1961).

訳注
1〕 原文の *respublicana* は引用の誤りとみられる．

# 第8章

集団的安全保障と軍事同盟

G.F. ハドソン

　近年の戦争がそれ以前と比べて性格の面で根本的に異なるのは，戦果にかかわる重要な作戦を，戦争のごく初期段階で，あるいは宣戦布告以前にさえ実行する可能性が高くなっているという点である．これに伴って戦争中にとられる措置よりも，開戦前の計画・戦備がいっそう重要になってきた．こうした変化は各国における平時の軍備にも影響したばかりでなく，軍事同盟の形成にもきわめて重要な意味を持つようになった．なぜなら，同盟において予測される緊急事態に対して事前に戦略計画を協調させておかなければ，たとえ条約該当事由（*casus foederis*）を遅滞なく確認したとしても，開戦してしまってからでは，敵国による初期の大規模攻撃に応戦するべく効果的に協調する機会はほとんどなく，結果的にこのような同盟は限られた価値しかもちえないからである．このことは，二カ国以上が公式に締結した軍事同盟についてはおおよそ明らかである．だが，国際連盟や国際連合，またロカルノ条約（1925年）などの多国間保障条約の主導国が発展させてきた集団的安全保障についても妥当することは，一般にあまり認識されていない．
　集団的安全保障の基本的な考え方は，特定の国ないし国々に対抗する同盟によってではなく，いかなる国であれ侵略の犠牲になれば加盟国が支援に駆けつけることを義務付けた条約システムによって，一国を護るというものである．ここでいう支援とは，軍事同盟において加盟国が期待するような軍事的な支援のことであって，かつて一部の国際組織理論の理論家が，大国の軍事力行使さえも抑止しえると信奉していた類いの道義的支援や経済的手段だけを意味するものではない．集団的安全保障の原則では，A国は，B国がC国に攻撃された場合にB国の支援に向かうことを約束しており，そこまでは，A・B二国

間の通常の軍事同盟と効果は同じである．しかし，集団的安全保障では，A国は，B国[訳注1]による攻撃を受けた場合のC国にも支援に赴くことを誓約している．戦争状態となった場合，B国ないしC国のいずれが侵略国なのかという問いに理屈の上では答えが出ていないため，A国はC国の同盟国ともB国の同盟国とも自らを見なすことはできないからである．これと同様に，B国はA国とC国に，またC国はA国とB国に不確定的な義務を負い，さらにこのシステムがより多くの国家に及ぶにつれて，その関係は多元化する．こうしたシステムが想定する義務や期待する保護は通常の軍事同盟と同様であると思われているが，かかるシステムの実践上・軍事上の重要な点は，武力紛争が生じたときにどのような国家間の連携が組まれるのかが定かではないため，同盟関係であればうまくいくはずの事前計画が実行できない，というところにある．

　英仏関係の軍事的側面を1914年以前とロカルノ条約下とで比較すると，この問題が明確になるだろう．1914年以前の両国間には公式の防衛協定すら一つも存在しなかった．しかし，互いの国益からすれば，欧州戦争の時には両国ともいやおうなくドイツに対して同じ側として対峙するであろうと両国の政治的・軍事的指導者たちは確信していたから，両国の参謀本部には戦争の初期段階に実施すべき軍事協力についての詳細を協議することが認められていた．イギリスの遠征部隊がフランス領に入る際に使うルートが決められ，イギリス遠征部隊のために鉄道・港湾設備が用意され，イギリス遠征部隊をどこに展開するべきかが，フランス軍の配置計画に鑑みて決定された．こうした事前の調整がなければ，1914年8・9月のフランスでの戦争にイギリスが参加することはできなかっただろう．ところがロカルノ協定の期間においては，イギリスはドイツの攻撃を受けた場合のフランスを支援する義務を負うが，フランスの侵略を受けた場合のドイツを支援する義務も負っていた．イギリスがフランスまたはドイツのいずれかと協議をもって，このような義務の遂行について備えることはなかった．一方の国との戦争に関して他方の国と戦略をたてた後に，その他方の国との戦争を想定してもう一方の国と戦略を協議するということは，心理的に不可能だったからである．対立が生じた場合には発生する問題に対処するという条約の決定に従って，フランスまたはドイツとの間に何らかの作戦遂

第 8 章　集団的安全保障と軍事同盟

行にかかわる合意を形成する必要があったはずである．それでも，1936 年 3 月に至るまで，英仏参謀間では何の対話ももたれなかった．ドイツ軍がロカルノ条約を破棄してラインラントに再び侵攻して初めて，英仏政府間で再び調整が図られるようになった．ドイツ軍の戦略が前回とは異なっていたので，イギリス軍の配置はさほど緊急の要請ではなかったものの，結果としてイギリスの遠征部隊は，1939 年も 1914 年と同様に，直ちにフランスに配備された．実のところ，英仏間の軍事計画が 1936 年時点で存在しなかったことが決定的要因となって，ドイツ軍のラインラント進駐にフランスが対応できなかった，というわけではない．当時のフランスは自国でドイツに対応するだけの軍事力をなお保持していたからである．しかし，ここで確かなのは，軍事的な無関心によってボールドウィン内閣が孤立主義に傾き，非武装地帯を保証するというイギリスの責任を放棄する結果となった，ということである．

　ロカルノ条約は，国際連盟規約に具体化された諸原則に則って構成されており，連盟理事会への提訴規定によって国際連盟と結び付けられていた．国際連盟システムは，ロカルノ方式特有の性格を大規模に示している．つまり，他国を侵略する可能性は理論的にすべての加盟国に等しくある——または，ない——ため，警察官が誰を逮捕するためにいつ呼び出されるのか事前には知りえないのと同じく，連盟よる集団的武力行使がどの国に対して向けられるべきであるのかを誰も知ることはできない，ということである．曖昧で妥協だらけの連盟規約には，侵略国に対する応戦を加盟国に明確に義務付けた箇所は見当たらないので，実のところ連盟は軍事的安全保障のシステムなどではまったくない，という見方もできよう．他方で規約の第 16 条は，海上封鎖および通商禁止を確かに示し，これを妨害しようとする強制行動に抵抗し得る能力に応じた通商禁止の適用の仕方さえ示している．にもかかわらず，共同防衛に関する計画や，それに伴う負担の配分についての計画はどこにもない．どの国々の間に紛争が起こるかが分からない以上，事前の計画など望むべくもないのである．1918 年以降のイギリスにおいて，安全保障担当者の悩みの種となったのは，国際連盟規約のもとで自国の軍隊にいかなる任務が要請されるのかが分からなかったこと，また，緊急時にはその新しい国際機構からいかなる支援を期待できるのかが分からなかったことである．

本来の同盟システムというものの本質は，期待される諸々の関与や支援のあり方が厳密に定められる点にある．十全に確立された同盟関係においては，共通の敵に対して派遣される部隊や，初期段階で取られるべき戦略が特定されている．したがって政府や軍の幹部は，当然のことながら同盟国が自国の義務を果たすという条件のもとに，各々の責任能力の限界だけでなく，戦争の危機に際して何を期待できるのかもわきまえている．同盟国が自国の義務を遂行することに対する信頼は，平時の協力関係や合同での計画立案の程度に応じて強化される．定期的な協議や，資源・情報・技術の共有，司令部組織の連携などをはかることで，同盟国間の結束が促され，緊急時には，具体的な決定に先立ってすら自然と助け合いが進むものである．NATO〔北大西洋条約機構〕設立以来の十数年の間に，加盟国間での平時における軍事統合は，19世紀に存在した主権国家間の同盟からは想像しえなかったであろうレベルにまで達している．ワルシャワ条約〔機構〕の加盟国間にも同様の統合は存在する．ただ，前者が教義や社会体制の違いにかかわらず，共通の危機感で結束する民主主義国家からなっているのに対し，政権党の政治理念を共通の基盤とする後者の組織は，中央司令部からの指示に従うことに長く慣れきっている．

　今日，イギリスは，平時における国家の安全保障をかつてないほど同盟国に頼るようになっており，保持してきた行動の自由を諸国の連合による決定に委ねるようになっている．二度の世界大戦での苦い経験と，危険な世界における自国の経済的・戦略的弱点を自覚したイギリスは，国際的関与を避けたうえ何か起こったときにはすべて自国へのメリットから判断する，という考え方を放棄した．しかし，この自国の政策決定における自由の部分的放棄は，主権国家システムに対するオルタナティブとして理想主義者たちが提起するような，国際組織に対してなされたものではない．それは，今日の国際情勢下で，競合するもう一つのパワー・ブロックに対峙するべく，相対的に弱小だが多数の国々と連携して形成するパワー・ブロックに対してなされたものである．

　NATOのような組織に加盟する国には，自国の安全保障をその組織に依存せざるを得なくなるという，特有のジレンマがつきまとう．一国でも加盟国が攻撃を受けた場合には，同盟諸国は即座に，また，ほぼ自動的に対応すべきなのか，それとも，軍事行動にでる前に共同で検討・判断する余地はあるのか．

第8章　集団的安全保障と軍事同盟

いわば「引き金に指は何本あるか？」を問うこの問題の答えは，まず第一に，自国が攻撃された状況を想定するか，あるいは攻撃を受けた他国の支援に行く状況を想定するかによって異なる．かりにイギリスが，たとえば核爆弾の砲撃による侵略という脅威にさらされたとしよう．われわれ〔イギリス人〕は，加盟十数カ国が行動するべきか否かを決定するために議論することで同盟当初の決意を弱めてしまうことなく，同盟諸国とりわけアメリカの支援を直ちに制限なく受けられると確信したいに違いない．一方で，加盟国の一つが挑発的な行動で他国からの攻撃を招こうとする場合には，われわれは，他国の身勝手な一国主義的政策のために戦争に巻き込まれることのないよう，なんらかの協議と共同決定の仕組みが必要だと考えるだろう．「是非はともあれ同盟国」という原則は諸刃の剣である．つまり，安全保障同盟は自国を守るための保障でもあれば，他国を支援する責任を知らせる警報機でもあるのだ．

　NATOの創設以来，加盟国の単独行動が同盟国を巻き込んだ戦争に発展しかけたかにみえたことが二度あった．〔一度目の〕朝鮮戦争のとき，アメリカの中国に対する報復によって全面的な対立が生じるのではないかという懸念から，イギリスは，これを防ぐべくワシントンにできるかぎりの圧力をかけた．もし戦争が拡大していれば，イギリスは，戦争に干渉しないでいることはなかったであろうし，戦争に関与しないことでアメリカが負けてしまうことを見過ごすことはできなかったであろう．〔二度目の時である〕1956年にイギリスとフランスがアメリカとの事前協議なしにエジプトを攻撃した〔スエズ動乱・第二次中東戦争〕ときには，アメリカは両国の行動を非難したものの，ロシアがこれに介入した場合には自国も英仏側に立つであろうと諫めた．他国の攻撃を受ける同盟国を見逃しにしないことが軍事同盟の基本である以上，同盟国の行動がいかなるものであれ，その行動を支持しないからといって，その国を支援するための戦争へ参画しないわけにはいかない．一方で，そうした状況で同盟による戦争が起これば，戦争に向けられたあらゆる努力も台無しになりかねないような極度の倫理的混乱がもたらされることになる．こうしたことが起きないよう，同盟諸国が全面的な協議を続ける努力を惜しまないことがきわめて重要なのである．

　しかしながら，パワー・ブロックに加盟する国々は，互いの単独行動を抑制

しあうとしても，それらが従うべき権威が存在しないため，戦争の原因となった行動について評決を下すのも，その同盟自身である．現代世界における二大パワー・ブロックはいずれも国連の加盟国であるが，国連は，その設立起草者や1919年に国際連盟規約の考案者が予想したように，加盟諸国を凌ぐ最高権力を有するわけではない．「紛争当事国ではない」諸国家の圧倒的な力によって，公平な指示と第三者として実効性ある評決を攻撃国に対して下すことのできる世界安全保障組織という構想は，依然として夢の領域にある．とはいえ，近年の国連には，地味ながら極めて有意義な役割を果たした成功例もある．「中立（uncommitted）」諸国からの派遣部隊で構成された「平和維持軍」(Dag-forces) には，対立しあうパワー・ブロックに強制力を発揮するだけの力はないが，そのままではブロック間の競争に煽られて大戦争に発展しかねない紛争の規模を抑制し制限することはできる．超大国同士の対立があまりに激しいため，この二大同盟の領域外にある世界の秩序を維持する役割が，インド，スウェーデン，アイルランドなどの人々に委ねられているわけである．

訳注
1〕 原文にはA国とあるが，明らかな誤植と思われる．

第9章

新外交と歴史的外交

H. バターフィールド

I

「内閣による外交」の手法や教訓が近代民主主義国家の世界に適さなくなったために、これまでの政策原則（rules of policy）や国際的な行動についての伝統的外交技法は時代遅れになった、と第一次大戦後よく論じられるようになった．このような指摘は、歴史に照らして現代の問題を理解しようと試みるときに、いまなお議論の中によく出てくる．20世紀のような激動する世界では、変化に適応することが何よりも大事であることに疑問の余地はないが、いったん失うと高い代価と引き換えにしか取り戻すことのできないような長年の経験に基づいた教訓があるとすれば、それを見定めることも必要かもしれない．かつて、重要な知識は一生涯の間に学びきることができないと考えられていた．この見方によると、それぞれの世代（もしくは新たに指導的地位についた社会階級）が、すべての教訓を苦い経験を通じて最初から学ばなくてはならないとしたら、知恵というものは身に付けるには常に遅れがちだということになる．ここで問題となっているのは、1930年代に学ばなければならなかった教訓のように、本質的な性格のものとみなされるべきものである．すなわち、武装した諸国家から成る世界では軍事的に劣った国家は交渉で優位に立つことはできず、理性が主権者として人間関係を支配することは期待できない、という教訓である．このことを考えると、ある次元では変動する時代に対して知性が柔軟に対応できないがゆえの危険もあるが、同時に（より深い次元においては）、長期の経験から得られた教訓とでも呼べるものへの認識があまりにも欠如している可能性がある．この点は、国際問題を今日の論点からだけではなく人類の

歴史と経験全体を視野に入れてよく考えてみれば，われわれの思考の全体的な構造にもある程度まで妥当する．さらには政治教育，とりわけ民主主義国家における〔国民の〕政治教育，にも関わってくる．

第一次世界大戦の後では，破局に対する責任——つまり戦争を阻止することができなかった責任——は外交官にあると簡単に考えられた．そこから「旧外交」，とりわけ「秘密外交」と呼ばれたものに対する強い反発が生まれた．いずれにしろ，将来の外交政策は近代民主主義の要請に合わせて——18世紀や19世紀と比べてより「単純な」規則に則って——行われるべきだと（時には政策決定における最上層の人々の間でさえも），主張されるようになった．1919年には西欧諸国の間で第二次世界大戦後とは比較にならないようなユートピアニズムが存在していた．

他方で，民主主義の登場によって外交が民衆の頑迷さに左右されることをすでに懸念している人々が19世紀にはいた．彼らの考えによると，大衆は情熱や義憤，短絡的な推論に流され，「相手側」（外国人）の立場を理解する根気や長期的な目的を追求するための先見性を欠き，外交的な手法によって達成できる物事を認識することができず，外交が単なる権謀術策や巧妙さの駆け引き（ゲーム）ではなく，創造的な技巧（アート）であることさえも理解できないのである．

1919年に宣言された「新外交」や「より単純な」政策類型を求める声は，その時代以前の人びとによって懸念された危険性——大衆の自尊心にいとも容易く迎合してしまう——の一例とはいえないだろうか．「より単純な」外交を唱える立場によって描かれる世界とは，世界の「善良な」国家の悩みは「悪質な」国家の出現の可能性に取り組まねばならないことにほかならないというものである．そこにあるのはまさに柔軟性を欠いた独善であり，過去に対する歴史的認識の欠如した態度であって，それらは誕生したばかりの民主主義国家の時代を特徴づけるものと見なすことができるかもしれない．このように考えるならば，1919年以降においては，不慣れな民主主義諸国民の機嫌をとるのではなく，これらの諸国民が国際問題に関して重大な責任を持つようになった以上，この分野における教育が緊急に必要だと強く説くべきだったのかもしれない．議会自体は（少なくとも，よりましな時代においては）国際問題に関してはある種の自己規制を示し，多くのヨーロッパ諸国では，外交政策に関して

特別な権限として国王の大権が認められていた．1919年にはあのような徹底的な断絶を宣告する代わりに，歴史の連続性，あるいは，人類の長い経験からできるだけ多くの利益を得ることの重要性を主張し（そして力説する）路線をとるべきであった．いずれにしても，政治的手腕と政策方式というものは，1919年以後の時代に想定されたような恣意的な再定義には従わない．つまり，意志的な行為によって，あるいは民主主義諸国が単純化を求めたからという事実だけで，「より単純」になりうるものではない．

このように1919年以降に見られた展開に対して批判的な立場に立ったとき，かりに外交の規則や外交政策の法則があるものならば，その外交という仕事の担い手が男性か女性か，白人か黒人か，君主国か民主主義国か，内閣か議会かを問わずに，それらの規則や法則が有効でなければならないと論じることができよう．戦争での勝利から過度に利益を引き出そうとしたり，今日の敵も明日は味方として必要になるかもしれないということを忘れることが賢明でないとしたら——ある強国の徳を信じたがために，その国が罰せられることなく不正行為をすることができるまでに増長させることが間違っているとしたら——そうしたことを君主制国家でなく民主主義国家が行ったからといって罪が軽くなるものではない．確かに，外交における日々の手続き——いくつかの技術や慣習の詳細——の中には，条件（例えば情報伝達の状態，あるいはその**体制**の性格など）によって変化することがあることも事実であろう．しかし，政策原則とか，国際関係において原因が結果を引き起こす道筋が条件によって変化することは，ほとんどありえない．何世紀にもわたる経験から，外交の科学とは呼べないまでも，外交政策を行うに当たっての何らかの成熟した知恵——少なくとも国民国家体制の枠組みの中で政策が作用する限りにおいて永続的な有効性を持つ法則や金言——を引き出すことができるはずだ．1919年以降，「勢力均衡」の原則がある種の処方箋——政策決定者の選択次第で採用することも退けることもできる政策——として扱われるようになった．実際のところ勢力均衡は，むしろ国益が実際に作用する様子を定式化したものであり，原則が定式として意識される以前からすでに作用していたのである．もしも勢力均衡の原則が18世紀において有益もしくは有効であったとしたら，20世紀においても有益もしくは有効であった可能性が高い．なぜなら，その**理論的根拠**は特定の**体**

制の性格とは何ら関係がないからだ．実際のところ，勢力均衡の原則が初めて意識されるようになったのは，国民国家の世界においてではなく，ルネサンス期の都市国家の間においてであった．

　以上からいくつかの問いが導き出される．何世紀にもわたる経験から凝縮できる事柄はないのだろうか．そして，その凝縮された事項を抽出し，もしくは収集した上で，教育に適した形式に変換することに意味はないだろうか．それとも，新しい種類の**体制**は新たな様式の外交を一から発明するという余計な負担を負わなくてはいけないのだろうか．ナポレオンの帝国は当時において新しい種類の**体制**であったが，ナポレオンが政策の基本原則を，歴史を意識的に参照することによっていかに多く学んだかは注目に値する——彼が歴史を政策へと応用する仕方は，特有の洞察力を持った人間にしかおそらく実行できないものだったが．また，彼の対外政策の路線は，それまで伝統的に形成されてきたフランスの外交の常道からすると随分と驚くべきやり方であった．〔ロシア革命直後の〕ソビエト・ロシアの外交政策の発展についても，同様の傾向がみられたようだ．大小さまざまな国々がしのぎを削りながら絶えず押し合いへし合いしている世界において，新しい**体制**の到来によってさらに複雑になったかもしれないにしろ，根本的には変化しない実力(フォース)競争についての法則はないのだろうか．ここからさらなる疑問が出てくる．20世紀は，われわれが外交政策と呼ぶものの構造における恒久的かつ根本的な要素に対して正当な注意を払ってきたのだろうか．1919年の時点で，過去との断絶を強調するかわりに，長期にわたって蓄積された知恵と経験を維持しながら，それを土台に新しい上部構造を構築していれば，外交政策をより迅速にもっと発展させることができたのではないだろうか．新興民主主義諸国は，先人が苦い経験を経て学んだ教訓を疎かにすることによって生じた結果を，高い代価を払って学ばなくてはならなかった．従来の民主主義諸国でさえ，外交の本質に関する必要な知識を学ぶことを怠り，一例をあげれば戦間期においても軍備が——戦争をしかけるためではなく，たとえば交渉において相手に対する「牽引力」を確保するという目的のために——必要であることを認識できずにいた．

　このことと，ここ数十年の英国における外交史研究の著しい衰退はまったく無関係ではないだろう．外交史研究の衰退は，政治史と通常呼ばれる学問分野

第 9 章 新外交と歴史的外交

の一般的な衰退と関連する部分もある．もう一つの要因は，われわれの「一般史（すなわち，われわれのヨーロッパ史）」の研究が，国家間対外関係の無味乾燥な説明から文明全体の発展の概観へと方向転換している点にもある．しかし，外交史研究の衰退は研究を志す学生の間でとりわけ顕著であり，使用する文献の性質および精緻な作業が必要とされることから，外交史研究が歴史家にとって初期の訓練にことに適していることを考えると，とりわけ残念なことである．外交史研究全般に対する意識的な反発は 1930 年代後半に起こったが，その理由の一端は，マルクス主義歴史観の影響と政策を経済的決定要因に帰する傾向にあった．国家の行動や政策の背後にある思惑は外交文書には記されていないということから，外交文書を資料とする歴史研究を槍玉に挙げる組織的な運動が起った．外交文書は，19 世紀に科学的な歴史研究が盛んになり，公文書館が徐々に開設される中で，歴史家の関心をまっさきに引くものになっていった．現在では許されないことだが，新たな文書が公開されるまでは，外交機関による報告書が各国の**国内史**を研究するための典拠として使われるほどまでの地位を獲得した．したがって，外交史は昔ながらの研究主題であり，1930 年代までには，研究者たちが公文書館で資料が新たに公開されるのを待ち構えている状態となった．これらの学生たちは 1919 年にはウィーン会議〔1814-15 年〕の時代の研究に集中したが，1934 年になると今度は 1875 年から 1877 年の〔ベルリン会議の〕期間に殺到し，新しい研究分野を探すのも難しくなってきた．他方で，経済史は比較的新しい分野で，1930 年代後半には非マルクス主義の歴史家もマルクス主義の大きな影響を受けるようになっていた．外交史衰退のもう一つの理由としては，外交史家の文章があまりにも無味乾燥かつ禁欲的で，政策やそれに伴う状況についての充分な考察——外交の本質と真に呼べるものについての充分な考察——を欠いたものになりがちだったことがあげられる．私が若いころは，（英国史とは明確に区別されたものとしての）ヨーロッパ史を研究する学生は，外国についての研究の手ほどきを，しばしば外交史の初歩的な研究を通じて得たものだった．外務省の公文書館に行けば，必要な資料の少なくとも重要な部分を見つけだし，それを基にある国についての知識を徐々に身につけることができた．もっとも，当該国出身の学生にとっては，その国の国内史を学ぶ方が適切だっただろうが．近年では，英国の大学におけ

るヨーロッパ史研究の衰退が深刻化していて（英国内にしろ，われわれに連絡してきた他の英連邦諸国にしろ）「ヨーロッパ人の」歴史講座担当教員が必要となったときに適切な人材を探すのが困難な時期が続いている．ヨーロッパ史の講座が空いたときに，英国に定住した難民が真っ先に候補に上がることもある．大学の歴史学部を島国根性の偏狭さから救うのに何よりも貢献するのは，ヨーロッパ史の強力な学科またはこの分野を代表する有力な研究者を育てることだ．英国のほぼすべての大学において軍事史と海軍史がないがしろにされている点も，条件を悪くしていると考えられる．英国で国際関係の学科を持つ大学は一つか二つを除いてほとんどない．このままでは，1919年以前には確実に存在した，政府の外にありながら外交の真の性質を理解することのできる中核となる人々が英国から姿を消してしまいかねない．この点では現在われわれが抱えている問題が，さらに別の問題を導き出す．20世紀において外交のあり方が変容した結果，果たして40年前と比べて外交を歴史的に研究する意味が本当に薄れてしまったのだろうか，ということである．

II

　ある意味では，1919年に示された「旧外交」への反発にはそれなりの正当化すべき根拠があった．18世紀の外交は非常に分かりにくく，あたかも芸術家が「芸術のための芸術」を追求するのと同じように内閣が外交政策を追求し精緻な蜘蛛の巣を織り上げているかのようであったからである．しかし，現実には，こうした事実に基づいて通常なされる議論は，まったく逆の方向から見る必要があるかもしれない．20世紀が長期にわたった過去の経験の適用できない特別な事例である，と推断すべきではない．むしろ18世紀が，ルネサンス期の都市国家にも20世紀の国民国家にも当てはまらない足枷で外交行為を制約した特殊な事例だったのである．

　18世紀の君主制国家においては，近代的な国家理念がまだ完全には形成されていなかった．ある意味における財産の所有者としての国王の利益が，ときに国家そのものの利益と区別される形で存在したため，おりにふれて「王朝の」政策と「公共の」政策が対立した．特に18世紀前半には一つの政府の中

第9章　新外交と歴史的外交　　213

に二つの異なる政策決定のシステムが並存することがあり，しばしば二つのシステムが同時に遂行された．イングランドのハノーヴァー朝の歴代国王や，イサベル・ファルネシオ〔スペイン国王フェリペ5世の妻〕の時代のスペイン，ルイ15世治下のフランス，後にはロシアでさえも，君主が現実に自国の外務大臣と争い独自の外交システムを組織して王宮の陰謀術数の道具とすることが起こりえた．有名な1717年の英仏同盟の締結（および1756年の外交革命〔長年宿敵であったブルボン家のフランスとハプスブルク家のオーストリアとが同盟を結んだ〕）をめぐるメロドラマの情緒や陰謀の気配は，密使や政治的策士，巧妙な操り人たちが横行した変則的なシステムの中で生まれたものだった．これこそが，謎に包まれた18世紀の外交上の策略を生んだ第一の原因である．こうした状況の結果，外交の特徴とみなされるようになったものの多くは，状況そのものに付随したもので，本稿がこれまで問題としてきた長期にわたる経験という遺産とは無関係だと考えるべきである．しかし，この事実を考慮したとき，18世紀の人々が世界の過去の経験からあれほど多くを学び，その経験について意識的な考察を行い，時代を超えて価値をもちうる貴重な注釈や推論を残したことは注目に値する．

　他方で，18世紀の状況の変則性と今日の外交の間に微妙に類似する点がないとは言い切れない．少なくとも外部から見る限り，今日の外交問題で生じた変化は，1919年に人々が明るい期待を寄せた方向には進んでいないと言ってよいだろう．民主主義の到来が，考慮すべき新たな要因――おまけの仕事――を追加したという点では，外交官の仕事はむしろ以前にもまして複雑なものになったともいえる．世論の気まぐれに流されないように舵取りをしなければならない今日の外務省は，宮廷に取り入らなければならなかった18世紀の廷臣に類似する点があるかもしれない．「公開外交」が「会議外交」を意味するようになったとすれば，外交の技術や手続きに何らかの変化――おそらく新たな実践的方法の導入――が起こったはずである．しかし，公開外交には，利点だけでなく欠点もあるに違いなく，会議の成功が究極的には新しい形でのかつては「秘密外交」と呼ばれたものに依存しているのではないかという疑いも生じる．通信技術の発展は，外交行為に対して，民主主義の到来とほとんど同じぐらい重要な影響を与えたはずだ．たとえば外国に駐在している外交官が，本国

政府の指示を仰いでから返答を得るまで時には何カ月も待たなくてはならなかったナポレオンの時代には，外交機関はいくつもの面でかなり異なる機能をしていたはずである．おそらくは，通信の迅速化と民主主義の到来の影響が組み合わさった結果として，政策の立案と遂行の両面における大使の役割は相対的に減少した．通信の迅速化と民主主義は両者一体となって外務大臣や国家元首が頻繁に直接会談する必要性を生み，そのために必要な設備を提供した．他方で，かつて大使が重要かつ独自の影響力を及ぼしていた時代には，大使は外交に手加減を加えたり複雑化させたりする効果を果たして，政策から生じる結果や国益どうしの紛争を吸収・仲介・緩和する傾向を示した．というのも，大使は駐在する国や国民に対して好意的な理解をしがちだったからである．こうした複雑な要因がなくなると，国家間の実力競争はより直接的なものとなり，国益の作用は一層明白かつ鮮明なものになる．いかなる規則や法則が政策を永続的に支配しているにしろ，政策がより自由に行えるということにはならずに，以前にもまして規則や法則に制限ないまま左右される．

1919年以降は，さらなる変化や発展が技術上生じてきたかもしれない．今日では，外交政策上の措置が，直接的な外交的効果のためというよりは，むしろ国内または国外世論に与える印象を念頭においてなされることがある．逆に，国内で採用された政治宣伝の方針が，実際には外国との何らかの交渉を念頭においてのことではないかと想像されることもある．すなわち，新聞の一つの記事や下院での一質問ですら，外交上の駆け引きのひとつであることがありうるということだ．このような現象は，外交官の仕事を過去の時代と比べてより単純なものにしているとは到底言えないだろう．民主主義国家の国民にとって，今日，外交の動向を理解することが，1913年（当時の国民が情報を得ていたと仮定して）の状況下でよりも容易になっているとは，私には言い切れない．実際のところ，基本的に，現代の民主主義諸国は，（政府や外務省が指導力を発揮する強固な意志を持っている限り）その国の政府や外務省の思うがままになりやすく，サー・エドワード・グレイ〔第一次世界大戦開戦時の英国外相〕のころの英国自由党員と比べてもますますその傾向が強まっているかもしれない．民主主義の到来のもたらした深刻な影響の一つは，外交政策が政党の扱う問題となりうる点である．善し悪しは別として，このような現象はその国の外交を

第9章　新外交と歴史的外交　　　　　　　　　　　215

深刻なまでに弱める可能性がある．

　しかし，このことにしても，その他のよく知られている民主主義の外交への影響にしても，必ずしも新しい現象とは言えない．これまで起こってきた変化は，1914年の第一次世界大戦勃発以前から見られた傾向の延長に過ぎない．「会議」方式（および各国外相の直接会談）への愛着は，〔ウィーン会議の終わった〕1815年後の数年間にすでに見られた．世論の動向は，19世紀と同様に18世紀の政治家も考慮に入れざるをえない要因であった．くだんの世論は，国民の中の政治的に有力な部分のそれと一致するだろう．しかし，ウォルポール〔英国首相〕は，1739年に例えばイングランドの商業利益に押し切られる形で，本人が回避しようとした戦争への参戦を余儀なくされた．フルリー枢機卿〔フランス国王ルイ15世の宰相〕さえも，1740年にヴェルサイユ宮廷内の若輩者の一団によって同じように押し切られた（そしてオーストリア継承戦争への参戦へと引きずり込まれた）．

　勢力均衡の原理は，民主主義諸国民の「権利」がこうして広く認められるようになった20世紀の現実にはそぐわないと論じられてきた．しかし，18世紀には確かに平行する「権利」体系が存在し，同じように認められていた．たとえ「権利」の性質が異なっていたとしても，すなわちその性格が王朝的だったとしても，その作用は同じであるはずだった．外交は，認められた「権利」の体系によって定められた限定条件の範囲内で行われなくてはならなかった．詐術が行われたとしても，それは近年ではすっかりお馴染みの歴史的もしくは民族学的な主張についてではなく，家系図についてであった．いずれの場合も，（たとえば）勢力均衡は，認められた権利についての理論を考慮した上で運用されねばならなかった．18世紀においても20世紀においても，こうした権利が侵害された場合（たとえば両世紀におけるポーランド分割），それは秩序全体に対する重大な犯罪とみなされた．

　西側諸国の外交の現状については，ある根源的な提起がなされたが，おそらく興味深い点は，そうした根源主義が歴史的類推を用いている点である．1914年以前の何世紀もの間，国際関係が「国家システム」の枠組みの中でとり行われると想定されていたという事実から，ヨーロッパの外交観は大きな影響を受けてきた．その場合の国家システムとは事実上ヨーロッパの国家システムだっ

たが，ヘーレン〔ドイツの歴史家〕は 150 年前に，国家システムが世界すべての国家に拡大する可能性を構想していた．システム内の諸国家は（いかに激しい抗争を相互に繰り広げていても），明確に認識できる文化的集団に所属し，同じ「クラブ」のメンバー——「クラブ」内の地位をめぐって競争することはあっても，「クラブ」そのものを破壊することがないように細心の注意を払う——のようなものであった．他方で，承認された国家システムのまったく外部に存在する国家や勢力があるという認識も常にあった．古代ギリシャの都市国家は，そうした外部地域の住民を単なる野蛮人として扱ったが，中世のキリスト教徒も完全な部外者——とりわけイスラム勢力——と戦うことを余儀なくされた．西側民主主義陣営と東側共産主義陣営との間の抗争も，このような徹底した外交——文明対未開，キリスト教対異教の闘争と並ぶある種の超抗争，超戦争——の必要性を生みだしているということがときおり主張される．同様の状況はヒトラーとの抗争の間も存在していた可能性がある．ヒトラーが初めのうち勝利を収めることができたのは，彼が「クラブ」の規則に従って駆け引きを行うことを他の国々が期待していたからかもしれない．

　このような態度が，自暴自棄の方策，たとえば何が何でも共産主義をわれわれの国際秩序の仲間に入れることはできないという頑なさ，固執以上の意味を持つかどうかは疑わしい．目下の敵をシステム全体から追放すべきだと信じ込ませる誘惑は常にあるもので，第一次世界大戦中には，われわれ〔英国人〕の間ではドイツを文明秩序の一部として認めるに値しない唯一の大国と見なすのが習慣となっていた．このような極端な判断基準は，それ自体が予言を実現させたり神話を現実に変えてしまう可能性がある——例えばヴィルヘルム 2 世時代のドイツをナチス-ドイツという形で再来させるというように．また，歴史的な類推は，自暴自棄な政策をもっともらしく見せるために誇張される傾向がある．というのも，実際にキリスト教徒は自らの法概念を異教徒や未開人に対する戦いにも適用したからである．トルコはキリスト教世界秩序の外に位置づけられていた可能性が高く，17 世紀終盤近くまで彼らに対して神聖同盟を形成することが可能であった．しかし，ルネサンス期以降，その扱いにはある特別な技術が求められたとはいえ，トルコはヨーロッパにおける通常の同盟秩序の一部を形成するようになった．18, 19 世紀には，トルコの維持がヨーロッ

パの勢力均衡にとって不可欠の要素とみなされるに至る．16, 17世紀には，プロテスタント教徒とカトリック教徒はお互いに相手を絶滅させたいと思っていたかもしれないが，外交はその本性に従って新しい創造的な達成物——両宗派を包含する国際秩序——を生み出す方向に作用した．今日のロシアは国際連合の構成国であり，そのことはすなわち，ロシアが対抗システムを好んだとしても，ロシアがシステムの内部に位置していることを意味する．現実の戦争を回避する限り，20世紀の外交は，伝統的な役割——国際秩序の維持，あるいは既存の秩序形態のさらなる発展——を免れることはできない．今なお外交を通じて平和を達成しようと試みるならば（そして，自国の立場の強化を戦争の不可逃な結果とみなして，自国の強化だけに専念するのでないならば），まさにその事実から（*ipso facto*），我々の外交は「国際秩序」全体の発展と何らかの安定の達成を目指している，ということができる．この意味で，20世紀の外交は過去との連続性を持たざるをえない．

　第二次世界大戦終結後に発展した外交の特徴でもっとも注目すべき点は，文明の代表と未開の代表の間には問題が存在するという考え方とは逆の立場を示していることである．近年，国際関係において「道義的要因」とでも呼ぶことのできるものの役割が重要な発展を見せている．軍事力が歴史上例を見ない規模となったこの時期において，実際に兵器が持つ意味や力が部分的に失われ，計測不可能な要因が異常なまでに重視されるようになったことは奇妙なことである．この要素こそが，何にも増して，20世紀の外交の性質を大きく変えている（あるいは変えるべきだ）と言うことができる．

　実際の戦争に対する恐怖は，現状変更への欲望がなくなったことを意味しないが，各国政府がむき出しの力以外による勝利を模索せざるをえないと感じていることを意味する．多くの未発展で特定の陣営と結びついていない国々（もしくはさまざまな帝国主義的支配の下にある諸地域）の存在は，平時において「影響力」をめぐる激しい抗争が繰り広げられていることを意味している．マルクス主義者は（フランス革命の手法を発展させながら），かつてないほど密接に（そしてより高温で）政治宣伝と外交を融合させることに成功した．この融合は東側と西側の双方にとって重大な問題となり，世界中で国際関係における道義的要因の重要性を高めた．

こうした変化が，予想通りに国際連合の場で起こるのであれば，それほど注目されることはないであろう．しかし現実には，国際連合に関して注目すべきは，「旧外交」と呼びうるものが議事進行や投票行動に大きな影響を与えていることである．新しい要因の導入によって生じるある種の質的変化は，むしろ伝統的な外交経路や通常の政府間の関係を通じて起こっているようにみえる．この新たな種類の世界においてエジプト人は〔スエズ紛争を通じて〕実際に保有する力とは関係なく勝利を収めて現状変更を求めていくことができるのにたいして，西側はそれを食い止められないか，自らも道義的要因の力を借りることで初めて食い止めることができる．フルシチョフ〔ソ連首相・共産党第一書記〕がこのような道義的（あるいは準道義的）な性質の勝利を収める決意を固めていたことはある時点では明らかであった．また（まさにアクトン〔歴史家〕が認識していたかにみえるように），フルシチョフは，道義的要因が現実に現状変更に結果すると認識していた．実際，道義的要因は，「法万能主義」——国際法により確立されていると主張することのできる諸権利（あるいは現状）——よりもさらに強力なものとなった．しかし，フルシチョフはさらに，この道義的要因によって，世界の権力配分に重要な変化を生じさせる可能性があることも理解しているようにみえる．1960年のＵ２偵察機をめぐる事件は，このようなセンセーションを劇的に使用することによって，実際の戦闘での勝利に匹敵する効果を引き出せるのではないだろうかと考えさせる．スエズ事件の時は，道義的要因が友好，同盟，そして当面の自己利益にさえも勝って，究極かつ長期的な目的——すなわち，いまだ関与していない地球上の地域において信頼を獲得するという目標——以外のより短期的な目的は無視されたかにみえる．あからさまに蓄積された力がその意味を失ったわけではなく，荒々しい糾弾は外交的な駆け引きの顕著な特徴として今なお演じられている．しかし，計測不可能な要因が，おそらくかつてないほどの重要性を持つようになっている．人道的見地から使うことができず，またお互い使う意図もない（そして些細な疑わしい目的のために使うにはまったく不適切な）途方もない恐るべき兵器を手にしたとてつもない巨人どうしが対峙しているかぎり，この計測不能な要素が圧倒的な効果を発揮するかもしれない．それにより不利な影響をもっとも大きく受ける大国が発砲する機会を奪われている間に，大きな権力移動が起こる可能

性がある．まさに銃を使う余地がないからこそ，激しい怒り，雷のような告発，これ見よがしの強情が，計算された戦略の重要な要素となりうる．言い換えれば，このような状況は外交の性質に変化をもたらす（もしくは求める）かもしれない——その変化が外交の絶対的革命を意味するものではないとしても．

　このことを考えると，国際連合における活動が果たして新しい種類の外交を必要としているのか，もしくは新しい技術を発展させたのかどうか，筆者は疑問に思う．

第10章

政治の手段としての戦争

マイケル・ハワード

　大きな誤解を受けたままによく知られるようになったこの文句は，カール・マリア・フォン・クラウゼヴィッツの遺作『戦争論（*Vom Kriege*）』のなかに少なくとも2回登場する．初めに登場するのは，第1部第1章の第24節である．

　「戦争は単に一つの政治的行動であるのみならず，実にまた一つの政治手段でもあり，政治的交渉の継続であり，他の手段による政治的交渉の継続にほかならない」訳注1)．この思想はいくつかの節や文句を通して発展させられ，まるで音楽の主題のように異なったより糸で織りなされながら，本文中において幾度も繰り返される．けれども，続けてクラウゼヴィッツが戦争の様々な形態やその必要条件，問題点を詳細に検討するところでは，それはいったん消える．しかし，最終の第8部になると，また戦争は総じて政治の手段とみなされる．第8部の一つの節（第6章の(B)）は「戦争は政治の一手段である」訳注2)と題され，主題が再強調されながら繰り返される．「われわれは，戦争とは他の手段をまじえて行う政治的関係の継続以外の何ものでもない，と主張する」訳注3)．これはまさしく著作全体の主題，すなわち，クラウゼヴィッツが他の何にもまして伝えたかった教訓であるということができる．彼の名前をこの文句に結び付ける一般の見方は，誤りではない．この文句は，思いつき程度の付言（*obiter dictum*）ではなくて，彼の思想の本質なのであった．

　にもかかわらず，クラウゼヴィッツがこの文句に与えた重要性についても，総じてはその結果としての戦争についての彼の教説全体についても，一般の理解には重大な誤解がある．そうした誤解に基づいて理解された「政治の手段としての戦争」という概念は，無慈悲で，血も涙もなく，軍国主義的で，嫌悪感

を起こさせるものであるかのように響く．純粋な技術上の基準から判断すると，戦争は政治家にとって国家目的を達成するための別の手段にほかならない，ということをこの文句は示しているようにみえる．第一次世界大戦期のイギリスとアメリカ合衆国の思想家の考え方においては，クラウゼヴィッツの教えとされるものがビスマルクの行為とされるものと結びつき，さらにプロイセン「軍国主義」のイメージを一層かきたてた，ドイツ軍によるベルギーでのあまりにもあからさまな残虐行為と結びついた．このことがその後に和平交渉をもたらした有力な要因となったし，さらには，ヨーロッパ諸国やアメリカ合衆国がケロッグ条約〔不戦条約〕において，「国際紛争解決の為戦争に訴うることを非とし且その相互関係に於て国家の政策の手段としての戦争」〔第1条〕を厳粛に放棄する心理状態を育む強力な要因ともなった．

クラウゼヴィッツならば，ケロッグ条約は自らの教えに反すると言ったかどうか，定かではない．とはいえ，彼ならば，同条約がカント主義者の主張する「永遠平和のための提案」を思い起こさせることには気づいたことだろう．カントの永遠平和論は，ナポレオンの侵略前夜のドイツにおいて広く知られていたからである．クラウゼヴィッツが明確にしようと試み，そして実際に繰り返し明らかにした点は，国家の政治は戦争が政治の手段のひとつでない場合には不完全である，ということではなかった．彼が明確にしたかったのは，戦争が，戦争を引き起こす状況からも戦争が行われる目的からも切り離して考えることのできる，独立したものではないということであった．すでに引用した『戦争論』第8部第6章(B)の文章の前後の文脈は次の通りである．

「むろん，今日誰しも，戦争が政府や国民の政治的関係によってのみ生ずるということを知っている．しかし普通，人は，戦争とともに政治的関係が中断し，独特の法則に従うまったく別の状態が発生するものと考えている．

これに対して，われわれは，戦争とは他の手段をまじえて行う政治的関係の継続以外の何ものでもない，と主張する．ここにわれわれは，他の手段をまじえて行う，と書いたが，これによって主張せんとしたことは，この政治的関係は戦争そのものによって中断したり，まったく別のものにな

ったりはしないということ，むしろ，その用いる手段こそ違え，政治的関係は本質的に不変であるということ，そして，継起する軍事的事件を繋ぐ主要な流れは，開戦から講和に至るまで切れ目なく続く政治の姿にすぎないということ，なのである」訳注4).

クラウゼヴィッツは，孫子やフリードリヒ大王によって作られた諸格言を引き継いでこのような見事な考察を行ったのだが，それを政治家や指揮官を導く格言として提起しただけではなかった．彼の考察は，円環状をなすひとつづきの難解な弁証法的論法になっている．要約すると次のようになる．すなわち，戦争は「その絶対的形態においては」無制限の暴力の行使であった．このような「戦争の絶対的形態」(absoluten Gestalt) あるいは「完全形」(Vollkommenheit) は，単なるプラトン的なイデアではなかった．戦争は，論理的に考えると必然的にそうなる，と考えられるものだった．

「物理的暴力の行使とはいっても，精神的要素の影響が全面的にないわけではないのであるが，いま仮に相闘う両者のうち，一方が何ものをも躊躇することなく，いかなる流血にもひるむことなくこの暴力を行使するとし，他方が優柔不断でよくこれをなし得ないとすれば，必ずや前者が優位に立つにちがいない．したがって後者もまた前者に暴力をもって対抗せざるを得ないこととなり，その結果両者の暴力行使は交互に増長して際限のないものとなる．もしそこに何らかの限界があるとすれば，それは両者の間にある力の均衡によってのみもたらされるものにすぎない」（第1部第1章第3節）訳注5).

したがって〔第一に〕「相互的な行為」によって瞬く間に戦争は極限の暴力行使へと駆り立てられると思われたことだろう．ところが実際にはそうはならなかった．現実戦争〔政治的目的に沿った戦争〕と絶対戦争〔敵を完全に打倒する戦争〕が合致することは決してなかった．それは，戦争に関わるあらゆる法や規制が力を発揮したからではなかった．交戦国の社会環境を反映して生まれた法や規制が，敵意を抑制あるいは緩和することはあるかもしれないが，しかし，

「この社会的状態そのものは戦争自体には属さず，戦争にとってはすでに与えられてしまった与件であるにすぎない．それゆえ，戦争哲学のなかに婦女子の情を持ちこもうなどとすることは愚劣と評する以外に言葉がない」（同上）訳注6)．戦争を効果的に抑制するのは，交戦国の本性すなわちその動機と行動である．戦争は他の状況から孤立した行為ではなかった．戦争は，不十分で不完全な組織しかもたない国家の間で戦われたがゆえに，「幸いこの人間性の欠陥は相闘う両者について言い得ることであり，これがまた戦争論における抽象的観念上の行きすぎを緩和する役割を果たすことにもなるわけである」（第1部第1章第7節）訳注7)．

　第二に，19世紀初頭において戦争は，継続的な行為が積み重なって長期化するものであり，その行為の成り行きや相互作用を予見することはできなかった．「したがってそれだけでもすでに戦争両当事者が無制限の力の発揮を防ぎ，同時に全戦力を消耗してしまわないための十分な理由となる」（第1部第1章第8節）訳注8)．この文章のすぐ前で，クラウゼヴィッツは以下のように述べている．

　　「仮に戦争がただ一回限りの決戦，もしくは一連の同時的決戦より成るものとすれば，当然，戦争に向けての一切の準備はどれほど無制限になされても過ぎるということはあるまい．というのはこのような場合，いささかの誤算でさえ二度と回復することのできない決定的なものになるだろうからである」（同上）訳注9)．

シュリーフェン〔ドイツの陸軍元帥〕には，このようなただ一回限りの決戦はありうることに思えたようだ．ミサイル戦争時代の戦略家にとっては，もっとありそうなことである．技術の進歩は「絶対戦争」と「現実戦争」との隔たりを狭めることとなった．1914年には，交戦諸国はあっという間に極端な行動に走った．しかし，暴力の行使を和らげる究極の要因に関するクラウゼヴィッツの主張には，なお妥当性が残されていた．すなわち

　　「一つの戦争の勝敗が仮に完全に決定してしまっても，それだけでは必ず

第10章 政治の手段としての戦争

しも絶対的なものと見なすわけにはいかない．思うに敗戦国はしばしば敗北という事実を単に一時的な災難としてしか見ず，その後の政治状勢のなかでその災難を逆用し，他日回復せんと期すものだからである．この間の事情がまた力の緊張とその激烈さとを緩和するものであることは多言を要すまい」（第1部第1章第9節）[訳注10]．

こうして現実の世界では，論理の諸法則が蓋然性の諸法則に道を譲り，交戦国の行動は戦争の本性によってではなく，それら交戦国が目指す政治的目標によって指示されることになる．

「われわれが敵に要求する犠牲が小さければ小さいほど，敵のわれわれに示す抵抗力はそれだけ小さくなる．しかも敵の抵抗力が小さくなればなるほど，われわれの方の示すべき力も小さなもので済ませられるようになるのは言うまでもない．さらにわれわれの政治的目的が小さなものであればあるほど，われわれがこれに置く比重もまた小さなものとなり，必要とあらばこの政治的目的を断念することもそれだけ容易なものとなる．……ここにおいて，殲滅戦から武装せる睨み合いに至るまで，あらゆる軽重さまざまな戦争が起こり得るわけがおのずとわかろう」（第1部第1章第11節）[訳注11]．

クラウゼヴィッツはこのようにして明らかな矛盾点を解決し，その結果生まれた統合理論の上に次の研究の基礎を置いてゆく．すでに見てきたように，クラウゼヴィッツは著作の最後で，自分のもともとの前提〔政治の手段としての戦争〕に立ち戻ってそれを再び主張する．しかし，立ち戻ってもう一度それを述べる際に，彼は強調点を微妙に変化させている．第1部において，彼は抽象的な矛盾を解決するという分析的な態度をとるが，第8部では，行動の指針を与えるという教訓的な態度を示している．さらに，第1部の議論の言葉づかいからすると，戦争が絶対的で，自立的で，政治的目的に影響されないものになるような状況が生じる可能性は明らかに排除されていたのだが，第8部ではその可能性を認めている．次のような認識が人びとに共通する誤った思い込みであ

ることが，クラウゼヴィッツには理解できていたと思われる——「政治によって喚起された瞬間から，戦争は政治からまったく独立したもの，政治を押し退けるもの，そしてひたすらそれ自身の法則にのみ従うものとなるであろう」（第1部第1章第23節）訳注12)．つまり彼が主張しているのは，戦争は必然的に政治の手段であるということではなくて，戦争は政治の手段であるべきだということなのである．

> 「戦争とともに政治的視点が完全に消滅するといったようなことは，戦争が敵意にのみ由来する生死の闘争である場合にしか考えられることではない．……政治が戦争を生み出す以上，政治的視点が軍事的視点に従属するなどということは矛盾も甚だしい．政治は頭脳であり，戦争は単なるその手段であって，その逆ではない．したがって，軍事的視点が政治的視点に従属する場合しか考え得ようがないのである．……大軍事事件やそれに対する作戦については**純粋に軍事的な判断**が可能である，といった主張は許されないばかりでなく，有害でさえあると言えよう．実際，戦争計画立案の際に軍人に諮問し，内閣の行なうべきことについて**純粋軍事的**に批評を求めようとするのは，不合理なやり方である．……一般の経験からしても明らかなごとく，今日のごとく複雑にして発展した戦争にあっても，戦争の基本線は常に内閣によって，専門的に言うなら，軍事当局ではなく，政務当局によって決定されるべきものである」（第8部第6章(B)）訳注13)．

要するに，クラウゼヴィッツが一貫して述べているのは，戦争は国家政策の手段で**なければならない**が，そのような規範は，いまや，同語反復的な必要性からくる規範というよりは，むしろ道義的な義務に基づく規範である，ということである．非政治的な戦争は，ありえないというよりも，むしろ愚かで間違ったものなのである．

　彼の主張に一貫性が欠けているように見えるのは，彼が歴史的事実について洞察力に富む評価を加えていたからである．交戦国のもつ特質が戦争の「絶対的な形態」の発現に制限を課すとしても，その制限は，関係諸国の政治構造や経済的能力に応じてその時代その時代により変化した．18世紀には，「軍隊は

要塞やいくつかの設営陣地に籠って国家内に一国家を形成することとなり，その内部においては戦争本来の姿は徐々に失われてこざるを得なかった」(第8部第3章(B))訳注14)．フランス革命が到来すると，以前には決して戦争遂行に利用できなかった国家のエネルギーや資源を戦争に振り向けることが可能となり，それらを組織化して活用することの出来るナポレオンのような人物が登場した．このようにして，戦争は，「その性質を一変するに至った．あるいはむしろ，その真の性質に，その絶対的な完全性に近づいたといった方がよいかも知れない」(同上)訳注15)．無制限の暴力行使を抑制してきた制約は弱まっしまった．その主な原因は，それまで国家政策上の問題をめぐる紛争は傭兵によって遂行されていたのだが，その紛争に，新たに民衆の民族主義的な情熱が注入されたことにあった．一旦弱まってしまった制約を元に戻すのは容易ではなかった．クラウゼヴィッツの予測は，控え目ではあるが，的を射ていたのである．

>「いつまでもこのような状態が続くものか，つまり，ヨーロッパにおける将来の全戦争は常に国力の限りを尽くして戦われるものであるのか，したがって，国民に関係の深い大利害によって戦われるものであるのか，あるいは，次第に政府と国民との分離が再び立ち現れてくるものであるのか，について断言することは困難であるし，われわれはそのようなことを断定するつもりもない．しかし，戦争の可能性に対する無知の故にのみ加えられていた戦争に対する制約は，ひとたびそれが取り除かれた以上，容易に再びそのような制約が立ち現れはしないこと，そして，少なくも大利害が問題になる限り，相互の敵対関係は今日のごとく熾烈なものとならざるを得ないこと，これだけは十分首肯され得ることだろう」(同上)訳注16)．

クラウゼヴィッツの洞察は，純粋な政治分析に基づいていた．彼の洞察の正しさは，技術の進歩によって完璧に立証されることとなった．ナポレオンが夢にも考えなかったような大量の兵士を戦場へ送り届けることができるようになった鉄道．戦場での大量殺戮を人びとの故郷にまで拡大することになった空軍力．そして最後に，戦争から消耗戦の要素をなくし，戦争を，クラウゼヴィッツが先験的に不可能であると思いこんでいた「ただ一つの決戦，あるいはたくさん

の同時的決戦」に変えてしまった核爆発の威力．彼は自らの戦争の「絶対概念」の中に，戦争を抑制したり緩和する要素を組み入れていたのであるが，鉄道，空軍力，核兵器の出現でその抑制や緩和が次第に失われていった．こうして政治的目的は，『戦争論』の第1部で言及されているような「戦争に本来組み込まれていて」自動的に働く抑止力ではなくなった．政治的目的はむしろ，従うことがますます難しい——それでいて，それに違反することへの罰は耐えられないほど厳しい——無条件の道徳的規範になったのである．

　実際のところ，軍事的な配慮は，20世紀の間に政治的目的から独立するようになっただけでなく，しばしば政治的目的に指示を与えた．その典型的な事例は，1914年に文民の閣僚たちに相談することなくドイツ軍参謀本部によって立案され，怪しまれることもないまま閣僚たちに受け入れられた諸計画の中に間違いなく見出すことができる．この計画にしたがって〔ドイツの〕軍事機構は，バルカン紛争でロシアに対抗していたオーストリア・ハンガリー帝国を支援するために，フランスに対してだけでなく，ドイツ自身が中立の尊重を堅く約束していたベルギーに対しても正当な理由のない攻撃を加えた．そして，このドイツによるベルギーの中立の侵犯は，イギリス政府ならばけっして見逃しえないだろう挑戦だった．無制限潜水艦戦争の開始や——ずっと遠い所の問題だがドイツにとって決定的に重要な——ロシアのボリシェビズムに対する資金援助は，長い目で見れば国民全体の利益にとって死活的な重要性をもつことがわかるような政策を，軍事的配慮に基づいて立案した別の事例である．

　ドイツの敵がドイツに追随するようになるまでに，そう長い時間はかからなかった．何百万もの人々が犠牲となり被害を受けた戦争を，和平への歩み寄りによって，すなわち18世紀の慣行に習って国境の修正と賠償の支払いによって終了させるためには，朝鮮戦争の後でアメリカ人が認識したように，国民的な自制がある程度まで必要なのだが，そうした能力を備えた国はこれまでのところほとんどない．大軍団であろうが核兵器であろうが，絶対武器は，絶対的な戦争目的と絶対的な敵を必要とする．もしも〔第一次世界大戦の激戦地である〕ヴェルダンやソンムの犠牲者が，バルカン半島におけるオーストリア・ハンガリー帝国とロシアとの間の勢力均衡を維持するために死んだのだと主張したとしたら，それは神への汚らわしい冒瀆に聞こえたことだろう．より大きな，

漠然とした目的だけが，近代的な戦争技術が交戦国に強いた多大な犠牲を正当化しえたであろう．そしてその過程において，交戦国であるロシアとオーストリア・ハンガリー帝国の解体は知らぬまに進行していったのである．四半世紀後の連合国空軍によるドイツ諸都市の破壊は，軍事目標だけを狙った限定爆撃が既存の装備では不可能であることが判明したのちの最後の手段 (*pis aller*) として行われたのだが，連合国軍が戦っている相手はドイツ国民ではなくナチスの専制政治なのだという主張を——おそらくはいずれにしろ筋の通らない主張を——それ以上続けることを不可能にした．こうして今日では，核兵器によって国軍の軍備強化を図ることは，たとえそれが「制限戦争」を行うために案出されたとされる場合であったとしても，手段が目的を決めるのであってその逆ではない，ということになるのではないかというもっともな恐怖心を再び——しかもいっそう悲惨な形で——呼び起こす．

　世界の国々が第一次世界大戦中の諸事件を冷静に振り返ることができたなら，かつて繰り広げられたような考え方——戦争が再び国策の手段になりうるという考え方——がなおも通用するかどうか，かならずや疑問に思ったにちがいない．クラウゼヴィッツも記しているように，「政治は戦争から一切の苛烈な要素を剥奪して，これを単なる手段と化してしまう．会戦は本来，両手で満身の力をこめて振り上げられ，一度限りに打ち下される恐ろしい巨剣であるべきはずであるが，それが政治の手にかかると，突き，伴撃，ひっぱずし等を行い得る軽便自在の細剣となり，時には稽古用試合刀ともなってしまう」〔第8部第6章(B)訳注17〕．とは言え，その巨剣は今では，政治にとってさえ重すぎて，振りかざすことも形を変えることも出来ないものになってしまったのではないのか．それが第一次世界大戦から得られた教訓であるように思われた．つまり，剣の使用をやめることが，追求すべき唯一の道理にかなった針路であるように見えたのである．

　しかし，戦争を政治の手段とすることが可能だと信じる政治家たちは，『戦争論』の中のもう一つの文章を見逃していた．その文章は，専門的事項に関する章の中に埋め込まれているので，簡単に見落とされてしまったのである．

　「そもそも軍事行動は侵略者の側によって生ずるのではなく，防禦者の側

の出方によって生ずると言ってよかろう．というのは防禦者が侵略者に防禦抵抗して初めてここに戦争が勃発することになるからである．侵略者は常にすこぶる平和の主義を抱き，ひたすら血を流さずして敵国に浸入せんと務めている．かのナポレオンのごとき場合もまさにこれであった．しかしそのことが不可能なのは，防禦者が戦闘の決意をし，そのために準備をしているからである．これをもって考えてみても，要するに奇襲を避けるためには弱国，つまり不幸にして防禦に立たされる者は常に戦争の準備をしていなければならないということである」（第6部第5章）訳注18）．

侵略に抗して防衛に努める国は，侵略国に負けず劣らず，戦争を政治の手段として用いている．オーストリア人とチェコ人は〔ナチスがオーストリアおよびチェコのズデーテン地方を併合した〕1938年にはそうしなかったが，1939年にはポーランド人とフィンランド人が，そして1941年にはロシア人とアメリカ人が，戦争という手段を使った．1949年には北大西洋条約に署名した諸国家が，不安定に思われた独立を維持するためにその手段を使うことを決めた．戦争という手段は過酷で残忍かもしれないが，他に頼りになる手立ては当時もなかったし今日もない．時宜を得た明らかに必要な戦争は朝鮮で戦われた．結論的にいうならば，この戦争を通じて，トルーマン大統領とマッカーサー将軍という人物に体現された，政治的要素と軍事的要素との間の古典的かつ決定的な対立を，われわれは見ることができる．マッカーサーは更迭された〔朝鮮戦争の拡大を主張してトルーマンに司令官を解任された〕のち，上院で以下のように述べた．

「何十年にも渡って受け入れられてきた一般的な定義では，戦争は政治の最終過程であるとされました．すなわち，他のあらゆる政治的手段が失敗したとき，軍事力（フォース）に向かうということです．軍事力が要請されたときには，調和のとれた統制，調和のある構想，軍事力行使の主な利益，殺戮の舞台に到達する時間，これらすべてを軍が統制します．いかなる軍事行動においても，戦場の指揮官は自分の部隊の指揮に専心するだけではありません．政治，経済，軍事の分野全体を統轄するのです．政治がうまく機能しない

第10章 政治の手段としての戦争

ならば，軍事行動の段階を頼りにしなければなりません．だから軍隊が責任を引き受けたときには，軍隊を信頼しなければなりません．さもないと，ソ連がかつて採用したような，〔共産党の〕政治委員が国内政治はもちろんのこと軍隊をも管理するようなシステムを持つことになってしまうでしょう．

……はっきり申し上げます．戦闘に組み込まれたとき，政治の名による策略はあってはなりません．そのような策略は兵士を不利な立場に立たせ，彼らが勝利するチャンスを削ぎ，彼らが敗れる機会を増やすのです」[1]．

要するに，マッカーサーはクラウゼヴィッツを全面的に拒絶したのである．マッカーサーの言い分も理解できる．偉大な軍人の多くは，マッカーサーと同じ考えを持っていた．大モルトケ〔プロイセンの陸軍参謀総長〕もその一人だった．フォン・ローン〔プロイセンの軍人・政治家〕の言葉を借りると，軍人は外交という外科医の手に握られた披針(ランセット)ということになるのだが，これは必ずしも容易に受け入れられる考えではない．だが，何時にもまして今日ではこの考えを受け入れなければならない．それは戦争行為の破壊力が増大したからというだけではなく，多くの地域において，戦争と平和の区別が極めてあいまいになってきたからでもある．朝鮮戦争はひょっとすると，正規の補給線に依存し，制服を着た兵士からなる軍隊によって遂行され，戦場がはっきりと見分けられる戦争という面では，クラウゼヴィッツや彼の同時代人の記憶にある「戦争」の，最後のものであったかもしれない．トルーマンとマッカーサーの論争では，ビスマルクとモルトケ，あるいはロイド・ジョージ〔英国首相〕とヘイグ〔第一次大戦時の英国派遣軍総司令官〕との論争と同様に，クラウゼヴィッツ的な分析がなおも通用した．未来の戦争を構成すると思われる，転覆活動，反乱，国内暴動などの諸紛争に対して，彼の分析がどこまで妥当するかは，未解決の問題として残る．

注
1) *Military Situation in the Far East*, Hearings before the Committee on Armed Services and the Committee on Foreign Relations, U.S. Senate, 82 nd Congress,

1 st Session (Washington D.C., U.S.G.P.O., 1951), p. 45 (May 3, 1951).

訳注
1） クラウゼヴィッツ（清水多吉訳）『戦争論』（上），中公文庫，2009 年，63 頁．
2） 同上訳書（下）521 頁．
3） 同上訳書（下）522 頁．
4） 同上訳書（下）同頁．
5） 同上訳書（上）35-6 頁．
6） 同上訳書（上）36 頁．
7） 同上訳書（上）43 頁．
8） 同上訳書（上）44-5 頁．
9） 同上訳書（上）43-4 頁．
10） 同上訳書（上）46-7 頁．
11） 同上訳書（上）48，50 頁．
12） 同上訳書（上）62 頁．
13） 同上訳書（下）526-7 頁．
14） 同上訳書（下）496 頁．
15） 同上訳書（下）499 頁．
16） 同上訳書（下）500 頁．
17） 同上訳書（下）523 頁．
18） 同上訳書（下）40 頁．

第11章

国際関係における実力(フォース)の威嚇[1]

G.F. ハドソン

　武装した主権国家間の外交において威嚇が占める位置についての考察は，核兵器による膠着状態が大国間の戦争をありえないものにしたという（根拠のあるなしはべつにして）確信に関連づけられて行われなければならない．戦争が「王たちの最後の手段」（ultra ratio regum）である限り，戦争は起こりうるのであり，また時あるごとに実際に起きてきた．国家間の関係において，ある要求が満たされない場合または死活的利益が侵される場合，戦争に訴えると威嚇することは平時でも常に存在したのである．この意味で，伝統的な国際政治においては，実力(フォース)の行使は現実の戦争にとどまるものではなく，諸政府が脅されて強い（あるいはより決然とした）国の意思に従った場合には，最大の成功を勝ち得た，ということができる．戦争は実力の適用に当たっての失敗とすら見なすことができる．この失敗は銀行泥棒による出納係の殺人と同じである．すなわち，泥棒が銃を向けて脅すことに失敗したがために，威嚇を実行に移さなければならなかったということを普通は意味しているからである．

　伝統的な平時の外交においては，圧力を三つのレベルに分類することができる．その場合，本質的には道徳的ないし経済的な類の圧力を考慮しないものとする．第一のもっとも低レベルなものとしては──外交官がそれに言及することを必要とはしないが──潜在的な戦争能力に関わって各々の側の相対的な武力についての双方の認識が，交渉の背後に存在する圧力としてある．したがって，かりにA国が人的資源，軍事産業，戦略的立場からB国より十分強力な場合には，この圧力がいかなる紛争においても効力を発揮する．なぜならば，B国の外交政策当局は，紛争が危機に発展し，かつ自国のために介入してくれそうな同盟国その他の国がどこにもない場合には，A国が戦争を仕掛けてき

て間違いなく勝つのではないかと心中でわかっているからである．ただし，A国政府の要求は紛争を危機的状況にするほど深刻なものではない，ないしは国内の意見不一致その他の原因でA国が動けないと，B国当局は考えるかもしれない．そこで，決意のほどをB国に印象付けるために，A国政府は圧力へと進んで，B国の強情さの結果は戦争になるということを外交上の用語であからさまに仄めかすことになるだろう．第三段階の圧力は，時間制限付き最後通牒であり，おそらくもっとも記憶に残っている近年の成功使用例は，チェコスロバキアのハーハ大統領がベルリンに呼び出されて，ドイツ軍によるチェコスロバキアの占領を受け入れない場合には，プラハが夜明けに爆撃されるだろうという威嚇を真夜中に突き付けられた時であった．

　これら三段階の圧力は，最も低いレベルのものであっても，実力（フォース）が行使され得るという信念を含んでいることは明らかである．また，たとえ実力が軽々しく行使されなくても，武力で異議を唱える危険を冒す用意があり，それ以外には方法があり得ない国にとって，実力行使が最後の手段であるのは明らかである．しかし，ある種の兵器の破壊的効果により，戦争が最強国にとってすら事実上の自殺的行為となってしまうがゆえに戦争が不可能とみなされる場合には，どうして戦争の威嚇が説得力をもちえようか？　そこでは大国という考え方そのものが消え去ることになる．というのも（大国がもちうる経済的強制手段をここでも考慮しないとすれば），戦争遂行能力の点でA国がB国より優っていると仮定した場合，いかなる戦争もありえないとすれば，A国がB国よりどれほど強いかなど，もはや問題ではなくなってしまうからである．A国がB国の10倍の人的資源や資源を有するとしても，A国は実力に訴えるぞとB国を威嚇することはできないので，「自由意思による売買のように」双方が満足する合意点を見出すことができなければ，A国はB国から拒絶されるだけである．

　したがって，強国にとっても受け入れ難い戦争という危険をおかすような条件のもとにおいては，相互に利益をもたらす合意に依らずに脅迫や威嚇に依存する攻撃的な政策は，論理上，排除される．このことを具体的に言うならば，モスクワ〔ロシア〕がその危険を冒すとは誰も信じていない戦争の脅しに怯える国はないであろうから，ロシアはもはや最弱小国ですら威嚇できない，とい

うことを意味する．核兵器の十全な開発による核の手詰まりが存在する以前にも，かつてチャーチルは「ロシアは戦争を望まないが，戦争の果実は望んでいる」[2]，すなわち，普通であれば何れの国も戦争に勝つことによってしか達成することができない政策目標は望んでいる，と述べたことがある．これは一つの尊大さとしてロシアの政策概念になっていたが，たぶんにこけおどしの要素が強かった．そうじて西側諸国，および西側諸国のさまざまなレベルでの保護に頼ることができた中立国は，先の戦争〔第二次世界大戦〕の終わりとともに始まった宥和政策の時代において，予想以上にソビエトの脅しにうまく立ち向かってきた．ソビエト連邦にとって，アメリカと同盟またはアメリカから軍事援助を受け入れている国が被るであろう悲惨な結果を最大限に警告して威嚇するのは——またそうした威嚇が無視されるのも——ほとんど長年にわたる日常行為であった．しかし，そうして拒絶されたとしても，現在までのところこれらの事例におけるソビエトの公式用語での威嚇的な調子は変わっていない．

　核の手詰まりの段階以前および以降もソビエトの威嚇とそれに対する西側諸国の対応の事例を与えてくれるのが，ベルリンである．1948年のベルリン封鎖に当たって，ロシア人たちは都市への空輸補給が可能であることを明らかに予測しておらず，優勢なロシアの軍事力を冒して西側諸国が地上の道を取るよう——西側諸国は（相互の合意によって）そのイニシアチブをとらざるを得なかっただろう——強いることで挑戦する準備をしていた．だが，航空機が西ベルリンに十分補給できることを証明した際に，スターリンは補給機を打ち落とそうとするのを差し控えた．**彼がイニシアチブを取らねばならなかったであろう指し手である**．その時は誰も戦争が不可能であるとは考えていなかったのであり，どちらの側が軍拡競争から勝利を収めるかすら疑わしくなるほどさまざまな兵器の相対的な効果についても，一致した意見というものはなかった．ロシアは地上戦力の点で圧倒的に優勢であったのに対して，アメリカはまだ原子爆弾を独占していたが，如何なる水素爆弾もそして核兵器の大規模な備蓄もなかった．ただし，どちらの側も事態を戦争といえるほどに切迫したものにしようという意思はもっていなかった．航空機による補給の成功が戦闘なしでの現状維持を可能にしたのである．10年後，フルシチョフが新たな封鎖の威嚇によって西ベルリンに対する管理権を再び要求したときには，「ミサイル・ギャ

ップ」が西側諸国当局者の間に大恐慌をきたした．ソビエト連邦はロケット工学を一時的にリードしていて，おそらくこの技術的な進歩のもたらす威嚇効果をフルシチョフが信じたことが，ベルリンに対する要求に過大な威信を賭けさせたのである．1959年の秋までには，新たな封鎖の脅しにフルシチョフの公式訪問によってアメリカの幅広い階層およびとりわけアイゼンハワー大統領にもたらされた感銘が結びついて，次第にアメリカの政策は条件つき屈伏の方向に向かっていった．だが，フルシチョフがアメリカから去った後，それは再び難しくなり始めた．この流れが反転するに当たってのもっとも重要な要素は，ベルリンについてどんなことがなされるにしろ，なされないにしろ，戦争は起こらないだろうという確信がワシントンで強まっていったことであった．この確信は，フルシチョフ自身がソビエト連邦で全面核戦争が起こる危険性があることを十分に納得しており，そうした危険を冒す気はなかったという証拠に主として依拠していた．そうであるなら，ベルリンへの道を諦める必要はなかった．なぜならフルシチョフは西側のベルリンでの降伏に対するいかなる代償（quid pro quo）の申し出も行わなかったからである．唯一の報酬は緊張緩和であった．しかし，ロシア人自身が継続的に作り出している緊張であり，それが戦争になりえないとすれば，誰がそのようなものを気にしようか．

　西欧諸国はもはや脅しに乗らないことを見てとると，フルシチョフは1960年5月の首脳会談を引き上げるしか手はなかった．なぜならば，フルシチョフの立場からすれば会談の唯一の目的はベルリンに対する劇的な外交勝利を彼に与えてくれることだったからである．そこでフルシチョフは，交渉から空手で帰らねばならない――かりに会談が継続していたならば，たしかにそうなっていただろう．なぜなら，彼には提供すべき何ものもなく，もはや脅しもできなかったから――かわりに，耐えがたい無礼に対決する祖国の闘士としての場面を作ることによって会談を退席するための道筋を見つけださねばならなくなったのである．

　1958年から1962年にかけての間におけるフルシチョフの対外政策にとっての問題は，「平和共存」――核戦争の危険を回避することを意味する――を唱えることと，戦争の威嚇のみが西側諸国に受け入れさせることができた要求外交とを如何にして結び付けるかであった．こうした要求に対して西側諸国はまだ

十分な決意も団結もしていなかったのである．フルシチョフはソビエト連邦および西側諸国における核戦争の危険性を公言せざるを得なかった．というのも，彼は「もしもわれわれが現在それほど強いのならば，帝国主義者たちと最後の対決をしたらどうだろうか」と実際に述べる中国やロシア内部の分子から，より攻撃的な方向に向かうよう強く圧力をかけられていたからである．これらの圧力に抵抗するためにフルシチョフは平和共存原則を強調せざるを得なかったのであり，同原則についての熾烈な公開論争で中国の共産主義者たちと対立した．しかし，このことは，彼らがうまく脅す力を失ったことを意味する．なぜならば，吠えるけれども噛み付かない犬であることを彼自身が事実上，宣言したからである．

こうした状態は，論理的には，単に宣伝ショーとしての和解だけではなく，相当な何かを提供することによってのみ自己が望むものを手に入れることができるという原則にたった古風な交渉も含む政策の方向へソビエトの体制を動かしていくはずであった．けれども，ソビエトが産業的，技術的に目覚ましい成功を収めていた時代にあっては，フルシチョフはスターリン以上の扇動者であり，したがって自らが指導する党（あるいは諸党）の，（さまざまな見解ではなく）期待に影響を受けやすかったため，こうした考え方は，不幸にもフルシチョフ外交とは相容れなかった．というのも，マルクス・レーニン主義者であれば誰もが知っているように，共産主義の勝利は歴史的必然であり，その原因は常に助長されるべきであり，指導者は常にそのための代償を払う必要なしに外交上の勝利を勝ち得るべきであったからである．たとえば，フルシチョフは西ドイツの共産主義制度を危険に陥れるだろういかなる譲歩もせずに西側諸国に西ベルリンを放棄させるべきであった．自身の追随者に拒絶されることへの恐れから，フルシチョフは平和交渉で納得のいく合意に達することについて，あまりに非妥協的になってしまう．他方では，威嚇しようとしても彼がそれを実行すると信じられなければ，威嚇で道筋を開く見通しもない．

にもかかわらず，西側諸国にとってこうした事態においても危険は存在する．なぜならば，自己の権力が危険に陥っていると感じ，西欧諸国の中に優柔不断さを看破して戦争なしの危機によって政治的勝利がもたらされるだろうとフルシチョフが思えば，彼のジレンマは瀬戸際政策になり得るからである．ソビエ

ト連邦にとっての核戦争の危機を十分自覚したうえで，西側諸国が戦争に出るのを誘発せずに好戦的な性格の活動を行うことができるとフルシチョフが確信している可能性がある．いかなる冷戦のエピソードも何かテストのようなところがある．西欧諸国はどこまで自己の利益を守る用意があるのか．どこまで団結しているのか（あるいは団結していないのか）．西側諸国の世論はどのように危機に対応しているのかを示している．核の手詰まりの当然の結果は現状維持である．全面的な核戦争に至るに違いない敵意を引き起こす恐れがあるので，いずれの側も他方の領域範囲を冒さない．したがって，核戦争の恐怖がどのようなものであれ，ある国自身にその同盟国は「脅し」によって，自衛せねばならず，その意志を予想される攻撃国に悟らせるようにせねばならない．条約該当事由（*casus foederis*）によるとき，または直接的な自衛のためですら，使用されるかどうか疑わしい場合には，核の「抑止力」を有することは役立たない．技術的に核の手詰まり状態となったとき，一方の側が他方より以上に核戦争に怯えていることがいったん明らかになれば，より一層怯えている側が政治的に譲歩し完全降伏するまで譲歩し続けねばならないだろう．したがって，「恐怖の均衡」は，技術的「能力」であると同時に意志の均衡でもなければならない．実際，それはこうした理由から，軍事的組織および軍備の問題である以上に，政治，態度，精神状態の問題として，高度に心もとない均衡である．Ａ国がＢ国に対して受諾不可能な要求を行い，Ａ国は当該要求を拒否されても戦争に出ないであろうとＢ国が信ずる場合，Ｂ国はそれらの要求を拒絶するであろう．しかし，十分に強い圧力を加えればＢ国が譲歩するであろうとＡ国が信ずる場合には，計算ミスによっては戦争を生じさせる措置を講ずるかもしれない．これは現代固有の危険性であり，それから何が生じるかわれわれは見通せないでいる．

注
1) この論文は 1961 年 4 月に執筆された．われわれは変更を加えずに活字にしたため，読者はその後の出来事に照らし合わせて論文を検証することができるだろう―編者．
2) 1946 年 3 月 5 月，ミズーリ州フルトンでの演説（*The Sinews of Peace*, Post-War Speeches by Winston S. Churchill, Cassell, 1948, p. 103）．

第12章

軍備が撤廃された世界の諸問題

マイケル・ハワード

　第二次世界大戦以来行われてきた軍備撤廃に関するあらゆる議論，計画，交渉を通して——加うるに，熱核兵器の開発がそれらにもっともな緊迫性を与えたために——冷静に検討されることがほとんどないままに，ある共通の想定が広まった．それは，軍備が撤廃された世界は武装された世界よりもおそらく平和な場になるであろうし，「平和」と「軍備撤廃」は同一の状況を説明する別の言葉であるという想定であり，われわれの直面する主要な課題は，主要な兵器がもはや存在しない世界においてどのようにして組織立てられた秩序ある社会を運営するかという政治的課題ではなく，いかに軍備を撤廃するかという技術的・政策的課題である，という想定である．軍備が撤廃された世界は実現可能なのか，という問い掛けは珍しいものではないが，かりにそれが可能であるとして，そのことは望ましいことなのか——すなわち人間個々人および人間が暮らす社会が今以上に安全で，あるいは幸せで自信に満ちたものになるのかどうか，という問い掛けはあまりなされない．軍備が撤廃された世界は実際，**平和な世界なのだろうか？**

　この問題を検討する際には，全般的かつ完全なる軍備撤廃が可能であるという相当に重い想定をしなければならない．われわれは，段階的実施，検証，調査，管理に関するあらゆる難題が解決されたということを受け入れなければならない．諸国家は，国内秩序の維持に必要なものを除くすべての兵器を放棄していることになる．民兵と国内警察を除くすべての軍事組織と準軍事組織は解体されていることになる．兵器工場は閉鎖され，自由になった国内資源は平和的利用に転換されていることになる．国際的な軍備撤廃機関が設立され，不必要な不協和音なく機能していることになる．この機関の発する命令は文句なし

に受け入れられ，機関の担当者(オフィシャル)はあらゆる国家の領土全域に立ち入り，全部門の産業の情報を取得し，すべての政府文書を入手する自由を享受することになる．さらにわれわれは，東西両陣営の今日の軍備撤廃案に暗示されているように，世界の政治組織が依然として明らかに今日と同じものであるとも想定しなければならない．すなわち，主権をもつ国民的(ナショナル)な国家が独自の野望と利益を追求していて，国際的な共同体内部では反目し合うようなイデオロギーが共存しているが，軍事力に訴えることを防止するのに十分なだけの力をもつ何らかの国際的権威のもとでの相互交渉によって問題が調整されている，と想定しなければならない．かりにソビエトの提案[1]が実行され，4年以内に軍備撤廃が達成されるとしても，世界政治の現在の様式にはほとんど無きに等しいほどの変化しか起こり得ないだろう．今日の国際的な問題の原型を作ったのと同じ政治家や官僚，巨大なイデオロギー的および経済的圧力は消え去らない．西側の提案を実施するために必要だと予想される8年か9年ですら，国際的な交渉の性格を実質的に変えるのにはけっして十分ではない．さらに後で考察するような理由のために完全にではないものの，軍事的な要素は大方取り除かれるだろうが，たとえば，東ドイツ人と西ドイツ人，中国人と台湾人，あるいはアラブ人とイスラエル人がお互いに対する親愛度を増したり，あるいは合衆国が大いなる善意を持って〔キューバの指導者〕カストロ博士を見たりすることにはならないだろう．また，共産主義世界が，敵である資本主義世界の最終的な崩壊を期待することをやめ，機会があればその崩壊に手を貸そうとすることをやめることもありそうにもない．

　このような世界が認識しうる意味で「平和的」かどうかを決めるためには，われわれがいかなる意味で「平和」という語を使用するかを完全に明確にしておかなければならない．この語は，とかく感情的で，政治的なプロパガンダと悪用に弱いため，理知的な議論——とりわけ理知的な国際的議論——の道具として使用する際には，正確に定義されなければならない．この語は確かに戦争の不在を含意しているが，それ以上にこの語は社会的・政治的**秩序**，無政府状態ではないこと，トマス・ホッブズが描いたあの哀れな俗人の渾沌を回避した状態を意味する．「そのような状態においては，勤労のための余地はない．なぜなら，勤労の果実が確実ではないからであって，したがって土地の耕作はな

第12章 軍備が撤廃された世界の諸問題

い．航海も，海路で輸入されうる諸道具の使用もなく，便利な建築もなく，移動の道具およびおおくの力を必要とするものを動かす道具もなく，地表についての知識もなく，時間の計算もなく，学芸もなく文字もなく社会もなく，そしてもっともわるいことに，継続的な恐怖と暴力による死の危険があり，それで人間の生活は，孤独で貧しく，つらく残忍でみじかい」[2]．つまり，平和とは，秩序ある公正な社会を維持することである．人間を隣人の暴力や強奪から守る秩序であり，支配者の恣意的な暴力や強奪から守る公正さである．無政府状態にも暴政にも持続的な平和は存在しえない．実のところ平和は，形式的には平和状態にあるが野蛮な状態や内戦に戻ってしまった共同体よりも，隣人と交戦状態にある秩序の保たれた社会のなかに見出される可能性が高い．このことについて疑いを抱く読者は，1941年のロンドンと20年後の〔アルジェリアの〕オランのどちらで生活したいかを自問してみるとよい．

したがって，平和の第一の特徴は，社会的・政治的秩序である．そのような秩序が効力を持ち持続するためには，その秩序下にある共同体の政治的に自覚したすべての成員に自由に受け入れられるような秩序でなければならない．人種，階級，あるいは社会的身分という意味でのよそ者集団によって押し付けられたと感じるような秩序は，それに替わるものがさらに嫌悪すべき集団による征服や完全な社会崩壊であればより小さな悪として受け入れられるかもしれないが，その秩序が長期にわたって安定することはない．経済発展や思想の伝播，歴史の大きな流れを通じて，前の世代には平和な生活の維持に適すると考えられた政治の型やメカニズムには新たな文脈が与えられ，影響力と発言力を備えたエリートがそうした型やメカニズムを真に公正な政治的・社会的な組織に対する障害，すなわち結果的には平和の手段ではなく障害，と見なすようになる状況が絶え間なく生み出されるからである．

この非永続性は，国家の内部構造に対してのみ当てはまるのではなく，世界共同体における国家の存在そのものにも等しく関係している．帝国は反体制的な民族主義的少数派の圧力によって解体する．新しい国民諸国家が形成されると，分裂し，結集しあい，あるいは技術的に遅れているか政治的に未成熟な共同体に影響力を拡大しながら今度は自らが帝国となる．国際的な思想家や法律家が国内秩序のありかたを基本にした国際秩序——そこでは，各主権国家が国

家内の個人と同じ役割を果たし，相互に接触しあい，共通の管轄権を受け入れる——を創造ないし安定させようと願ったとしても，そうした類推はごく狭い範囲内においてしか有効でないことに必然的に気づく．国家は，人のように限定的なものではない．国家は人間よりも細胞に似た存在で，分裂し，再集結し，新しい実体を形成する．新興ナショナリズムや社会革命の圧力を受けたこの分裂と結集の過程は，過去150年にわたって国際紛争の主要原因の一つであったし，それがもうすぐ終わるという徴候もまったくない．1960年11月のモスクワにおける会議で共産主義世界の指導者たちが「民族解放戦争」は必然的に続くと宣言したとき，彼らは国際社会に関する明白な事実を述べているにすぎなかった．将来のある段階において公正で賢明で調和のとれた世界秩序が出現し，そのような闘争は終焉するだろうとほのめかした点においてのみ，彼らは間違っていた．1945年以降のヨーロッパでそのような「民族解放」戦争がただ一度起きたことを述べるのは場違いではない．それは1956年にハンガリーで起こった．西側世界と同様に共産主義世界もそのような戦争から免れることはもはやないのである．

　1870-1914年の期間をおそらく例外として，中世の終焉以来のヨーロッパの歴史を見ると，対立する軍事システムによって創り出された緊張が国際紛争の唯一の原因，あるいは主要な原因であったとさえする根拠はほとんどない．当初は事実上非武装であった二つの共同体の間で大戦争が起こった北米の歴史には，なおさらその根拠を見いだせない．数世紀にわたって戦争を生み出してきた要因は複合的なものであり，過度に単純化するのは危険であるが，今なお有力できわめて根本的な要因が二つ存在する．

　第一は，組織化の進んだよりダイナミックな隣人による，弱くて受動的，あるいは政治的に無力な共同体の経済的・政治的・文化的な吸収である．これは今日「帝国主義」として非難される過程であるが，これがなければ現代世界にはいかなる大国（グレート・ステイト）も存在しえなかった．モスクワ大公国の拡大に由来する国家も，北大西洋の西海岸に種がまかれ，北米大陸で以前から生存していた原始的な部族共同体を吸収ないし排除した国家も，存在しえなかった．拡大と吸収というこの過程は，同じくらい自信に満ちた拡張的な二つの文化が出会うときにのみ停止する．15世紀末にイタリアでフランス人とスペイン人が出会った

第12章　軍備が撤廃された世界の諸問題

とき，あるいは17世紀末に北アメリカでフランス人とイギリス人が出会ったとき，あるいは19世紀末にバルカン地域でスラブ人とオーストリア人が出会ったときのように，この出会いは紛争をもたらすかもしれない．それとも，19世紀の中央アジアでイギリス人とロシア人が打ち立てたような不安定な均衡をもたらすかもしれない．現代世界においてわれわれはダイナミックな二つの文化間での同様の対決に直面しており，結果として生じる緊張と対立は単なる軍事的武装解除によって排除されるようなものではない．

　主要な大国間でのこの種の対立は，各大国が理性的に問題を処理する限り，制御することができる．今日では軍事衝突が実際に行われた際に得られるものが，被ると予想される損害と比べて非常に微々たるものであるため，軍事衝突を引き起こしそうなのは冒険主義者か自暴自棄の者だけである．われわれの生きている間にもそのような人物が少なくとも世界の二つの主要国で権力を掌握したことは否定できないのだが，理性的な自制心を働かせることによって，武装化された世界と同様に軍備が撤廃された世界においても，大国 (Great Powers) が平和を維持してあからさまな軍事衝突を避けるかもしれない．そのうえ，たとえ大国がそうしなかったとしても，利害の直接的な衝突は，通常，国際的な権威の後ろ盾のもとでの仲裁や妥協が可能である．

　しかしながら，国家内部の反体制派的な革命主義者によって引き起こされた紛争についても，同じような確信を持って同様のことが主張できるかどうかは疑わしい．彼らの行動は，その国の管轄権や国家の存在そのものすら問うているかもしれないからである．国際的な不安定を生み出すこの第二のタイプの力（フォース）は，おそらく第一の型よりもさらに危険である．民族主義的理念，もしくは自らがその内部での活動を余儀なくされている政治体制と相いれない社会思想の影響を受けたエリートによる活動は，過去百年間にわたり，国内的・国際的紛争の主たる源であった．民族思想に感化された活発な革命的少数派によって，ウィーン会議で創出されたヨーロッパは破壊された．彼らがハプスブルク帝国を解体し，それによって第一次世界大戦が引き起こされた．彼らが大英帝国とフランス帝国を解体したのであり，これらと同様の運動が力を失ったという徴候はなく，あるいは軍備が撤廃された世界では失うだろうという兆しもない．

実のところ，軍備撤廃が達成されるか否かに関係なく，近い将来にダイナミックなナショナリズムは減退するどころかむしろ強まるであろう．最近独立した諸国においてすら，教育の普及によって，これまでは顕在化していなかった少数派の間での政治的自覚が高まるであろうし，この本質的に分裂増殖を繰り返す過程には論理的終着点はない．このようなマイノリティの独立願望を鎮圧するには，政治的冷酷さと軍事力の両方が必要である．大国は実際には，こうした傾向を抑制するのではなく，新興独立国が自分の**被保護者**となるか，あるいは少なくとも敵の政治システムには入らないようにすることを期待しつつ，こうした傾向をますます助長するようになっている．新興国家には，建国者たる革命的エリートが提供しうる能力をはるかに超える技術的・行政的ニーズがあるため，革命的エリートは融資，助言，専門的技術を大国や裕福な国家に求めざるを得ない．このことは，新興のナショナリズムがその本性に反して，われわれが吟味してきた帝国主義のこれまでの方式を支えるかもしれない危険性を引き続き創りだす．さらには，今日生まれつつある新興諸国が，自らがその廃屋の中から生まれた諸帝国よりも，その形態の点でまったく異なる永続的なものであると考えるべき理由もない．新しい国家はあまりにも小さくて単体での維持が困難であるため，歴史的に相性の悪い強い隣国による歓迎すべからざる吸収合併から自らを守るために強い保護者に頼らなければならないかもしれない．新しい国家は，今日のコンゴ，あるいは第一次世界大戦から生まれたかつてのユーゴスラビアのような，分裂しがちな傾向をもつかもしれない．1962年のアジア・アフリカの地図上の国境線が20世紀末まで変更されずにいるだろうとか，軍備撤廃の有無に関係なく，国境の変更は相互の合意によって平和裡に行われるだろうと予言するのは，向こう見ずな人間だけである．

紛争と変動を生み出すこの大きな力——文化の衝突と国内革命——のいずれか一方が，軍備が撤廃された世界では作用を停止すると簡単には考えられない．確かに，軍備の撤廃によって国際的な不信感のなかの戦略的要因は排除されるだろう．西側からの侵入を恐れる理由がなければ，ロシアは中央ヨーロッパにそれほど直接的な関心を持たなくなるかもしれないし，逆もまたしかりである．世界的緊張の緩和は，相手方から示された脅威に対する自己安全保障のために両陣営が目下のところ必要であるとみなしている同盟機構の段階的廃止を可能

第12章　軍備が撤廃された世界の諸問題

にするかもしれない．そうなれば，大国がもっとも弱い同盟国から受け止める圧力は減るかもしれない．しかしこのような効果でさえも，過大評価してはならない．軍事力は政治的緊張を創り出すが，それと同じぐらい政治的緊張を反映してもいる．軍備が撤廃された世界においてすら，かりに中東の産油国がソビエト連邦と緊密な関係になり，ソ連の政治システムを採用するようなことになれば，英国は危機感を感じるだろう．合衆国も中央・南アメリカに対してより一層強く関心をもつだろうし，東ヨーロッパ諸国がブリュッセルで管理される〔欧州〕共同市場に参加したり，外モンゴルが忠誠心を北京に切り替えたとしたら，ソビエト連邦が何ら異議を申し立てずに黙認することはないだろう．武装された世界ですら，国際問題における純粋に戦略的な要素が決定的なものとなることは滅多にないがゆえ，武力の全廃は国際関係の傾向に驚くほど小さな影響しか与えないだろう．

　主要な軍事兵器の廃止によって国際関係の一定局面が改善されるとしても，それが別の局面を悪化させる可能性は確かに検討しなければならない．今日，戦争についての鬱々とした脅威は，民族的・イデオロギー的野心を抑制する役目を果たしている．この脅威の存在が，もてる限りの力を発揮して自らの利益を前進させ，敵の弱点を利用することを大国にためらわせている．西側世界は，東ヨーロッパやバルト海諸国の反革命・反体制派民族主義運動を強化するために，今よりもはるかに多くのことをしているかもしれない．共産主義諸国は，西側の現存政府の転覆を狙う活動を助長することに加えて，アジアやアフリカ諸国の反西側ナショナリズムをもっと冷徹に利用するかもしれない．こうした方向に持って行こうとする強い圧力が両陣営に常にかけられていることは秘密でも何でもない．熱核兵器時代にあっては，世界的緊張を意図的に悪化させることがあまりに危険な行為なので，自由に思い通りにさせるわけにはいかないと責任ある政治家たちが考えていることによって，この圧力は抑制されているのである．もしこの脅威が，全面的で完全なる軍備撤廃によって取り除かれるとしたならば，主要大国が小国や互いの弱点を意図的に利用することに対する抑制——いかなる国際的な権威や「平和維持軍」も阻止できないような利用法に対する抑制——も取り除かれてしまうかもしれない．そのような状況下で，世界が相当長期にわたる軍備撤廃状態を維持できるだろうかと思いを巡らすこ

とは，本稿の冒頭で設定した範囲を超えるものである．しかしながら，そのような世界が，今日われわれが暮らす世界よりも実質的に安定していて，平和で安全であるかどうかについては当然問うことができる．

　たとえ軍備撤廃がうまく行かず，相互の対立・不信・非難によって再軍備がなされたとしても，現在の状態よりもさらに悪くなることはなく，それゆえにわれわれが軍備撤廃によって失うものは何もなく，得るものばかりであるという主張はもちろんしばしばなされる．だが，これは自明のことではない．現在の状況は危険ではあるが，馴染みのないものではない．世界の政治家や外交官たちは長い間この危険とともに過ごしてきたのであり，その扱い方について一定の技術を獲得してきた．両陣営が明確に宣言している政策は相容れないように見え，時折の**失策**や誤算はわれわれを恐怖で身震いさせるかもしれないが，どの問題が交渉可能でどれが不可能か，どの宣言は深刻に受け止めるべきでどれが国内向けに意図されたものか，どの程度までなら圧力をかけることができて，どの地点で圧力が危険に変わるのかについて，鉄のカーテンの両側ではっきりと分かる感覚が育って来た．われわれがすでに検討したように，軍備が撤廃された世界では対立と野心が放棄されるのではなくむしろ増大するかもしれないという未知の環境において，国際的対話のコツは再学習されなければならないだろう．今日存在しているよりもはるかに多くの怒りや嫌悪感に互いが取りつかれた雰囲気のなかで，再軍備が避けられなくなる地点まで反感が強まるかもしれない．この仮説はこじつけに見えるかもしれないが，以前の状態（status quo ante）への単なる逆戻りは明らかに求むべき状態とはいえない．また，軍備撤廃の試みが成功しなかった場合，各陣営は必ずや失敗の原因について互いに相手を大声で非難するだろうから，相互の寛容と理解への貢献はほとんど見られないだろう．

　当然ながら，これらの危険性はすべて，国際紛争を解決するために迅速に介入する意志と権限（パワー）をもち，圧倒的に優勢な強力（フォース）をそなえた有力な超国家的権威の存在によって減らされうる．軍備が撤廃された世界のために立案されたこれまでの計画はみな，それぞれの国民国家が警察力と民兵を保持する必要性を認めており，それらに対する要求の妥当性はかなり高いかもしれない．大きな国家は何万という兵力を保ち続けることができるだろう．それは当該国の国内的

必要性にとって多すぎる数とはいえないが，集中させれば強力な軍事的手段となる．不安定な国境地帯を有する国家は，平和を維持する最も経済的な方法として軍用機を当然ながら求めるかもしれない．イラクが適例であるが，もしイラクがそのような軍用機を所有するならば，イスラエルに対してその権利を否定することが道理にあうだろうか．隣国にこれほど強力な「警察力」が存在する状況においては，自分たちで防護する場合と同じぐらい周到かつ迅速に自国の利益と独立を超国家的権威が護ってくれるという保証がない限り，いかなる国家も自衛の権利と力を放棄することなど期待できるはずなどない．そのような保証がどれほど効力を持つかは，当該権威が自由に使える軍事力の規模，能力，迅速さのみならず，それを躊躇せず使用するという意志にもかかっている．当該権威は，大小の利益集団による政治圧力から自由でなければならない．実際に，この権威の担当者は，国連の担当者にゆだねられていることをはるかに上回るような，迅速かつ大胆な行動を取るための権力——そのような権力を与える覚悟のあることを示した主権国家は現在のところほとんどないほどの権力——を持つ必要があるだろう．そのような力を備えた権威機関(オーソリティ)が政治的敵対者の手中に落ちるかもしれないというリスクの存在が，国際軍問題に関してソビエトが軍備撤廃提案の中で採っている慎重な姿勢を招いたことは間違いない．だが，いかなる政治家も，自分がその福祉と独立の維持に責任を負っている社会の存続そのものを，優柔不断さや小心さ，あるいは政治的な策略によってきわめて重要なときに社会を護る能力が麻痺するかもしれない組織の手に委ねるという，危険を冒すことなど考えるはずがない．この初歩的なジレンマが解決されるまでは，軍備が撤廃された世界においても，武装された世界と同じくらい多くの相互不信が創り出されるだろうし，無節操な大国が限定的な侵略をしたいという衝動もはるかに多く生じるだろう．

　世界の存続に対する主たる脅威が，大規模な戦闘の中で大国が相互に，そして世界全体に与えうる損害から引き起こされるように見えるときには，小規模な紛争や地方の革命的な状況にこのように拘ることは取るに足らないことのように思えるかもしれない．かりに大国が軍備撤廃に合意できるとしたら，小国間の不和などは世界の平和に影響を与えることのほとんどない小さな口論にすぎないと論じることもできよう．そのような希望は，厳密な分析に耐えるもの

ではない．大国同士の関係は，かなり大きな程度まで，近隣の小国に対する態度と関心によって決められるものであり，この関心は純粋に戦略的なものではない．軍備が撤廃された世界においてすら——われわれが検討したように，そこは相当な規模の軍事力が依然として存在しているような世界だろう——ロシアはポーランドとドイツの間の諍いに無関心でいることはないだろうし，合衆国は中国と台湾の間の諍い，イギリスはイラクとクウェートの間の諍いに無関心ではないだろう．たとえこれらの大国が直接に介入しないとしても，国際的権威の中で影響力を振るうことによって，自分たちの**被保護者**を手助けするために最善を尽くすだろう．そのような圧力を受けた権威は，前任者と同じぐらい，公平な判断と迅速な行動が簡単ではないことを知るだろう．大国やその**被保護者**が関係しない事例においてのみ，迅速な行動が可能となったり，あるいは紛争が燃え尽きるにまかせられるだろう．そのような例はごくわずかだろう．こうした共同行動ないし不行動は，軍備が撤廃された世界でも武装された世界でも同じぐらい可能である．

　それゆえ，全面的・包括的軍備撤廃が，十分な時間をかけずに実現されれば，世界から緊張と無秩序をなくすための貢献はほとんどしないだろうし，超国家的国家のような組織の創設を伴わない限り，緊張や無秩序をむしろ増大するかもしれないと示唆しても理にかなわないとは思えない．われわれは，今日の世界に存在する平和と秩序の程度を過小評価してはならない．それは，記録されている人間の歴史のいずれの時点よりもおそらく大きい．本稿の読者が私生活において享受している現実の平和——家庭の安全や政府に対する信頼，社会との調和のとれた関係——が，全面的な軍備撤廃によって大きく向上することはないだろう．とくに小さな国家や不安定な国家の市民にとっては，平和が縮小する可能性もある．軍備撤廃によって減る**かもしれない**のは，現在の平和が依拠する政治的・軍事的構造に本質的に内在する相互滅亡のリスクである．表面上の穏やかさにもかかわらず，われわれが置かれている状況に存在する根本的な危険があまりにも大きいので，そこから逃れるために支払ういかなる代価も高すぎるものはないのかもしれない．国際的な無政府状態，慢性的な無秩序，完全なるホッブズ主義的自然状態（国家の存在意義は，警察と軍隊すべてを用いてこの状態を回避することにある）ですら，代価として高すぎないのかもし

第 12 章 軍備が撤廃された世界の諸問題

れない.おそらくこれらは人類の滅亡よりはマシであり,われわれにとっては完全に合理的な選択かもしれない.そのような世界が長期にわたって武装なき状態のままでいられるかどうか,そして国際的な軍備撤廃機関がその世界で本当に機能するかどうかは議論の余地がある.ともかく,軍備撤廃と,多くの欠陥にもかかわらず世界の大部分が今日享受しているような平和的秩序の両方を手に入れることはできないかもしれないという可能性は,正視されなければならない.

注
1) 本論文は 1962 年に執筆されている─編者.
2) *Leviathan*, ch., xiii (Everyman ed., pp. 64-5).〔ホッブズ(水田洋訳)『リヴァイアサン』第 1 巻,岩波文庫,1992 年,211 頁〕

訳者あとがき

　本書は，ハーバート・バターフィールド，マーティン・ワイト共編 *Diplomatic Investigations : Essays in the Theory of International Politics*（George Allen and Unwin, 1966）の全訳である．主題だけを直訳すれば「外交の探究」となるが，副題の「国際政治理論」と等置されていること，英国国際政治理論委員会による国際政治学・国際関係論の論集としてまとめられたこと，「外交」とすると現代日本人の感覚からは職業外交官による外交術と受け止められるかもしれないこと，等などを勘案し主題を「国際関係理論の探究」とした．

　本書の成立過程については，バターフィールドとワイト自身が「まえがき」に記しているとおりである．要約すれば，ロックフェラー財団の呼びかけによりアメリカ合衆国で組織された国際関係理論を検討するための委員会（その組織化自体，行動主義の台頭を反映していた）の経験を踏まえて，1958年，同財団の支援のもとに「英国(ブリティッシュ)国際政治理論委員会」が組織され，オクスフォード，ケンブリッジ，ロンドン大学ロンドン経済政治学院（LSE）などの研究者によって研究会が重ねられた結果，本書が最初の成果としてまとめられることになったのである．

　のちに英国(イングリッシュ)学派と他称されることになるこのグループの起源についてはいくつかの説があるが，英国国際政治理論委員会の発足を以て学派の誕生と見なす説が有力であり，また他の説でも同委員会が重要な役割を果たしたことは認められている．したがって，委員会としての最初のまとまった著書である本書は，文字通り英国学派の起源的著作といってもよいだろう．だが，本書の真価は，そうした研究史的価値以上に掲載された論文の現代的メッセージ性にある．例えば，ヘドリー・ブル執筆による第3章だけをとりあげても，国際社会論の中における連帯主義的立場と多元主義的立場の対立が指摘されており，われわれはそれが21世紀の国際関係が直面する「崩壊国家」における主権と人権の相克，「保護する責任」論に直結する議論であることに気づかされるだろ

う．

　本書は，国際関係論英国学派の古典として幾度となく論文に引用されながら，原著自体の発行部数が少なかったためなのか，入手閲覧が図書館でも古書店でも困難で，例えば NACSIS データベースによると日本の大学図書館には 2010 年 10 月現在，13 冊しか所蔵されていない．本書はその欠落を埋めて，英国学派を起源に遡って研究することを可能にするものとなろう．

　本書の共編者の一人であるバターフィールドはケンブリッジ大学の近代史欽定講座担当教授を務めた歴史学者で，『ウィッグ史観批判―現代歴史学の反省』（未来社，1967）などの邦訳を通じて日本の研究者にも影響を与えた．もう一人の編者ワイトは，ブルとならび英国学派を代表する研究者で，LSE 教授（Reader），サセックス大学教授を務め，死後に刊行された『国際理論―三つの伝統』（日本経済評論社，2007）はブルの『国際社会論―アナーキカル・ソサイエティ』（岩波書店，2000）とともに英国学派の基本文献として包括的な国際社会像を描き出している．編者以外の寄稿者の執筆当時の肩書は，ブルがLSE 教授（Reader），マイケル・ハワードがロンドン大学キングズ・カレッジ教授，G. F. ハドソンがオクスフォード大学セントアントニーズ・カレッジのフェロー，ドナルド・マッキノンがケンブリッジ大学ノリス－ハルス神学教授であった．

　翻訳は，さきにマーティン・ワイト『国際理論―三つの伝統』の翻訳にあたった立命館大学国際関係学部・立命館大学国際地域研究所の英国学派研究グループを中心とする 5 人に新たに 7 人が加わり，全 12 章を 12 人が各 1 章ずつ担当する形で進めた．その後，翻訳の正確さとわかりやすさを期すため担当者を変えて訳文をチェックし，最後に佐藤誠が全章を通じて文体と用語の統一を行った．また，全章を通じてラテン語は大中，フランス語やドイツ語など英語・ラテン語以外の言語については龍澤，川村がそれぞれ訳語の最終的判断に当たった．その際，大中が一橋大学の山内進教授から全面的なご指導を受けたことを記し，謝意を申し述べたい．もちろん翻訳の最終責任は訳者一同にある．各章の担当者は以下のとおりである．

　まえがき～佐藤誠，1 章～安藤，2 章～佐藤誠，3 章～大中，4 章～佐藤千鶴子，5 章～池田，6 章～上野，7 章～佐藤史郎，8 章～大倉，9 章～市川，10

章～川村，11 章～龍澤，12 章～齋藤

　編集は『国際理論―三つの伝統』の時と同じく，日本経済評論社の清達二氏にお願いした．今回の翻訳を期に，英国学派の研究がさらに深まることを期待したい．

2010 年 10 月 15 日

佐　藤　　誠

索引

[あ行]

愛国主義 12, 179
アイゼンハワー（Dwight D. Eisenhower）236
アイルランド（人）206
アインシュタイン（Albert Einstein）6
アヴァール 172
アクィナス（St Thomas Aquinas）72, 88, 91-2
アクタイオーン 83
アクティウム 135
アクトン（John Emerich Edward Dalberg Acton）182, 218
アジア 160, 183, 244-5
アダムズ（Henry Adams）19
アチソン（Dean Acheson）178
アデイマントス（Adeimantus）75
アテナイ（人）35, 131-2, 136, 140
アトリー（Clement Attlee）138
アナーキー（無政府状態）7, 9, 17, 25-31, 34, 36-41, 95, 128, 138, 165, 195-6, 240-1, 248
アナーキスト 26
アブラハム 83
アフリカ 176, 183, 188, 194, 244-5
アーヘン同盟国 185
アムステルダム戦時捕獲審判所 110
アームストロング（William Armstrong）iii
アメリカ（人）iii-iv, 8-9, 30, 92, 95, 104-5, 117-8, 120-1, 124, 172, 178, 190, 205, 228, 230, 235-6, 240
――合衆国 7, 91, 65, 113, 188-90, 192-5, 222, 245, 248
――合衆国軍事法廷 54
――軍 178, 134
――国民 108
――州機構（OAS）121
――独立戦争 173, 181, 190
アラゴン家 154
アラブ（人）240
――同盟 7
――ナショナリズム 118
――連合同盟 118
アリステイデス（Aristides）132
アリストテレス（Aristotel）1-2, 74, 87, 91, 132
アルキビアデス（Alkibiades）75
アルゼンチン大使 121
アルトナ 191
アルプス 182
アルメニア 172
アレキサンダー大王（Alexander）164
アングリア 120
アングロ・サクソン 182, 193
――による平和（Pax Anglo-Saxonica）194
アンシャン・レジーム 192
アンジュー家（Anjou）154
アンシロン（Friedrich Ancillon）38
安全保障理事会 195
アンティゴネー 74
アンリ4世（Henty IV of France）12

イエズス会 9, 83, 137
威海衛 177
イギリス（イングランド, 英, 英国, 人）iii, 7-8, 12, 15, 20, 37, 78, 82, 91-2, 95, 101, 114-6, 118, 124-6, 128, 135, 137, 139-40, 154, 160-1, 163-4, 172-3, 175, 177, 179-181, 183-6, 188-90, 192-3, 202-5, 210-3,

215, 222, 243, 245, 248
　——遠征部隊　202
　——外交　5
　——議会　134, 160
　——軍　181, 203
　——憲法　158
　——国王　180
　——国際政治理論委員会　iii, iv
　——国民　101
　——国教会（徒）　15, 81, 85, 91
　——語使用圏　33
　——社会　123
　——自由党　214
　——政府　124, 179-80, 203, 228
　——大使　175, 185
　——帝国（大英帝国）　243
　——の平和（Pax Britanica）　128
　——仏同盟　213
　——南アフリカ会社　106
　——連邦（大英連邦）　26, 212
イサク　83
意思法　60, 62
イスラエル（人）　240, 247
イスラム　216
イタリア（人）　38, 65, 102, 106, 109, 111, 117, 133, 136-7, 140, 148-54, 172, 175, 182, 188, 194, 242
　——統合　135
　——法　106
一階級偏重主義　73
一国主義　205
逸脱国家（delinquent state）　109-10, 112
一般意思　56
イデア　75
イデオロギー　102, 104, 108, 165, 185, 240, 245
イーデン（Anthony Eden）　85, 134, 173, 175
委任統治（理論）　76, 102
イラク　118, 247-8
イロコイ人　183
インディアン　188
インド　41, 56, 135, 138-9, 183, 188, 206

ヴァイツゼッカー裁判　54
ヴァッテル（Emmerich de Vattele）　10, 16-7, 30, 44, 55, 62-3, 98, 106, 125-6, 192
ヴィクトリア女王（Alexandrina Victoria）　11, 186
ヴィスコンティ家（Visconti）　154
ウィリアム3世（William III of Orange）　18
ウィリアム4世（William Henry）　179
ウィリアムズ（Desmond Williams）　iii
ウィルソン（Woodrow Wilson）　97, 129, 193-4
ヴィルヘルム2世（Willhelm II）　186, 216
ウィーン会議　211, 243
ウィーン講和条約　109
ウィーン体制　111
ウィンフィールド（P.H. Winfield）　118
ウェストファリア（条約）　39
ウエストレイク（John Westlake）　103, 107, 111, 125
ウェッブ（C.C.J. Webb）　83
ヴェネチア　109, 149, 152, 154-6, 182
ウェブスター（Charles Wbster）　122
ウェリントン公（Arthur Wellesley）　138
ヴェルサイユ宮廷　215
ヴェルサイユ条約　113
ヴェルサイユ体制　113
ヴェルジャンヌ伯爵（Charles Gravier）　124
ヴェルダン　228
ヴォルフ（Christian Wolff）　16-7, 106, 119, 126
ウォルポール（Robert Walpole）　215
ヴォレンホーヴェン（Cornelius van Vollenhoven）　44, 62-3, 111
ウッドワード（E.L. Woodward）　8, 139

英語圏　102
エカテリーナ2世，女王（Catherine II of Russia）　173, 181, 190
エジプト（人）　139, 205, 218
エチオピア　137
エディンバラ大学　107
エノシス運動　119

エブーヴェイル 73
エラスムス（Desiderius Erasmus） 3, 6
エリザベス1世，女王（Elizabeth I of England） 6, 18, 179, 184
エンジェル（Norman Angell） 178

オーヴァベリー（Thomas Overbury） 172
公の善 73
オークショット（Michael Joseph Oakeshott） 82
オクスフォード大学 7, 178
オーストラリア iv
オーストリア（人） 112, 138, 154, 179, 181, 230, 243
――継承戦争 13, 176, 181, 215
――・ハンガリー帝国 188, 228-9
オスマン・トルコ帝国 161, 188
オスロエネ 172
オッペンハイム（L. Oppenheim） 18, 45-7, 49, 51, 54, 56-62, 66-7, 111, 193
オーピントン 73
オランダ（人，ネーデルランド連邦共和国） 110, 114, 123, 156, 181-2, 190, 241
――海軍 109
――政府 114
オールドセーラム 139
オルレアン家（Maison d' Orléans） 154

[か行]

カー（E.H. Carr） 101, 128
懐疑主義 81, 92, 94-5
外交特権 105
海上封鎖 203
開戦法規 51
海賊 6, 53, 105
快楽主義（的） 82
ガウアー 170
カウティリヤ（Chanakya Kautilya） 169
カヴール（Camillo Cavour） 112
核
――戦争 85, 236-8
――兵器（核，核爆弾，核爆発，原子爆弾，水素爆弾，弾道核ミサイル，熱核兵器） 15, 84-5, 182, 205, 228-9, 233, 235, 238-9, 245
――抑止力 238
カクストン・ホール 139
核兵器廃絶運動（Campaign for Nuclear Disarmament=CND） 131
革命主義 9
核抑止力 20
カザール 172
カストロ（Fidel Alejandro Castro Ruz） 118, 240
カースルレー（Robert Stewart Castlereagh） 93, 124-5, 138, 194
カゾーボン（Isaac Casaubon） 6
寡頭制 81
カトリック（的） 59, 73, 98, 128, 158, 189
――教徒（信者） 73-4, 81, 91, 217
ガーナ人 78
カニング（George Canning） 5, 115, 119, 125, 185
カーネギー（Andrew Carnegie） 2
ガブリエル（Gabriel Nord） 4
神の法（神法） 52, 60, 62
カムデン（William Camden） 179
カーライル（A.J. Carlyle） 125
カラカス 121
カリエール（François de Calliéres） 93
ガリバルディ（Giuseppe Garibaldi） 118
カルヴァン（John Calvin） 10
――主義 10-1
カルガス（Pierre-André Calgaz） 3
カルカッタ 11
カール5世（Karl V） 155
カルタゴ（人） 148
カール6世（Archduke Charles of Austria） 109
管轄権 111, 242-3,
慣習法 82, 123, 136
干渉 10, 12, 56-7, 65, 94, 97, 117-27, 161, 191, 205
関税障壁 17

完全な共同体（communitates perfectae） 99
カント（Immanuel Kant） 1, 8, 13-4, 20, 28-9, 39-40, 84, 86-8, 191, 222
──主義者 222
カンパネラ（Tommaso Campanella） 3

キケロ（Cicero） 131-3, 136
ギゾー（François Pierre Guillaume Guizot） 93
北アメリカ 243
北大西洋 242
──条約 230
──機構（NATO） 182, 204-5
規範（的） iv, 16, 28, 45, 51, 66, 73, 76-7, 103, 117, 119, 170, 226, 228
キプリング（Joseph Rudyard Kipling） 131
キプロス（人） 119
ギボン（Edward Gibbon） 8, 158, 162
キャサリン号 110
急進主義 93
キューバ 118
──危機 19
教会法 52, 62
叫喚追跡 35, 123
共産主義（的） v, 9-11, 92, 97-8, 105, 121, 173, 195, 216, 237, 240, 242, 245
共産党 14, 119
共通善 116
共通利益 12, 32, 115, 123
共和
──制ローマ 135
──主義 98
極東 73
──国際軍事法廷 65
挙国一致内閣 73
拒否権 121, 137
ギリシャ（人） 115, 119, 126, 132, 135, 148, 162, 164, 188, 216
──思想、文明 74, 187
──政府 119
──同盟軍 132

キリスト 77, 120
キリスト教 48, 52, 61, 73, 77, 103, 119, 216
──徒 28, 56, 216
──共同体 182
──世界 27, 29, 48, 100, 173-4, 216
義和団の乱（事件） 56
緊張緩和 236

グアテマラ 121
──政府 121
グイッチャルディーニ（Francesco Guicciardini） 149-54, 172, 184
クウェート 118, 248
クセルクセス（Ahasuerus I） 132
グラウコン（Graukon） 75
クラウゼヴィッツ（Karl Maria von Clausewitz） 36-7, 221-7, 229, 231
グラッドストン（W.E. Gladstone） 27, 93-4, 101-2, 115-7, 131, 137-8
クリップス（Stafford Cripps） 175
クリミア戦争 176
グリーン（T.H. Green） 78
クルセ（Crusa） 3
グレイ（Edward Grey） 214
クレオン 74
クロイソス 79
クローチェ（Benedetto Croce） 92
グロティウス（Hugo Grotius） 3, 5, 8, 10, 15, 20, 29, 32-3, 43-67, 93-4, 98, 106, 110-2, 123, 125, 135, 163
──主義 16, 44, 50, 63-4, 66, 111
クロムウェル（Oliver Cromwell） 80, 137
軍国主義 46, 221-2
軍事祭官法（fetial law） 135
君主 5, 10, 12, 27-8, 30, 81, 126, 150-1, 153, 155-6, 169, 213
──国（家） 7-8, 158, 164, 176, 209, 212
──権力 27
──制 125, 209
軍備（拡張）競争 12-3, 17, 235

経済制裁 65

索引   259

啓蒙思想（主義）71, 78, 82, 88
ケースメント領事館員 127
決定論 84-5
ゲッティンゲン 164
ケナン（G.F. Kennan） 103
ケネディ（John F. Kennedy） 19
ゲピド 172
ケプラー（Johannes Kepler） 162
ゲルマニア 120
ケロッグ条約（パリ条約，不戦条約）3, 43, 47, 54-5, 63-4, 138, 222
現実政治 45, 64, 94, 136
元首制 80
ゲンツ（Friedrich von Gentz）4-5, 30, 37-8, 93, 116, 159, 163, 192
憲法（上，的，原則）57, 74, 82, 87, 111, 163, 174, 192-3

交戦法規 51
公民権 129
効用学派 82
功利主義 82
個人主義 79
国際行政連合 106
国際共同体 2, 6, 63-5, 95-6, 98, 110
国際制度 100
国際（的）政府 111
国際赤十字 102
国際紛争 57, 96, 98, 222, 242-3, 246
国際法（学，学者，国際公法，国際私法，思想）2-4, 6, 11, 15-6, 19, 26, 29-30, 32, 34-5, 39-40, 44-7, 49-53, 56-7, 59-61, 63, 65-7, 92-6, 98, 100, 105-7, 110-2, 117, 119, 135-6, 174, 191, 193
国際連合（国連）8, 26-7, 56, 65, 95, 106, 120, 191, 201, 217-9, 247
　——安全保障理事会 47, 111, 121
　——憲章 43, 47, 55, 57, 63-4, 111, 195
　——総会 120
国際連盟 3, 8, 26-7, 56, 65, 95, 102, 106, 109-10, 112, 115, 117, 128, 137, 178-9, 193-5, 201, 203

　——規約 16, 43, 47, 55, 63-4, 102, 111-3, 129, 194, 203, 206
　——理事会 203
国際労働機関 102
国粋主義 179
国内類推 25, 27-9, 35, 39, 58-9
国民主権 26
コスタリカ 120
コスモポリス 97
コスモポリタン社会 29
国家理性（raison d'etat）3, 10, 63, 124, 130, 137
国家連合 95
コブデン（Richard Cobden）27, 94, 119, 192-3
コーベット（P.E. Corbett） 95
コミーヌ（Philip de Commynes）154, 169
コモン・ロー 174
孤立主義 203
ゴルチャコフ（Alexander Gorchakov） 95
コールリッジ（Samuel Taylor Coleridge） 93
コロンビア 121
コロンビア大学 iii
コンゴ（自由国）127, 244
コンスタンティノープル 139

[さ行]

再洗礼派 110
再保障条約 178
サヴォイ（Savoia） 182
サブロフ（P.A. Saburov） 95
サムナー（Humphrey Sumner） 19
サランドラ（Antonio Salandra） 140
サルデーニア王 118
サルトル（Jean-Paul Charles Aymard Sartre）76, 92
産業主義 13
サンクトペテルブルグ 185
三国干渉 118
三国協商 172
三国同盟 172

三十年戦争　15, 66
三帝同盟　108
サンドラス（Kurtirus de Sandras）　4
サンピエール（Charles de St. Pierre）　3, 5

自衛権　33, 48, 51, 53, 108, 247
ジェサップ（Philip Jessup）　107
ジェノア　109
ジェノサイド　120
ジェファーソン（Thomas Jefferson）　92
ジェンティーリ（Alberico Gentili）　55
自国中心主義　157
シシガンビス（Sisigambis）　79
市場経済　82
システム分析　iv
自然権　71-2, 77-8, 80-3, 86-8
自然主義者（学派）　76, 82
自然状態　16-7, 27-8, 30-4, 36-40, 45, 107, 248
自然法　5, 15-6, 29, 49, 51-3, 60-2, 71-88, 107, 130-2, 135, 137-8
　――学派　71
　――主義　16
七年戦争　176
シチリア国王　118
実証主義　82, 119
実定法　29, 32, 60, 62, 78
　――学者　44
　――主義　2, 15-6
　――主義　10-1
社会契約　17, 26, 28, 34, 39-40
社会主義　11, 15, 71, 189
　――国家　10
ジャコバン（主義，党）　10-1, 97, 108, 189
シャルル8世（Charles VIII）　117
宗教改革　9, 81, 102, 182
宗教戦争　15, 102, 158
集団安全保障　38, 110, 112-3, 117, 179, 194, 201, 206
主権国家　3, 5-6, 8, 11, 16-8, 25-9, 31-3, 35, 39-41, 47-8, 51, 57, 62, 66, 96, 204, 233, 241, 247

十字軍　106
自由主義　26, 92, 189
　――陣営　105
自由放任主義　82
ジュネ，エドモン・シャルル・エドワール（Edmond Charles Genêt）　10, 98
ジュネーヴ　98, 123-4, 137
　――会議　183
シュリーフェン（Alfred Graf von Schlieffen）　224
シュリ　3
上部構造　210
条約該当事由（casus foederis）　201, 238
小ヨーロッパ　26
諸国共同体　193, 195
諸国民の共同体（community of nations）　124
諸国民の大社会（magna illa gentium societas）　106
諸国民の法　4, 17, 30, 34, 51, 60, 107, 110, 124-5
ジョージ3世（George III）　173, 190
ジョード（C.E.M. Joad）　15
諸民族の相互の共同社会（mutua gentium inter se societas）　106
諸民族の大共同体　53
ジョミニ（Alexander Jomini）　95
シラクサ　148
シーリー（J.R. Seeley）　19
秦王朝　188
新グロティウス学派（主義者）　43-5, 54, 60, 65-6
神聖同盟　108, 121, 124, 216
神聖ローマ帝国（皇帝）　27, 109, 114, 182
人道　56, 123, 125-6, 218
　――的介入　56-7, 62, 127
進歩主義　11-3, 26
人類に関係する普遍的共同社会（communis illa ex humano genere constans societas）　106
人類に固有の行為（proprium opus humanigeneris）　97

索引

人類の普遍的市民性（universalis civilitas humani generis）　8
人類の共同社会（communis societas generis humani）　106
人類の（普遍的な）共同体　62, 97, 99
人類の普遍法　57

スアレス（Francesco de Suarez）　15, 29, 55, 93, 99
ズィマーン（Alfred Zimmern）　7, 112, 129
スウィフト（Jonathan Swift）　180-1, 192, 206
スウェーデン（人）　6, 123, 158, 164, 173
　──帝国　158
枢軸国　181
スエズ運河　85
スエズ事件（危機）　139, 218
スカリジェール（Joseph Justus Scaliger）　6
スコットランド　154
　──教会　80
　──自由教会　80
スコラ哲学（者）　71
スタッブズ（William Stubbs）　187
スターリン（J.V. Stalin）　11, 105, 133-4, 175, 181, 235, 237
スターリングラードの戦い　190
スティーブンソン記念講義　139
ズデーテン地方　118
ストア派（学派）　79, 80-1
ストーウェル（F. Melian Stawell）　3
ストレイザー戦線　195
スパーク（Paul Henri Spaak）　93
スピノザ（Benedict Spinoza）　36
スペイン（人）　7-8, 110, 119, 154, 156, 172-4, 179, 181-2, 188-9, 213, 242
　──王（位）　109, 182
　──継承戦争　116, 123, 156, 191
　──語圏　102
　──内戦　118
スマッツ（Smuts）　194
スラブ（人）　172, 243

清教徒　81
制限主義　47
静寂主義　28
正戦　46-7, 49, 53-4, 56, 59, 64, 66
聖戦　53, 174
正当原因　46-8, 50-1, 53, 55-7, 63-4, 66-7, 123
正統性　46, 62, 73-4, 93
正当性　65
正当防衛　45
西洋（西欧、西洋人）　iv, 11, 15, 26-8, 91-4, 100, 127, 129, 136, 164, 172, 175, 187-8, 208, 236-8
　──政治思想　6
　──世界　10, 92
　──哲学　76
　──文明　7, 91
勢力均衡（論者）　v, 4-6, 8, 18, 29-30, 34, 38-40, 57, 66, 94, 100, 109, 111-4, 116-7, 122-6, 147-65, 169-96, 209-10, 215, 217
勢力様式（pattern of power）　169-70
ゼウス　83
世界安全保障組織　206
世界共同体　41, 97, 241
世界君主政　187
世界国家（civitas maxima, illa mundi civitas, world state）　7-8, 10, 17, 30, 39-40, 97, 106-8, 129
世界市民主義（コスモポリタニズム）（的）　45
世界主義　80
世界人権宣言　57, 106
世界政府　8, 26-7, 32, 39-41, 98, 111
世界ソビエト共和国同盟　189
世界帝国　8, 67, 172
　──主義　8
セシル（Cecil of Chelwood）　93, 129
絶対君主（制）　10, 81, 192
絶対権　27
絶対平和主義（pacifism）　9, 46, 91, 94
セネカ（Lucius Annaeus Seneca）　79-81
僭主制　81

全体主義　9, 74, 104
セント・ヘレナ島　190

相互依存　11, 32, 38, 93, 100, 109, 125, 127
相互主義　50
外モンゴル　245
ソクラテス（Socrates）　75, 130
ソビエト
　——学　11
　——陣営　182
　——連邦（ソビエト，ソ連，USSR）　11, 121, 134, 175, 189, 231, 235-8, 240, 245, 247
　——ロシア　119, 210
ソフィスト　74
ソールズベリ卿（third Marquess of Salisbury）　5, 131
ソルター（Arthur Salter）　112, 117
ソレル（Albert Sorel）　18
ソレンセン（Theodore Sorensen）　19
存在論　87
孫子（Sun Tzu）　223
ソンム　228

[た行]

第一次世界大戦　10, 26, 43-4, 47, 64, 117, 176, 193, 195, 207-8, 216, 222, 229, 244
大共同体（magna illa communitas）　106
大西洋共同体　7
大世界（magna illa universitas）　106
大同盟（Grand Alliance）　114-6
第二次世界大戦　56, 95, 109, 113, 182-3, 195, 208, 215, 217, 239
大モルトケ（Helmuth von Moltke）　231
台湾（人）　240, 248
ダーウィン（Charles Darwin）　72
ダーウィニズム　71, 95
多元主義（的，主義者）　44-5, 62-4, 66
タタール人　13
ダレス（John Forster Dulles）　92, 121
タレーラン（C.M. de Talleyrand）　122, 133
単一君主制　173, 191

単位理念（unit-ideas）　93
ダンテ（Dante Alighieri）　8, 97,
ダントレーヴ（A.P. D'Entreves）　71

チアーノ（Galeazzo Ciano）　175
地域社会（societas orbis）　107
チェコ（人）　230
　——スロバキア　195, 234
地中海　135
チャタム・ハウス　iv, 193
チャーチル（Winston Churchill）　93, 115, 129, 131, 133, 137, 173, 175, 178, 184, 253
中央アジア　243
中央・南アメリカ　245
中央ヨーロッパ　244
中国（人）　56, 118, 176-7, 188, 205, 237, 240, 248
　——印停戦　183
中東（諸国）　118, 188, 245
中道　94
中米仲裁裁判所　94, 122, 106
中庸　94, 122, 136-7
チュルゴー（Anne Robert Jacques Turgot）　97
超国家（的）　8, 246, 248
朝鮮　65, 173, 230
　——戦争　183, 205, 228, 231

ディオドトス（Diodotus）　136, 138
ディクソン，ピアソン（Pierson Dixon）　iii
抵抗権　125
デイビス（David Davies）　2
テイラー（A.J.P. Taylor）　111, 139, 186
デカルト（Rene Descartes）　82
　——主義　82
テッサリア海岸　132
鉄のカーテン　104, 246
テヘラン（会談）　133, 137
テミストクレス（Themistocles）　132-3
テューダー朝　154
デル（Robert Dell）　137
電信連合　95

伝統主義 83
デンマーク 173

ドイツ（帝政ドイツ） 11, 65, 95, 102, 109, 113-4, 117-8, 133-4, 173, 175, 179, 181-2, 185, 190, 194, 202-3, 216, 222, 228-9, 248
——伊枢軸 178
——観念論（者） 71
——軍（参謀本部） 58, 113, 203, 222, 228, 234
——国民 229
——人 14
ドイッチャー（Isaac Deutscher） 10
トインビー（Aronold Toynbee） 7, 129, 187
ド・ヴィシェール（Charles de Visscher） 100
トゥキディデス（Thucydides XXI） 18, 35, 136
東西（両）陣営 240, 244, 246
道徳法 52-3, 86-7
東南アジア条約機構（SEATO） 121
ドゥ・メーストル（Joseph-Marie de Maistre） 20
東洋 190
トクヴィル（Alexis de Tocqueville） 2-3, 93, 100
ドゴール（Charles de Gaulle） 182
都市国家 74, 98, 212
トーニー（R.H. Tawney） 130
トライチュケ（Heinrich von Treitschke） 4
トランスヴァール（Transvaal） 138
トリエント宗教会議 189
トーリー党 139
トルコ 56, 110, 123, 125, 139, 160, 164, 173, 176, 182-3, 216
ドルーズ派 127
トルーマン（Harry Truman） 230-1
トレルチ（Ernst Troeltsch） 71
トロツキー（Leon Trotsky） 11
トロッパウ議定書 121
ドン・パシフィコ（事件） 101
トンプソン（Kenneth Winfred Thompson）

iii, 128

[な行]

ナイス（Ernest Nys） 3
内戦 8, 30, 118
長崎 84
ナセル（Gamal Abdul Nasser） 6
ナチス 229
——ドイツ 216114
——党員 14
ナポリ（王国） 126, 152, 154
——政府 126
ナポレオン（Napoleon Bonaparte） 7, 118, 133, 157, 159, 163-4, 176, 186, 190, 210, 214, 222, 227, 230
——戦争 138
ナンセン国際難民事務所 102
南北アメリカ 121
南北戦争 9

ニコルスブルク 138
ニコルソン（Harold Nicolson） 93
西側（諸国，陣営，世界，民主主義陣営） 86, 114, 178, 181-3, 185, 215-7, 235-7, 240, 242, 244-5
西ドイツ（人） 76, 237, 240
西ベルリン 235
西ヨーロッパ 161
ニーバー（Reinhold Niebuhr） 113, 128
日本（人） 65, 118, 182, 185, 188
ニュートン（Isaac Newton） 82, 147, 162
ニュルンベルク国際軍事裁判所（法廷） 54, 58, 65
——憲章 43, 57
人間社会（humana societas） 106
人間の尊厳 77
人間の本性 73

ヌーシャテル市民 126

ネルー（Jawaharlal Nehru） 183
ネロ（Nero Claidius Caesar Augustus Ger-

manicus) 80

[は行]

バイエルン 154
──継承戦争 181
背理法(reductio ad absurdum) 194
パガサエ 132
ハーグ(平和)会議(交渉) 16, 115, 140
ハーグ条約 116
バーク(Edmund Burke) 4, 12, 30, 72, 76, 79, 93, 101, 103, 105, 108, 131, 136, 161, 174, 189
覇権 7
バゴット(Charles Bagot) 185
バージ記念講義 130
パターナリズム 136
バターフィールド(Herbert Butterfield) vi
ハーディング(George Hardinge) 139
ハドソン(G.F. Hudson) 19
バトラー(Joseph Butler) 72-3
バトラー(Rohan d'Olier Butler) 71
バートン(Montague Burton) 2
ハノーヴァー学派 160, 164
ハノーヴァー朝 213
ハーハ(Emil Hacha) 234
ハプスブルク 172
──帝国 243
ハマーショルド(Dag Hammarsjköld) 6
パーマストン(Henry John Temple Palmerston) 18, 112, 115, 179, 184, 194
ハミルトン(Alexander Hamilton) 190
バラクラフ(Geoffrey Barraclough) 188
パリ 11
ハリファクス(Edward Wood Halifax) 93-4, 137
バルカン 139
──諸国(諸民族) 19, 112
──半島(地域) 118, 127, 228, 243
──紛争 228
バルト地方(海諸国) 158, 245
パルミラ 172
ハーレイ(Robert Harley) 109

バロン(Hans Baron) 149
反英同盟 176, 181
ハンガリー 242
ハンコック(Keith Hancock) 112
ハンニバル(Hannibal Barca) 133
万民法(jus gentium) 5, 106, 135-6
反ロシア同盟 176

ピアソン(Lester Pearson) 173
ピウス12世(Pius XII) 72
非介入主義 94
東インド会社 106, 110
東インド諸島 109
東側(共産主義陣営) 182, 216-7, 242
東ドイツ 240
東ヨーロッパ 160-1, 245
ビーコンスフィールド(Benjamin Disraeli Beaconsfield) 94
ビスマルク(Otto von Bismarck) 5-6, 18, 94-5, 108, 131, 138, 157, 222, 231
ピーターハウス・カレッジ iii
ピット(William Pitt) 194
非同盟主義 56
ヒトラー(Adolf Hitler) 14, 16, 83, 118, 133, 175, 189, 216
ビトリア(Francisco de Vitoria) 8, 29, 49, 55
非マルクス主義 211
秘密外交 208, 213
非ユークリッド幾何学 78
ピュドナの戦い 135
ヒューマニスト 91
ヒューム(David Hume) 4-5, 133, 147-8
ピュリス(Pyrrhus) 133
ピレネー 182
平等主義 80
広島 84

ファシズム 9
ファブリキウス(Fabricius) 132-3
ファルネシオ,イザベル(Isabel de Farnesio) 213

索引

フィッシャー（John Arbuthnot Fisher） 140
フィリモア（Millard Fillmore） 103, 105
フィレンツェ 149, 152-4
フィンランド（人） 230
フェヌロン（François de Salignac de la Mothe Fénelon） 156-7
フェリペ2世（Philip II） 7, 189
フェルナンド1世（Fernando I） 138
フェルナンド2世（Fernando II） 126
フェレーロ（Guglielmo Ferrero） 93
フェントン（Geffray Fenton） 184
フォックス（Charles James Fox） 10, 133
ブカレスト条約 112
不干渉の義務（原則，主義） 57, 59, 103, 119-122
フッカー（Richard Hooker） 15, 71, 93
不当原因 46-8, 50, 63
プーフェンドルフ（Samuel Pufendorf） 3, 5, 8, 17, 29, 60, 88
普遍国家 30, 58, 60
普遍主義 82
普遍的帝国 7-8, 45, 48, 114, 136, 158, 162
ブライアリー（Brierly J.L.） 93, 101-2, 107, 112
プライス（Richard Price） 79
ブライト（John Bright） 94, 192
ブラウン（Isaac Hawkins Browne） 174
ブラーデン（Spruille Braden） 121
プラトン（Plato） 1-2, 74-7, 79, 81
　——派 76
プラハ 234
フランス（人，仏） 4, 8, 12, 20, 56, 76, 78, 92, 95, 98-9, 102, 114, 118-9, 124, 126, 138-9, 147, 151, 154, 156, 160-1, 163-5, 172-4, 179-83, 188-9, 192-3, 202-3, 205, 210, 213, 228, 242-3,
　——革命 9, 72, 102-3, 105, 119, 165, 176, 217, 227
　——軍 202
　——憲法 99
　——語 156

　——国王 4, 101, 154, 174, 182
　——政府 203
　——帝国 243
フランソワ1世（François I de France） 154-5
フリードリヒ2世，大王（Friedrich II） 4, 16, 157, 161, 223
フリーマン（E.A. Freeman） 139
ブリュッセル 245
ブルーアム（Henry Brougham） 192
ブルガリア 172
ブルゴーニュ公爵 156
フルシチョフ（N.S. Khrushchev） 6, 11, 218, 235-8
プルタルコス（Plutarch） 132
フルリー枢機卿（André Hercule de Fleury） 215
プレナムの戦い 185
プロイセン 80, 160, 163-4, 177, 179, 181, 222
　——王（位） 138
プロクロス（Proclos） 78
プロテスタント（教徒） 81, 158, 217
ブロック（Alan Bullock） 15, 83
プロメテウス 77, 83
プロレタリアート 10, 105

ヘイ（John Hay） 127
ヘイグ（Douglas Haig） 231
平和維持軍 206, 245
平和主義 193
ペイン（Thomas Paine） 72
ベヴィン（Ernest Bevin） 195
ヘカベー 79
北京 11, 245
ヘーゲル（G.W.F. Hegel） 4, 14, 28, 71, 88, 95
ベーコン（Francis Bacon） 153, 155, 158, 162
ベーコニアン・リング 157
ヘドラム-モーリー（J.W. Headlam-Morley） 113
ウィーラー-ベネット（John Wheeler-Be-

nnett) 19
ヘバーノンタイン 73
ヘラクレイオス（Heraclius） 172
ヘラス 135
ペリクレス（Pericles） 75
ベル（Coral Bell） 185
ベルギー（人） 16, 100, 179, 222, 228
　――問題 125
ペルシャ 172-3
　――軍 132
ベルリン 234-6
　――条約 127
　――封鎖 235-6
ヘーレン（Arnold Heeren） 164, 216
ペン（William Penn） 3
ベンサム（Jeremy Bentham） 4, 15, 71, 72, 82
弁神論 14, 20
ヘンリー２世（Henry II） 123
ヘンリー３世（Henry III） 138
ヘンリー８世（Henry VIII） 15, 41, 55, 182

ホイッグ（的） 93
法源 51, 60, 62
法実証主義（者） 60, 95, 96, 107
法哲学 2, 96
法万能主義 218
亡命権 41
ボウルズ（Chester Bowles） 186
北欧圏 102
北米（大陸） 242
ボゴタ会議 121
保守主義（者） 81, 108
保証原理 5
ホスロエス（Chosroes） 172
ボダン（Jean Bodin） 2
ボッカリーニ（Trajano Boccalini） 4
ポツダム 39
ホッブズ（Thomas Hobbes） 1, 17, 27-34, 36-40, 57, 95, 107, 128, 240
　――学派（主義） 28, 248
ボテーロ（Giovanni Botero） 3-4

ボナパルティズム 80
ホプキンス（Hopkins） 133
ボーヤイ（János Bolyai de Bolya） 78
ポーランド（人） 109, 123, 164, 173, 176, 193, 230, 248
　――継承戦争 176
　――分割 161, 177, 215
ボリシェビズム 228
ポリュビオス（Polybios） 135, 147-8, 150-1
ボリングブルック（Henry St. John Bolingbroke） 4, 109, 116
ホール（W.E. Hall） 119
ボルテール（François Marie Arouet de Voltaire） 84, 88
ボールドウィン（Stanley Baldwin） 6
　――内閣 203
ポルトガル 110, 119, 154
ホワイトヘッド（A.N. Whitehead） 76
ボーン（Edith Bone） 72
ボーンマス 73

[ま行]

マイネッケ（Friedrich Meinecke） 3
マイノリティ 127
マキャベリ（Niccolò Machiavelli） 1-2, 4, 28, 95, 133, 149-52, 155, 172
　――主義者 3
マキルウェイン（C.H. McIlwain） 74
マクナマラ（Robert McNamara） 178
マクララン，ドナルド（Donald McLachlan） iii
マザラン（Jules Mazarin） 155
マジュバ・ヒルの戦い 138
マティングリー（Garrett Mattingly） 19
マッカーサー（Douglas MacArthur） 230-1
マッキノン（Donald Mackinnon） v, 130
マッツィーニ（Guiseppe Mazzini） 27, 97, 120
マニラ条約 121
マブリー（Gabriel Bonnot de Mably） 4
マームズベリー（James Harris Malmesbury） 115

索引

マラッカ海峡　109
マリタン（Jacques Maritain）　92
マリ, ミドルトン（Middleton Murry）　9
マルクス（Karl Marx）　10-1, 15, 92
　——主義　11, 91, 211, 217
マレンコフ（G.M. Malenkov）　11
マロン派　127
マン（Paul Thomas Mann）　6

ミティレネ　136, 138
ミドロシアン　115
ミラノ　149, 152, 154
ミル（John Stuart Mill）　2, 4, 82
ミルナー（Alfred Milner）　139
民主主義　121, 130, 208-10, 213-6
　——国家　204, 207-9, 214
民主政（制）　81, 130
民主的　85
民族解放戦争　242
民族自決（権）　113, 194

ムガール帝国　188
無国籍者　106
ムッソリーニ（Benito Mussolini）　16, 76, 118

メアリー（Mary, Queen Dowager of Hungary, Regent of the Netherlands）　182
名誉革命　15, 126
名誉支配制　81
メッテルニヒ（Klemens von Metternich）　108
メディチ（Lorenzo de Medici）　18, 152, 172
メノン（V. Krishna Menon）　183
メロス　35
　——対話　140

モア（Thomas More）　12
モーゲンソー（H.J.Morgenthau）　7, 128
モーザー（Johann Jakob Moser）　16
モスクワ　14, 175, 234, 242
　——大公国　242

モレア蜂起　112
モロトフ（Vyacheslav Mikhailovich Molotov）　134
モンテスキュー（Charles de Secondat Montesquieu）　2, 13, 93
モンロー主義　185

[や行]

ヤコブ　83
ヤンキー　185
ヤンセン主義者　83

郵便連合　95
融和（政策, 外交）　20, 94, 235
融和神学者　3
ユグノー教徒　97
ユーゴスラビア　182, 244
ユダヤ人迫害　127
ユートピアニズム　208
ユトレヒト条約　109, 163, 174
ユークリッド幾何学　78-9, 81

予防戦争　48
ヨルダン　118
ヨーロッパ（欧州）　2, 6, 12-3, 16, 27, 29, 57, 61, 67, 77, 84, 95-6, 102-3, 107, 109, 113, 117, 126, 135-6, 147, 156-64, 169, 173-7, 180-1, 183-6, 188-92, 194, 202, 211-2, 215-6, 227, 242-3
　——協調　16, 26, 39, 94-5, 115, 125, 172, 174, 178
　——共同市場　245
　——共同体　102, 177
　——言語　170
　——コモンウェルス　102
　——社会　102
　——諸国　56, 115, 156, 163, 208, 222
　——大陸　158, 160
　——連合　7
　——連邦　37

[ら行]

ライン 182
ラインラント 115, 203
ラヴジョイ (A.O. Lovejoy) 93
ラコシ 72
ラスク, ディーン (Dean Rusk) iii
ラスキ (Harold Joseph Laski) 1
楽観主義 88
ラッセル (Bertrand Russell) 92
ラッセル (John Russell) 118, 126, 174
ラテン・アメリカ (諸国) 119-20
ランケ (Leopold von Ranke) 4, 18, 117-8, 164
ランズダウン (Marquess of Lansdowne) 186
 ──委員会 127

利己主義 86
リシュリュー (Armand Jean du Plessis de Richelieu) 18, 159
リスボン地震 84
理想国家 81
理想主義 95, 190, 193, 204
立憲国家 74
立憲主義 (体制) 74, 91, 93-4, 110, 125
リッチー (D.G. Ritchie) 71
リプシウス (Justus Lipsius) 155
遼東半島 118
リンカーン (Abraham Lincoln) 9, 93, 131

ルイ9世 (聖ルイ) (Louis IX de France) 138
ルイ14世 (Louis XIV of France) 7, 156, 158, 176
ルイ15世 (Louis XV of France) 213
ルキリウス (Lucilius) 80
ルーズベルト, エリオット 134
ルーズベルト (Franklin Delano Roosevelt) 109
ルーセ 4
ルソー (Jean-Jacques Rousseau) 1-2, 4, 56, 186
ルネサンス 6, 19, 148-9, 154, 210, 212, 216
ルバ, アンリ・デュ (Père Henri de Lubac) 83
ルーマニア 127

冷戦 13, 102, 113, 185, 238
歴史主義 103
レーニン (V.I. Lenin) 10-1
レバノン 118, 127
連合軍 1
連帯 44, 55, 63-4, 67, 100-2, 189
 ──主義 44-5, 56, 59,
 ──責任 123
連邦 9

ロアン, アンリ・ド (Henri, Duc de Rohan) 4
ロイドジョージ (David Lloyd George) 231
ロカルノ条約 (協定) 173, 184, 201-3
 ──方式 203
ロシア (人) 1, 9-10, 14, 19, 95, 98, 102, 104-5, 117, 123, 126, 139, 158, 160-1, 164, 172-3, 175, 177-9, 181, 183-4, 190, 205, 213, 217, 234-7, 243-4, 248
 ──国民 9
 ──政府 104, 126
 ──帝国 165
 ──仏同盟 178
ローズ (J. Holland Rose) 190
ロストフツェフ (Michael Ivanovich Rostovtzeff) 187
ローターパクト (Hersch Lauterpacht) 16, 44, 52, 54, 62-3, 91, 193
ロック (John Locke) 1, 15, 17, 34, 38, 40, 71, 79, 82, 93
ロックフェラー財団 iii, vi
ロバチェフスキー (Nikolai Ivanovich Lobachevsky) 78
ロビン, レオン (Léon Robin) 76
ロベスピエール (Maximilien de Robespierre) 139

ローマ（人） 27, 80, 131-3, 135-6, 148, 162, 172
　――軍　133
　――時代　28
　――帝国　135-6, 158-9, 188
　――法　52, 125
　――法王（教皇，教皇政府，教皇保障法，教皇領）　6, 27, 106, 118, 126, 182, 191
ローラン（Laurent François）　18
ロリマー（James Lorimer）　107
ローレンス（D.H. Lawrence）　72, 107, 127
ローレンス（T.J. Lawrence）　106
ローン，フォン（Albrecht Theodor Emil Graf von Roon）　231
ロンドン　11, 139, 241
　――会議　16

[わ]

ワシントン　205, 236
　――政権　98
ワディントン　92
ワトソン（Adam Watson）　iii
ワルシャワ条約　204

訳者紹介

佐藤　誠（さとう　まこと）　立命館大学国際関係学部教授．英国・リーズ大学大学院政治学研究科博士課程修了．Ph. D.（政治学）

安藤次男（あんどう　つぎお）　立命館大学衣笠総合研究機構特別任用教授．京都大学大学院法学研究科修士課程修了．修士（法学）

龍澤邦彦（たつざわ　くにひこ）　立命館大学国際関係学部教授．フランス・パリ第一パンテオン・ソルボンヌ大学博士課程修了．フランス国家博士（法学）

大中　真（おおなか　まこと）　桜美林大学リベラルアーツ学群人文学系准教授．学習院大学大学院政治学研究科博士課程修了．博士（政治学）

佐藤千鶴子（さとう　ちづこ）　日本貿易振興機構アジア経済研究所地域研究センター研究員．立命館大学大学院国際関係研究科博士課程修了．博士（国際関係論）．英国・オックスフォード大学セントアントニーズ・カレッジ博士課程修了．Ph. D.（政治学）

齋藤　洋（さいとう　ひろし）　東洋大学法学部教授．駒澤大学大学院法学研究科博士課程修了．法学博士

池田丈佑（いけだ　じょうすけ）　立命館大学衣笠総合研究機構ポストドクトラルフェロー．大阪大学大学院国際公共政策研究科博士課程修了．博士（国際公共政策）

上野友也（かみの　ともや）　公益財団法人ひょうご震災記念21世紀研究機構　人と防災未来センター研究員．東北大学大学院法学研究科博士課程修了．博士（法学）

佐藤史郎（さとう　しろう）　京都大学東南アジア研究所特定研究員．立命館大学大学院国際関係研究科博士課程修了．博士（国際関係学）

大倉三和（おおくら　みわ）　立命館大学国際関係学部准教授．立命館大学大学院国際関係研究科博士課程単位取得退学．博士（国際関係学）

市川美南子（いちかわ　みなこ）　オーストラリア・シドニー大学国際安全保障研究センター兼ニューサウスウェールズ大学社会科学・国際関係学部非常勤講師．英国・キール大学大学院政治国際関係環境研究科博士課程修了．Ph. D.（政治・国際関係）

川村仁子（かわむら　きとこ）　立命館大学大学院国際関係研究科研究生．立命館大学大学院国際関係研究科博士後期課程修了．博士（国際関係学）

国際関係理論の探究
英国学派のパラダイム

2010 年 11 月 19 日　第 1 刷発行

定価（本体 3800 円＋税）

編　者　H. バターフィールド
　　　　M. ワ　イ　ト

訳　者　佐　藤　　　　誠
　　　　安　藤　次　男
　　　　龍　澤　邦　彦
　　　　大　中　　　真
　　　　佐　藤　千　鶴　子
　　　　齋　藤　　　　洋
　　　　　　　　　　ほか

発行者　栗　原　哲　也

発行所　株式会社　日本経済評論社
〒101-0051　東京都千代田区神田神保町 3-2
　　　電話 03-3230-1661　FAX 03-3265-2993
　　　E-mail: info8188@nikkeihyo.co.jp
　　　　　　　　　振替 00130-3-157198

装丁・渡辺美知子　　中央印刷／カバー太平印刷／高地製本

落丁本・乱丁本はお取替えいたします　　Printed in Japan
Ⓒ Sato Makoto et al. 2010
ISBN 978-4-8188-2137-8

・本書の複製権・翻訳権・上映権・譲渡権・公衆送信権（送信可能化権を含む）は、（株）日本経済評論社が保有します。
・[JCOPY]〈（社）出版者著作権管理機構　委託出版物〉
本書の無断複写は著作権法上での例外を除き禁じられています。複写される場合は、そのつど事前に、（社）出版者著作権管理機構（電話 03-3513-6969, FAX 03-3513-6979, e-mail: info@jcopy.or.jp）の許諾を得てください。

アクセス公共学
山脇直司・押村高編　本体 2800 円

21世紀への挑戦⑦
民主主義・平和・地球政治
加藤哲郎・丹野清人編　本体 2500 円

国際理論
―三つの伝統―
マーティン・ワイト
佐藤誠・安藤次男・龍澤邦彦・大中真・佐藤千鶴子訳　本体 4800 円

新版 現代政治理論
W. キムリッカ
訳者代表＝千葉眞・岡﨑晴輝　本体 4500 円

ヨーロッパ統合と国際関係
木畑洋一編　本体 3800 円

アクセス国際関係論
天児慧・押村高・河野勝編　本体 2500 円

アクセス安全保障論
山本吉宣・河野勝編　本体 2800 円

日本経済評論社